Knaur
MensSana

*Über die Autoren:*

Jirina Prekop, Jahrgang 1929, ist Diplom-Psychologin und übernahm die Festhaltetherapie von M. Welch (USA) als Chance zur Erneuerung der Liebe in familiären Bindungen. Die Bestseller-Autorin lebt in Lindau am Bodensee.

Bert Hellinger, Jahrgang 1925, entwickelte seine eigene systembezogene Psychotherapie. Er ist Autor vieler erfolgreicher Bücher und lebt im Süden von Bayern.

Jirina Prekop
Bert Hellinger

# Wenn ihr wüsstet, wie ich euch liebe

## Wie schwierigen Kindern durch Familien-Stellen geholfen werden kann

Knaur
MensSana

Besuchen Sie uns im Internet: www.droemer-knaur.de
Alle Titel aus dem Bereich MensSana finden Sie im Internet
unter www.knaur-mens-sana.de

Vollständige Taschenbuchausgabe 2005
Knaur Taschenbuch
Ein Unternehmen der Droemerschen Verlagsanstalt
Th. Knaur Nachf. GmbH & Co. KG, München

Umschlaggestaltung: ZERO Werbeagentur, München
Umschlagabbildung: Getty Images
Druck und Bindung: Clausen & Bosse, Leck
Printed in Germany
ISBN 3-426-87250-1

2 4 5 3 1

# Inhalt

# Vorwort von Bert Hellinger

Dies Buch bekam ich zu Gesicht, als es fast fertig war, denn geplant und geschrieben wurde es von Jirina Prekop. Selbst die Dokumentation der von ihr ausgewählten Aufstellungen wurde von ihrer Mitarbeiterin Annette Wolf erstellt, so dass ich zum Schluss lediglich zur äußeren Gestaltung der Dokumentationen und der Grafiken etwas beitrug. Dennoch habe ich der Einladung von Jirina Prekop, als Koautor zu zeichnen, gerne entsprochen. Denn die beiden Methoden, die hier vorgestellt werden, das Familienstellen und die Festhaltetherapie durchdringen und ergänzen sich, wie Jirina hier auf eindrucksvolle Weise beschreibt, und uns verbindet eine hohe gegenseitige Achtung und das Anliegen, dass es Kindern und Eltern besser geht. Und so wünsche ich diesem Buch, dass es die Herzen vieler Eltern erreicht und ihnen Mut macht, der Liebe ihrer Kinder zu trauen und sie mit dieser Liebe auf eine Weise zu leiten, die Eltern und Kinder glücklich macht.

# Einleitung

Als ich meinen sechzigsten Geburtstag überschritt, glaubte ich, nun nichts Wesentliches mehr für die Beratungspraxis lernen zu können. In Anbetracht meiner Erfahrung fühlte ich mich manchmal eher wie eine hundertjährige Psychologin. Ich erledige immer allein die Arbeit, für die normalerweise zwei bis drei Personen vorgesehen sind. Wenn man also meine Berufsjahre mit zwei bzw. drei multipliziert, dann kommt man leicht auf hundert Arbeitsjahre. Nun glauben Sie bitte bloß nicht, dass ich ein »Workaholic« bin, weil ich voll in meinem Beruf aufgehe. Ich betrachte meinen Beruf als meine ethische Berufung, und ich möchte den Menschen helfen, menschlicher zu sein. Es macht mich glücklich und frei, diesen Auftrag zu erkennen und zu erfüllen. Der Haken an dieser Sache ist aber meine Neigung, fast jedes psychologische Problem als Herausforderung für mein detektivisches Forschen zu sehen. Ich kann mich einfach nicht damit zufrieden geben, die erfassten Symptome zu behandeln, beispielsweise der Unruhe mit autogenem Entspannungstraining zu begegnen. Mich reizen die Ursachen des Symptoms. Mit leidenschaftlicher Neugierde muss ich der Entstehung des Symptoms nachgehen. Ich habe nicht eher Ruhe, bevor ich nicht den Tatort gesehen und den Täter aufgedeckt habe. So bin ich der Entstehung der autistischen Ängste auf die Spur gekommen, habe die Topographie des kleinen Tyrannen aufgedeckt und bin auch einigen Ursachen der zunehmenden Hyperaktivität bei Kindern auf die Schliche gekommen. In der Festhaltetherapie habe ich ein Instrument finden können, das die gestörten Bindungen zwischen zueinander gehörenden Menschen heilen kann, und durfte zu der so genannten Galionsfigur der Bewegung der Festhaltetherapie werden.

Allerdings beunruhigte mich noch einiges für mich bis dahin Ungeklärtes: Warum ist ausgerechnet dieses Kind unsteuerbar, obwohl es die gleichen Eltern hat wie seine gut erzogenen Geschwister? Warum ist die Mutter gerade bei diesem Kind unbelehrbar inkonsequent? Warum erscheinen einige Kinder therapieimmun und erziehungsresistent? Wie kommt es, dass einige Festhalteprozesse regelrecht wie ein Schiff auf einer Sandbank stranden und die Liebe nicht in Fluss kommen kann, obwohl die beiden, Mutter und Kind, und auch das Ehepaar untereinander große Sehnsucht nach der Erneuerung der Liebe haben und sich der Festhaltetherapeut große Mühe gab? – Ich fand mich damit ab, dass einige Ursachen für mich im Verborgenen bleiben. Einen narzisstischen Anspruch auf Allmacht habe ich nicht. Meinem detektivischen Ehrgeiz reichte es zu wissen, welcher Gärtner der Mörder war, ich musste aber nicht unbedingt seine tiefen Beweggründe für diese Tat aufdecken. Auch dachte ich, dass es Geheimnisse gibt, in die man nicht unbedingt durchdringen muss und auch eventuell nicht durchdringen darf.

Doch als ich mir bereits einbildete, nun in meinem hohen Alter das lebenslänglich gewonnene Wissen zur vollen Ernte in die Praxis und Lehre einzubringen, ohne dazu noch etwas wesentlich Neues lernen zu müssen, wurde ich eines Besseren belehrt. Wieder einmal bestätigte sich die alte und immer wieder neue Erkenntnis, dass man niemals in seinem Leben auslernt. Ein weiser Mann hob den Vorhang hoch, hinter dem die mir noch geheimnisumwitterten Ursachen verborgen waren, und brachte sie ans Licht. Unerwarteterweise bereicherte das Wissen dieses Mannes mein Werk um eine ganz neue Dimension.

Sein Name ist Bert Hellinger, Jahrgang 1925. Nach dem Studium der Philosophie, Theologie und Pädagogik war er 16 Jahre als Mitglied eines katholischen Missionsordens in Südafrika tätig. Mit gleicher Hingabe widmete er sich danach verschiedenen psychotherapeutischen Methoden, unter anderem der Psychoanalyse, der Gruppendynamik, der Primärtherapie, der Transaktionsanalyse, der *Familientherapie* und dem Neurolinguistischen Programmieren. Im Jahre 1990 lernte er bei mir auch die Festhaltetherapie kennen. Auf der Suche nach den möglichst schnell und tief wirkenden Hilfen entwickelte er seine eigene *systembezogene Psychotherapie*.

Ihr liegt die Erkenntnis zu Grunde, dass sich die Menschen nur dann frei entwickeln können, wenn sie gut in das System ihrer Familie eingebunden sind, das heißt, wenn jeder die Stelle bekommt, die ihm gehört.

## *Was heißt das, eingebunden in das System?*

»System meint hier eine Schicksalsgemeinschaft von Menschen über mehrere Generationen hinweg, deren Mitglieder unbewusst in das Schicksal anderer Mitglieder verstrickt werden können.«*) Wer gehört dazu? »Zur Schicksalsgemeinschaft gehören: die Geschwister, die Eltern und ihre Geschwister, die Großeltern, manchmal noch der eine oder der andere der Urgroßeltern und alle, die für einen von diesen Platz gemacht haben. – Zu denen, die Platz gemacht haben, gehören: frühere Ehepartner von Eltern und Großeltern oder eheähnliche Partner, zum Beispiel frühere Verlobte, und es gehören dazu alle, deren Weggang oder Unglück anderen den Zugang zu dieser Gruppe eröffnet oder ihnen sonst einen Vorteil verschafft hat.« *)

## *Über Bindung und ihre Folgen*

»In dieser Schicksalsgemeinschaft sind alle an alle gebunden. Am stärksten wirkt die Schicksalsbindung von den Kindern zu ihren Eltern, zwischen den Geschwistern und zwischen Mann und Frau ... Die Bindung bewirkt, dass die

Späteren und Schwächeren die Früheren und Stärkeren festhalten wollen, damit sie nicht gehen, oder wenn sie schon gingen, dass sie ihnen nachfolgen wollen. – Die Bindung bewirkt, dass jene, die den Vorteil haben, denen, die im Nachteil sind, ähnlich werden wollen. So wollen die gesunden Kinder ihren kranken Geschwistern ähnlich werden und unschuldige Kleine den schuldigen Großen. Und die Bindung bewirkt, dass sich die Gesunden für die Kranken verantwortlich fühlen, die Unschuldigen für die Schuldigen, die Glücklichen für die Unglücklichen und die Lebenden für die Toten ... In der Schicksalsgemeinschaft von Familie und Sippe herrscht also aufgrund der Bindung und der Bindungsliebe ein unwiderstehliches Bedürfnis nach Ausgleich ... Jede Gruppe hat eine Rangordnung, die sich aus dem Zeitpunkt des Anfangs der Zugehörigkeit ergibt ... Wo immer es in Familien einen tragischen Verlauf gibt, hat ein Nachgeordneter gegen die Ursprungsordnung verstoßen. Wenn zum Beispiel das Kind versucht, für seine Eltern zu sühnen oder die Folgen einer Schuld der Eltern an deren Stelle zu tragen, dann ist das eine Anmaßung. Doch das Kind merkt die Anmaßung nicht, weil es aus Liebe handelt. Es hört in seinem Gewissen keine Stimme, die es davor warnt. Deswegen sind die tragischen Helden alle blind.« *) »Es gibt eine tiefe Bindung der Kinder an die Herkunftsfamilie. Das Kind lebt mit dem Bewusstsein – hier gehöre ich hin, hier will ich dazugehören und ich teile das Schicksal dieser Familie, was immer es ist. – Daher tut das Kind alles, damit es dazugehört, ohne jede Selbstsucht. Diese Liebe ist keine Überlebensstrategie. Das Kind stirbt ja auch gerne, wenn es dem anderen hilft. Diese Bindung wird von einem besonderen Wahrnehmungsorgan gesteuert ... Das Kind weiß instinktiv, was es tun und lassen muss, damit es dazugehören darf ... Das Wahrnehmungsorgan für diese Art der Wahrnehmung ist das Gewissen.« **)

## *Über das persönliche Gewissen und das Sippengewissen, Liebe und Ordnung*

»Wie das persönliche Gewissen über den Bedingungen der Bindung, des Ausgleichs und der Ordnung wacht, gibt es auch ein Sippen- oder Gruppengewissen, eine Instanz, die über dem System wacht, die im Dienste der Sippschaft steht und sieht, dass das System in Ordnung bleibt oder kommt, und die Verstöße gegen die Ordnung im System rächt. Das Sippengewissen bleibt uns unbewusst, so wie uns auch die Ordnung, der es dient, im Wesentlichen unzugänglich bleibt. Am ehesten erkennen wir sie noch am Leid, das ihre Nichtbeachtung über uns und andere, vor allem über die Kinder bringt. Das Gewissen bindet uns also so folgenschwer an eine Gruppe, dass wir, was andere in ihr erlitten und verschuldet haben, im eigenen Gewissen als Anspruch und Verpflichtung spüren, und so werden wir, durch das Gewissen, in fremde Schuld und fremde Unschuld, fremdes Denken, Sorgen, Fühlen, in fremden Streit und fremde Folgen, in fremde Ziele und fremdes Ende blind verstrickt ...« ***) So gelingt auch die persönlich angestrebte Liebe nicht, wenn sie sich den uns vorgegebenen Ordnungen nicht fügt. »Der Kampf der Liebe gegen die Ordnung ist Anfang und Ende jeder Tragödie. Und es gibt nur einen Weg des Entrinnens: Einsicht in die Ordnung und ihr dann folgen mit Liebe.« ***)

Das Verdienst von Bert Hellinger ist das Erkennen dieses höheren Kraftfeldes, in dem die schöpfungsbedingten Ordnungen mittels des Sippengewissens wirken. Diese Entdeckung gelang ihm nicht durch Theoretisieren, sondern durch praktische Erfahrungen bei Aufstellungen von Systemen der Familien. Dieses hohes Kraftfeld nennt er gerne »Große Seele«.

Der bekannte Biologe Rupert Sheldrake prägte für die unsichtbaren Konstruktionspläne, in denen das schöpferische Universum wirkt, den Begriff der morphogenetischen Felder. Wir könnten auch von göttlichen Schöpfungsplänen oder von Gottesmühlen sprechen. Unbekannt sind uns die vereinzelten Erfahrungen nicht. Insbesondere die altgriechischen Tragödien, Sagen und alten Märchen haben sich oft mit dem Thema befasst, wie systemische Ordnungen durcheinander gerieten und welche Folgen diese Verstrickungen hatten. Einige Beispiele mögen dies verdeutlichen. Für ihren Bruder, dem sein Vater ein Begräbnis verweigerte, lässt sich seine Schwester Antigone bei lebendigem Leib begraben. Wenn die zweite Frau des Königs seine erste verstorbene Frau nicht ehrt und auch ihrer Stieftochter Schneewittchen bei ihrem Gemahl nicht Vorrang gibt, endet sie sehr schlecht; zwischenzeitlich allerdings neigt das Schneewittchen dazu, der eigenen Mutter nachzugehen.

Ausgehend von vielen einzelnen individuellen Verarbeitungen der Familiensysteme, konnte Bert Hellinger immer feiner die Wirkung des höheren Kraftfeldes wahrnehmen und dessen Gesetzmäßigkeiten als »Ordnungen der Liebe« systematisch erfassen. Er erkannte sowohl die störenden als auch die heilenden Kräfte und konnte sie mit wachsender Klarheit beschreiben. Auf dem Umschlag zu seiner CD über *Leib und Seele, Leben und Tod, Psychotherapie und Religion* schreibt er: »In den früheren Vorträgen klang das Wirken der Großen Seele schon an, doch habe ich sie seitdem sowohl im Leben wie in der Psychotherapie noch weiter betrachtet und bedacht.« Die jüngsten Vorträge »führen an Grenzen, über die ich wohl nicht mehr hinausgehen darf. Doch ich lade Sie ein, mit mir bis an diese Grenzen zu gehen.«

## *Wie geht Bert Hellinger therapeutisch vor?*

Er stellt in einer Gruppe die Familie auf. Der Betroffene wählt aus der Gruppe für jedes Mitglied seiner Gegenwarts- oder (und) Herkunftsfamilie einen Stellvertreter aus und führt jeden einzeln an den Platz, der seinem inneren Bild entspricht. Auch für sich selbst wählt er einen Vertreter aus. Dann fragt der Therapeut die einzelnen Mitwirkenden, wie sie sich an diesem Platz fühlen. Unter Berücksichtigung dieser Rückmeldungen stellt er die Aufgestellten um, versetzt sie in klärende, aussöhnende Interaktionen, um ein Lösungsbild zu formen, in dem alle, auch der Ausgegrenzte, einen guten Platz haben und die Liebe wieder gelebt werden kann.

Die Wirkung des höheren Kraftfeldes lässt sich an der Reaktion der Aufgestellten überprüfen. Merkwürdigerweise fühlen sich nämlich die Vertreter genauso wie die wirklichen Personen, sobald sie deren Stelle bei der Aufstellung eingenommen haben. Sie spüren ihre Gefühle, auch ihre körperlichen, sowie verschiedene Neigungen (näher oder weiter zu gehen, sich zu drehen, jemanden anzuschauen, sich an jemanden anzulehnen). Ein unvergessliches Erlebnis war es für mich, als ich einmal für eine Mutter aufgestellt wurde, die bei der Entbindung ihres sechsten Kindes verblutete; ich spürte meine Ohnmacht, spürte, wie an meinen Beinen Blut herunterfloss und wie blutentleert ich war.

Die Teilnehmer haben gesehen, wie kreidebleich ich wurde, wie ich schwankte. Ein anderes Mal stand ich für eine schizophrene, autistische Frau und fing an, unentwegt stereotyp von einem Bein auf das andere zu schaukeln und mit meinem Kopf zu schlagen. Wie sich nachträglich herausstellte, waren dies tatsächlich typische Verhaltensweisen dieser Frau. Dieses Sichhineinfühlen ist typisch für Aufstellungen. Ja, es ist sogar das wichtigste Medium, auf das sich der Therapeut einlassen und verlassen muss, um die Bindungen und Verstrickungen, gestörte Ordnungen, Blockierungen und Chancen der Liebe erspüren zu können. Der Therapeut zentriert seine Kraft dort, wo die Liebe am verdichtetsten ist, sowohl in ihrer Verwundung als auch in ihrer Befreiung. Wenn er mit dieser hohen Kraft demütig und achtungsvoll im Einklang ist, kann ihm die Auflösung der Verstrickungen gelingen.

Das Lösungsbild erkennt man daran, dass sich alle Aufgestellten an ihren Plätzen wohl fühlen. In den meisten Fällen tauscht dann der Therapeut die Vertreter mit den wirklichen Betroffenen aus und lässt sie das Bild der geordneten Liebe ins Herz nehmen. Dieses Lösungsbild hat eine hohe, langfristig wirkende Kraft. Allerdings kommt es auf den einzelnen Menschen an, ob er bereit ist, dass sich sein Herz zur angebotenen Lösung hinbewegt, so dass ihm wie auch den zu ihm gehörigen Menschen die Wege zur inneren Freiheit gebahnt werden.

## *Die Festhaltetherapie*

Bevor ich Ihnen nun erkläre, welch große Bereicherung die systembezogenen Lösungen nach Bert Hellinger für mich waren, ist es nun an der Zeit, die Festhaltetherapie vorzustellen, deren Entwicklung ich zu meinem Lebensauftrag machte. Zu ihrer Geschichte sei gesagt, dass sie zunächst unter dem Namen »holding« bei autistischen Kindern durch Martha Welch (USA) erfunden und von Niko Tinbergen, dem Nobelpreisträger für Vergleichende Verhaltensforschung, als das natürlichste Mittel für die Heilung von gestörten Bindungen begründet wurde. Auf diese Weise habe ich mit Dankbarkeit dieses »holding« übernommen und unter Mitwirkung meiner Kollegen zu einer eigenen Festhaltetherapie entwickelt.

Der Sinn der Festhaltetherapie ist, zwei zueinander gehörende Menschen, deren Bindung so schwer verletzt ist, dass man sie sprachlich nicht versöhnen kann, die Chance zur emotionalen Konfrontation zu geben. Diese findet in enger Umarmung statt. Die beiden drücken ihren Schmerz von Bauch zu Bauch, von Herz zu Herz, von Antlitz zu

Antlitz so lange aus, bis sie sich ineinander hineingefühlt haben und ihre Liebe wieder fließen kann.

Die Crux bei der Festhaltetherapie ist die massive Fluchtbereitschaft des Gegenübers, wenn im Rahmen der affektiven Ambivalenz, in die die Bindung einrastete, die aversiven Gefühle viel mächtiger sind als die Liebe. Diese Tendenz zur Flucht ist übrigens durch unsere angeborenen Fluchtinstinkte, die uns mit allen Säugetieren, Fischen, Vögeln und Insekten gemeinsam sind, bedingt. Der Mensch sollte aufgrund seines Gewissens und seiner Verantwortung für das Aufrechterhalten der familiären Beziehungen jedoch dafür sorgen, seine Fluchttendenz zu überwinden und sich für die Aussöhnung einzusetzen. Als das reifste Wesen auf dieser Erde ist der Mensch in höhere Schöpfungsordnungen eingebunden, deren Bewegkraft die Liebe ist. Er kann nur dann menschlich werden, wenn er die Liebe zu seinem höchsten Gesetz macht, wenn er sie pflegt, wenn er sie immer wieder aus ihren Gefährdungen rettet und bereit ist, den Hass in die Liebe zu verwandeln und die Liebe stets zu erneuern.

Durch die feste Umarmung geben sich die beiden Gegenüber die wahrnehmbare Zusicherung, dass sie die Polaritätsspanne so lange aushalten und nicht früher voneinander weggehen, bis die Liebe wieder fließt. Die hohe Schöpfungskraft hat dafür gesorgt, dass sich der Mensch dieses Grundmuster einprägt, solange er noch in dem entscheidenden »Hänschen«-Alter ist (»was Hänschen nicht lernt, ... «). In den ersten zwei bis drei Jahren (also auch im Trotzalter), wenn Kinder noch der Gattung der Nesthocker zugehören, werden sie am Körper der Nächsten getragen und prägen sich dabei ein, dass sie alle Gefühlswallungen ausdrücken und ertragen können. Das Festhalten besorgt auf ganz natürliche Weise das Tragetuch. In der Epoche der technischen Zivilisation konnte der Mensch diese Erfahrung nicht mehr machen. Er wurde, wenn er wütend war oder weinte, durch Isolation u. a. bestraft. Die Liebe ging ihm auf diese Weise abhanden und er musste sich mit Einsamkeit und Anonymität auseinander setzen. Die Menschlichkeit ging oftmals verloren. Unter Lebensbedingungen, die aggressive Konfrontationen zum Ziel der Aussöhnung nicht mehr zulassen, braucht es die Festhaltetherapie.

## *Die Praxis der Festhaltetherapie*

Die Umarmung findet meist im Liegen statt, nur bei kleinen Kindern im Sitzen. Einer (meist das Kind oder beim Ehepaar-Festhalten aus Gründen der Beziehungsdynamik die Frau) liegt auf dem Rücken. Er wird vom anderen von oben umarmt, wobei er seinen Kopf in dessen Halskuhle hat. Die Augen sind zunächst geschlossen. So beginnt meist die Konfrontation. Sie wird ununterbrochen von dem Therapeuten begleitet. Ziel ist, allen Schmerz offen auszudrücken, wobei der Therapeut durch seine Einfühlung widerspiegelt, was geschieht, und die Versöhnung moderiert. Auch die Wut ist beim Festhalten angebracht. Sie führt jedoch nicht zur Auflösung der Beziehungskrise, denn Wut ist blind. Erst die Tränen der Trauer öffnen den Damm für die Liebe. Der Prozess ist dann abgeschlossen, wenn die beiden Freude an der Bindung und an ihrer erneuerten Liebe haben.

In vielen Fällen ist eine weitere Begleitung der Familie angezeigt. Beispielsweise müssen die Eltern oft noch das erzieherische Verhalten lernen, um dem Kind auch im Alltag und nicht nur auf der Matte den Halt zu geben. In Bezug auf den Umgang mit den Aggressionen wird grundsätzlich angeraten, dem Kind seine Wut gegen die Eltern nur dann zu gestatten, wenn es in den Armen der Eltern festgehalten und mit ihnen konfrontiert wird. Dies ist nämlich die einzige Chance für das Kind, die Aggression gegen die Eltern auszudrücken, ohne die Achtung vor den Eltern zu verlieren oder sich danach ungeliebt fühlen zu müssen.

Zwischenzeitlich haben sich unter der Festhaltetherapie vier Modifikationen entwickelt. So gibt es das Festhalten,

- um die emotionale Bindung, die wegen Frühgeburt, Kaiserschnitt, Hospitalisierung usw. in der frühesten Lebenszeit abgebrochen wurde, nachzuholen;
- zwischen Mutter und Kind bzw. Vater und Kind, um angestaute Beziehungskonflikte auszusöhnen (gemeint sind nicht nur Kinder im Kindesalter, sondern auch die schon erwachsenen Kinder und ihre schon alt gewordenen Eltern);
- zwischen den Eheleuten, ebenfalls wegen angestauter Beziehungskrisen;
- als Aussöhnungstherapie für Erwachsene und deren Eltern, die aus Altersschwäche oder sonstigen Gründen nicht kommen können (dies trifft natürlich vor allem auch dann zu, wenn die Eltern schon verstorbenen sind). Zum Unterschied zu den ersten drei Modifikationen erfolgt die Konfrontation mit Hilfe einer therapeutisch geleiteten Visualisierung, allerdings in fester Umarmung durch einen guten Freund (oder durch den Ehepartner).

Einen Quantensprung machte die Festhaltetherapie durch die Erkenntnisse, die ich Bert Hellinger verdanke.

Vor allem überzeugte mich, dass die systemischen Verstrickungen oftmals Ursache der Verhaltensstörungen sind. Die Betroffenen wirken wie verhext oder verwünscht, wie in einem Märchen, solange sie für einen Ausgegrenzten seine Gefühle und sein Schicksal nachahmen müssen. Weder als Kinder noch als Eheleute und Eltern können sie ihren Platz in ihrer Familie annehmen. Sie sind durch nichts anderes zu befreien als durch das Aufdecken und die Auflösung der Verstrickung.

Die Konsequenz für die Weiterentwicklung der Festhaltetherapie war, dass in den meisten Fällen die Aufstellung der Familie als unabdingbare Voraussetzung für die nachfolgenden festhaltetherapeutischen Prozesse gilt. Erst dann wird nämlich klar, in welchem Konflikt sich die Einzelnen befinden, in welcher Reihenfolge die Prozesse zu verlaufen haben und wie das Thema für die Konfrontation der Beziehungskrise heißt. Ein Beispiel: Als Thema für die Aufstellung geben die Eltern die Aggressionen des Sohnes Marius an. Dabei wird eine halb vergessene, im Wochenbett gestorbene Oma ans Licht gebracht, der ihr Sohn unbewusst nachgeht. Dadurch kommt er aber mit seinem Vater und seiner zweiten Frau in Konflikt, so dass er sich später als Erwachsener nicht voll der Ehe stellen und als Vater behaupten kann. Der festhaltetherapeutische Plan wird dementsprechend festgelegt: zunächst kommt der Vater in den Genuss der Aussöhnungstherapie mit seiner verstorbenen Mutter. Zwischenzeitlich wurde der Vater des Vaters eingeladen, damit die beiden zueinander finden und der Sohn Kraft von seinem Vater schöpfen kann. Erst jetzt, nachdem er gestärkt ist, kann er sich seiner Frau in der Ehepaar-Feshaltetherapie stellen, um ihre Vorwürfe abzufangen. Im Gegenzug kann er aber auch seine äußern und sich als ihr Beschützer darstellen. Möglicherweise erübrigt sich das Festhalten von Marius, denn er hat nun die Chance bekommen, seine Eltern zu achten, und seine Bereitschaft, sich von ihnen erziehen zu lassen, kann jetzt spontan wachsen. Sicherlich wird es ihm nicht schaden, wenn er von seinem Vater hört, wie besorgt dieser wegen seiner Aggressionen ist, und wenn er im starken Arm des Vaters erkennt, dass er seinen Kummer jederzeit bei ihm abladen kann.

Die uns vorgegebenen Ordnungen im System der Familie wurden mir bewusst. Es leuchtete mir ein, dass keine Erziehung gelingen kann und auch jede Therapie, einschließlich der Festhaltetherapie, scheitern muss bzw. kontraindiziert ist, solange die Ordnungen nicht eingeführt sind. Deshalb sorge ich dafür, dass durch die festhaltetherapeutischen Prozesse die Ordnungen emotional nachvollzogen werden. Der Mann und die Frau haben dicht nebeneinander zu stehen. Ihnen gegenüber steht die Reihe ihrer Kinder, wobei in dieser Geschwistergruppe das erstgeborene Kind die erste Stelle, das zweitgeborene die zweite Stelle usw. besitzt, wobei Geschlecht, Intelligenz oder Behinderung keine Rolle spielen (auch nicht, ob sie bereits gestorben oder noch am Leben sind).

Damit die Ermittlungen systemischer Art, vor allem die Familienaufstellungen, gemacht werden können, verschob sich die festhaltetherapeutische Arbeit immer mehr von den individuellen Sitzungen in den ambulanten Sprechstunden hin zu den Seminargruppen. Für viele teilnehmende Familien und Therapeuten ist dies eine wertvolle Bereicherung. Jedes Mal müssen ja mehrere Therapeuten in einem Team mitwirken, um die einzelnen Familien zu begleiten. So ergab sich auch ein befruchtender Erfahrungsaustausch unter den Festhaltetherapeuten.

Von der systemischen Sichtweise Hellingers wurde meine bisherige Einstellung mehrfach bestätigt, zum Beispiel in Bezug auf den Umgang mit der Wut gegen die Eltern. Mein ursprünglich intuitives Bestehen darauf, dass die Wut des Kindes gegen den Vater (Mutter) ausschließlich in seinen festhaltenden Armen ausgedrückt werden darf, in dem sie sich hier an Ort und Stelle wieder in Achtung und Liebe wendet, wurde durch die systemischen Erfahrungen Hellingers bestätigt. Ich zitiere ihn aus seinem Buch *Ordnungen der Liebe*: »Ich habe gesehen, dass einer, der in Therapien angefeuert wird, seinen Eltern zu sagen, dass er wütend auf sie ist oder sie sogar umbringen will, sich nachher schwer dafür bestraft. Die Seele des Kindes duldet keine Abwertung der Eltern. Es entwertet sich dann selber.« In Trinksucht, Drogensucht, Prostitution, Krebs der bestimmten Geschlechtsorgane u.a. können wir die Folgen sehen, wenn Mutter oder Vater missachtet werden.

Dass die beiden Therapien so nah verwandt sind, registrierte ich mit glücklichem Staunen und freue mich über unsere Verbundenheit und unser Eingebundensein in das gleiche schöpferische Kraftfeld. Uns beiden geht es nicht um die Schaffung einer neuen Therapiemethode, sondern um die Erneuerung der Liebe durch die Aussöhnung, und zwar innerhalb der familiären Bindungen, so wie es uns durch höhere Mächte vorgegeben wird. Ich glaube, dass dieses höhere Kraftfeld oder die Große Seele, wie Bert Hellinger sagt – ich selbst spreche von Gotteskraft –, in unserer Zeit, die voller Irritationen ist, eine schnelle und wirksame Hilfe zur Stärkung der Liebe ist.

In Freude an den Gemeinsamkeiten und um das Verständnis für die Schicksale der Kinder zu vertiefen haben wir, das heißt Bert Hellinger und das *Institut der Gesellschaft zur Förderung des Festhaltens als Lebensform und Therapie* im Herbst 1995 zwei gemeinsame Seminare veranstaltet, die jeweils drei Tage dauerten. Inhaltlich und methodisch standen die Aufstellungen der Familien im Vordergrund. Die Festhaltetherapie wurde nur am Rande angeboten, und zwar nach dem Ablauf des systemischen Hauptprogramms, um einigen Familien eine erste Hilfe anzubieten, die durch die Aufstellungen entstandenen Schmerzen zu verarbeiten. Denn wenn bei der Aufstellung eine tiefe Wunde aufgerissen wird, kann der Schmerz nicht immer in der notwendigen Intensität in der Gruppe zugelassen werden. Das Gefühl des Beobachtetwerdens verunsichert oftmals. Im Unterschied dazu gewährleistet die intime, zeitlich uneingeschränkte Situation bei der Festhaltetherapie, dass der volle Schmerz ausgedrückt und der Prozess bis zur Versöhnung geführt werden kann. Dieser emotionale Nachvollzug ergänzt die systemische Therapie etwa so, wie eine Frau den Mann ergänzt. Das Systemische ist eher ein patriarchalisches Prinzip, Kopf und Herz. Die Festhaltetherapie ist eher matriarchalisch, Bauch und Herz. Da sie sich im Herzen treffen, runden sie sich zum Ganzen ab, das wirkt.

Ausgeschrieben wurden die Seminare für verhaltensgestörte, psychisch und psychosomatisch kranke Kinder. Im Unterschied zu anderen Seminaren mit Bert Hellinger waren zum ersten Mal auch die betroffenen Kinder eingeladen. Sie waren bei der Aufstellung immer dabei und wurden von Bert Hellinger einfühlsam in das Bild der Lösung gestellt. Viele Kinderpsychotherapeuten haben die Chance genützt, um einen Einblick in die Problematik ihrer schwer fassbaren Familien zu bekommen. Aber auch viele Festhaltetherapeuten nahmen teil, um den Umgang mit dem Familienstellen zu lernen.

Nach einem Abstand von eineinhalb Jahren wurden die Familien gefragt, welche nachhaltenden Wirkungen sich ergeben hätten. Die Antworten waren unterschiedlich, meist jedoch hoffnungsvoll, je nach der Bereitschaft der Eltern zur angebotenen Lösung. So entstand die Idee, aus diesen Dokumentationen ein Buch herauszugeben.

Ich nahm diese Aufgabe gerne auf mich. Aus den vielen Aufstellungen wählte ich neun aus, die die typische, aktuell diskutierte Problematik darstellen: den kleinen Tyrannen, das hyperaktive Kind, das geistig behinderte Kind, das durch Inzest gefährdete Kind, Kinder aus geschiedenen Familien, Borderline-Störungen, adoptierte Kinder. Aber auch die Eltern waren Kinder. Auch um sie geht es. Um frei für die Darstellung zu sein, verbarg ich die Familien unter dem Deckmantel der Anonymität. Der Dokumentationsteil der Aufstellungen und auch die Ergebnisse der Rückkoppelung sowie die Berichte über die Festhaltetherapie sind authentisch. Der Teil, der darstellt, was vorher und nachher geschehen ist, ist aufgrund konkreter Angaben und aufgrund meines Wissens über vergleichbare Fälle von mir mehr oder weniger hinzugedichtet worden. Beflügelt hat mich dazu hauptsächlich die Faszination, die für mich von der Aufhellung der systemischen Verstrickungen ausgeht.

Auch das Schwergewicht, das die systemische Therapie im Vergleich zur Festhaltetherapie bekam, stimmt mit der Realität überein. Manchmal ist die Festhaltetherapie nur angedeutet, obwohl sie aufgrund ihrer Wirkung die gleiche ausführliche Dokumentation wie die systemische Therapie verdienen würde. So bitte ich den Leser, besonders aufmerksam das erste Kapitel zu lesen, denn hier ist die ausgiebige Dokumentation der beiden Therapiearten dargestellt. Dieses Kapitel gilt als Blickwinkel, unter dem Sie die nächsten Kapitel lesen können. In diesem Buch gab ich Bert Hellinger in Ehrung und Würdigung eindeutig den Vorrang.

Ich bedanke mich aus tiefstem Herzen nicht nur bei Bert Hellinger, sondern auch bei den Eltern und ihren Kindern, die zu den zwei Seminaren gekommen sind. Mein herzlicher Dank gilt auch Annette Wolf, die für mich nicht nur die ganzen Angelegenheiten des Institutes leitet (einschließlich der Veranstaltung der beiden historischen Seminare) und mich als Festhaltetherapeutin vertritt, sondern auch die ganze Dokumentation der in diesem Buch dargestellten Familienaufstellungen auf sich nahm.

Mein besonderer Dank gehört jenen hohen Kräften, deren segnende Gegenwart ich während meines Tuns nah spüren konnte und die ich mir für das Weitere erhoffe.

*) Vgl. Bert Hellinger: *Ordnungen der Liebe. Ein Kursbuch.* Carl-Auer-Systeme Verlag

**) Vgl. Bert Hellinger/Gabriele ten Hövel: *Anerkennen, was ist. Gespräche über Verstrickung und Lösung.* Kösel-Verlag

***) Vgl. Gunthard Weber (Hrsg.): *Zweierlei Glück. Die systemische Psychotherapie.* Carl-Auer-Systeme Verlag

# Die Geschichten

# Die kleine Tyrannin deckt es auf

»Ich komme zu Ihnen, Frau Prekop, wegen der Erziehungsprobleme mit unserer Tochter.« Mit diesen Worten eröffnete die flotte, fröhlich wirkende Mutter das Gespräch mit mir. »Als ich Ihr Buch über den kleinen Tyrannen las, erkannte ich darin unsere Verena wieder. Sie hätten sie als typisches Fallbeispiel für die allmächtigen Kinder nehmen können.«

»Wie äußert sich das?« Am schnellsten stelle ich die Weichen für die Diagnose, wenn ich frage, ob das Kind alles isst oder besondere Marotten im Essverhalten hat, wie es sich Aufforderungen fügen kann, auch wenn ihm diese keine Lust machen, und wie es mitspielen kann.

»Wenn ich Ihnen die Speisen aufschreiben sollte, die sie nie und nimmer essen würde, dann bräuchte ich dafür viele Seiten Papier. Dagegen würde ihre Speisekarte mit den Gerichten, die sie isst, nur aus drei Zeilen bestehen: Wiener Schnitzel mit Pommes frites, aber kein Schnitzel ohne Pommes und keine Pommes ohne das Schnitzel, außerdem mag sie gerne Marzipanschokolade, aber nur die mit der roten Verpackung. Seit jeher klebt sie an mir und es gelingt ihr, alle Wünsche durch mich zu erfüllen. So muss ich z. B. für sie ihren Namen sagen, wenn sie jemand danach fragt, wie sie heißt, oder für sie an der Haustür ihrer Spielkameradin klingeln, wenn Verena sie abholen möchte. Bei ihr zu Hause spielt sie nämlich nicht, sondern nur in ihrem eigenen Königreich. Ohne mich geht sie auch nicht ins Bett, und ohne sie darf ich nicht einkaufen gehen. Ich komme mir schon vor wie ihr Leibwächter, ihr Dolmetscher, ihre Hofdame und ihre Putzfrau. Stets muss ich zu ihren Diensten stehen. So hat es sich bereits seit ihrer frühesten Kindheit an eingependelt, als wir sie aufgrund ihrer Frühgeburt und ihrer andauernden Lungenprobleme und Bronchitiden acht Jahre lang aufpäppeln mussten und alles dafür gemacht haben, damit sie isst, damit sie redet, damit sie mitspielt, damit sie einfach normal wird. Schlicht gesagt, wir haben sie verwöhnt. Sie ist eine richtige Prinzessin auf der Erbse geworden.«

»Sie lächeln freundlich, wenn Sie über die Probleme reden. Also nehme ich an, dass Sie gar nicht so belastend sind. Vielleicht machen sie es sogar gerne, oder?«

»Das, wovon ich rede, ist wirklich halb so schlimm, das ließe sich aushalten. Meine größte Sorge ist die schulische Situation. Hier hört jeder Spaß auf, weil die Schule das Verhalten von Verena sehr ernst betrachtet. Die Lehrer meinen, dass sie nicht die Gruppenreife hat, die für eine normale Schullaufbahn notwendig ist. Sie bringt keine einzige Aufgabe ohne die Unterstützung eines Helfers zu Ende. An Intelligenz mangelt es nicht, vom IQ her müsste sie die Hauptschule, vielleicht sogar die Realschule schaffen. Aber ihr Lernverhalten ist sehr unreif, ja fast kleinkindhaft.«

»Also ein Sonderfall in der Normalschule. Hat man Ihnen eine Sonderschule empfohlen?«

Erst an dieser Stelle wird das Gesicht der Mutter ernst. »Ja«, seufzt sie.

»Und wie lernt sie zu Hause? Macht sie ihre Schulaufgaben alleine?«

»Das ist das gleiche Drama wie in der Schule. Wenn ich nicht ständig neben ihr sitze und sie nicht stets anschubse, mal mit Engelszungen auf sie einrede oder mal schimpfe, dann guckt sie ins Blaue und tut gar nichts.«

»Und wie war es vor der Schule? Hat sie alleine gespielt? Ein Spiel beendet? Ihre Sachen selbständig aufgeräumt?«

»Nie. Immer bestand sie auf meiner Hilfe, mindestens aber auf meiner Nähe.«

»Was das Hänschen nicht lernte, lernt der Hans nimmermehr«, sage ich darauf. »Sie hat das selbständige Arbeiten nicht rechtzeitig gelernt. Was sagt der Vater dazu? Wo ist er eigentlich? Warum ist er nicht mitgekommen?«

»Er meint, dass es meine Schuld sei, weil ich sie so verwöhnt habe. Ich solle es jetzt auch ausbaden.«

»Bei ihm verhält sich Verena anders?«

»O ja, wesentlich anders! Es braucht Sie aber auch nicht zu wundern. Mein Mann hat die ganzen Rettungsaktionen um das Kind nicht mitmachen müssen. Er ging in aller Ruhe seinem Beruf nach, als ich die ganzen Tage und die ganzen Nächte an Verenas Bettchen zitterte. Bei jedem Atemzug von Verena bangte ich, ob der nächste kommt, und um jeden Happen, den sie zu sich nahm, kämpfte ich. Mir geschah es und nicht meinem Mann, genau das geschah mir, was Sie in Ihrem Buch beschreiben, nämlich dass ich mich meiner Tochter total anpasste und dass sie mich nun als die Schwächere, als die Manipulierbare erlebt und sich bei mir deshalb nicht geborgen fühlen kann. Ich begriff – leider zu spät –, dass Verena nun die Ersatzsicherheit in der Ausübung ihrer Macht über mich und mir ähnlichen Personen zwanghaft zu gewinnen versucht.«

Ich überlegte, ob diese Frau generell zu dieser devoten Haltung neigt, unter der das Kind keine andere Chance hat, als die Mutter zu beherrschen. Ist sie eine so genannte »Wischiwaschi«-Mutter, die weder Fisch noch Fleisch mag, weder warm noch kalt unterscheidet, weder Ja noch Nein sagen kann?

»Wie war es bei Ihrem erstgeborenen Kind?«

»Ganz unauffällig. Dieter war natürlich lange Zeit der Mittelpunkt der Familie. Er war ja lange das Einzelkind, der einzige Bub, der erste Enkelsohn. Trotzdem bekam er niemals diese Allmachtphantasien, in denen Verena gefangen ist. Ich konnte ihm problemlos Grenzen setzen, die er als Kind auch brauchte.«

Was wirkt hier? Warum verhält sich diese Frau ausgerechnet zu ihrer von Behinderungen aller Art gefährdeten Tochter anders als zu ihrem Mann und zu ihrem Sohn? Warum verliert sie sich selbst in dieser Beziehung?

Die Mutter berichtete mir, dass sie sich in einer Erziehungsberatungsstelle zur konsequenteren Erziehung anleiten ließ. Ein sehr bewährter Verhaltenstherapeut nahm die

Anleitung selbst in die Hand. Leider scheiterte er aber trotz seiner Motivationskunst. Ihren Anweisungen folgte Verena nur in der Gegenwart des Therapeuten. Nichts davon konnte ins Elternhaus oder gar in die Schule übertragen werden.

Ich dachte: Wenn es dem bewährten Erziehungsberater nicht gelungen ist, sein Hauptziel zu realisieren, nämlich das erzieherische Verhalten der Mutter im Sinne einer Eindeutigkeit und eines selbstsicheren Auftretens zu verändern, dann würde ich es aller Wahrscheinlichkeit nach auch nicht schaffen. Nach der logischen Reihenfolge müssten wir zuerst die letzten Wochen der Schwangerschaft, die Geburt und die symbiotische Verbindung der Nachgeburtszeit aufholen. Dieser emotionale Nachvollzug des Trennungsschmerzes und der Freude an der rehabilitierten Bindung ist aber lediglich unter den vergleichbaren und ursprünglichen leiblich-seelischen Bedingungen realisierbar. Ohne die festhaltende Umarmung geht es nicht. Dazu müsste die 11-jährige Verena ihre Zustimmung geben, sonst könnte der Versuch, die Festhaltetherapie anzuwenden, in einen menschenunwürdigen Machtkampf ausarten. Verena müsste sich auch auf die Zeitspanne von ein bis drei Stunden einlassen, in der die prozesshafte Verwandlung des Schmerzes in die liebevolle Verbundenheit zu verlaufen habe. Unter den gegebenen Machtverhältnissen ist aber mit Verenas Einverständnis nicht zu rechnen. Und selbst wenn es uns irgendwie gelänge, dann müsste die Mutter in der Lage sein, dem Kind den inneren Halt nicht nur auf der therapeutischen Matte, sondern auch in den alltäglichen erzieherischen Situationen konsequent zu geben. Dafür jedoch hielt ich die Mutter für noch nicht in der Lage.

Vom Verstand her weiß die Mutter zwar, dass sie eine starke, reife und überlegene Mutter sein sollte, solange das Kind noch klein und unreif ist. Sie weiß, dass sie nicht nur berechtigt, sondern auch dazu verpflichtet ist, ihrem Kind seine Grenzen zu zeigen, damit es in seinem weiteren Leben mit Grenzen umgehen kann. Es hat mir gefallen, wie sie sagte: »Ich bin mir dessen bewusst, dass Grenzen im Leben wichtig sind. Ich bin selber so erzogen worden und es hat mir nicht geschadet. Meinem Sohn Dieter habe ich eingeprägt, dass er es nicht nur ertragen muss, dass ihm die Umwelt Grenzen setzt, sondern dass er sich auch selbst von der Umwelt abgrenzen muss und die Grenzen des anderen respektieren lernt ...«

Verstandesmäßig braucht diese Frau keine Erziehungsberatung, dachte ich. Nur ihr Herz braucht Hilfe. Denn ihr Herz streikt gegen alle diese vernünftigen Ordnungen. Es wehrt sich gegen den Verstand, es verkrampft sich, es geht vor lauter Schmerz entzwei und es unterliegt. Ausgerechnet die Liebe geht verloren, obwohl sich das Herz nichts sehnlicher als eben die Liebe wünscht. »Ich erschrecke oftmals vor mir selbst«, sagt sie mit gedrosselter Stimme und mit einem merkwürdigen Lächeln auf den Lippen.

In ihren Augen kann man ihr Entsetzen sehen: »Manchmal hasse ich sie. Manchmal würde ich sie am liebsten umbringen, mit meinen bloßen Händen erdrosseln, wenn ich sie um ein bisschen Lernwillen bitte und sie mir daraufhin den Vogel zeigt. Wenn ich mich so ohnmächtig, so verschmäht, so nichtig gemacht, so ohnmächtig fühle, möchte ich am liebsten tot sein.«

Was war geschehen? Mit großer Wahrscheinlichkeit ist hier eine systemische Verstrickung am Wirken, dachte ich. Und weil das Seminar mit Bert Hellinger bevorstand, beschränkte ich meine therapeutischen Aktivitäten darauf, Verenas Familie einzuladen. Dadurch sollten die Weichen für das weitere Vorgehen gestellt werden. Ich riet der Mutter lediglich an, im Voraus zu recherchieren, welche dramatischen Schicksale sich in der Herkunftsfamilie ereignet hatten.

HELLINGER *zu den Eltern* Um was geht es bei euch?

FRAU Wir haben Schwierigkeiten mit den Kindern. Meine Tochter kam zu früh zur Welt und hat seither große Schwierigkeiten.

HELLINGER Wie viel früher kam sie zur Welt?

FRAU In der sechsunddreißigsten Schwangerschaftswoche.

HELLINGER War sie im Brutkasten?

FRAU Ja.

HELLINGER Das ist für ein Kind immer ein schweres Trauma. Und weißt du, wie man es wieder gutmacht?

FRAU Nein.

HELLINGER Mit Festhalten. Das ist genau der Fall, wo das Festhalten die richtige Therapie ist. Das Kind muss bei dir die Wärme, die es damals vermisst hat, nachholen. Warst du schon mal in einer Festhaltegruppe?

FRAU Nein.

HELLINGER *zu Jirina Prekop* Da hast du also schon eine Kandidatin für morgen.

*zur Frau* Ist das Kind normal zur Welt gekommen oder durch Kaiserschnitt?

FRAU Es musste ein Kaiserschnitt gemacht werden. Das Kind musste heraus, sagten die Ärzte.

HELLINGER Das ist dann noch eine eigene Problematik für ein Kind, weil es die Stimulierung durch die Geburt entbehrt. Die Geburt ist ja ein sehr kraftvoller Vorgang, der das Kind mitnimmt, aber auch stimuliert. Das fehlt deiner Tochter. Viele Kinder, die durch Kaiserschnitt geboren sind, haben das Bedürfnis, durch etwas Enges hindurchzukriechen. Man kann sie dabei spielerisch unterstützen. Das Kind kann so das Versäumte nachholen und kommt dann zur Ruhe.

FRAU Das Kind wollte gar nicht leben. Es konnte nicht oder durfte nicht, es war in ganz großer Lebensgefahr. Es konnte mehrere Tage nicht atmen.

HELLINGER *zum Publikum* Jetzt hat sie etwas Schlimmes gesagt. So ein kleines Kind hat doch nicht den Willen zu entscheiden, ob es leben will oder nicht. Das ist eine schlimme Unterstellung. Tatsache ist, das Kind war in Lebensgefahr und ist gerettet worden. Und da gibt es nur eines, was die Eltern tun können. Sie müssen danken, dass es gut ausgegangen ist.

*Bei dem letzten Satz atmet die Frau sichtlich durch und richtet sich auf.*

HELLINGER *zur Frau* Siehst du, das ist die Wirkung. Man dankt und nimmt es als ein besonderes Geschenk, das man behütet. So, jetzt habe ich dir und auch dem Kind gleich etwas Gutes getan. Was ist sonst noch bei euch?
FRAU Ich habe auch Angst um meinen Sohn.
HELLINGER Was ist die Schwierigkeit?
FRAU Mir kommt da etwas so verkehrt, so verdreht vor, als hätte es etwas mit mir zu tun.
HELLINGER So, wie du redest, eher mit dir als mit ihm.

*Der Sohn schaute bis zu diesem Moment unverwandt auf den Boden, jetzt wendet er sein Gesicht dem Gespräch zu.*

HELLINGER *zur Frau* Was war Besonderes in deiner Herkunftsfamilie?
FRAU Ich hatte eine schwer behinderte Schwester, die mit zwölf Jahren gestorben ist. Aber ob da was ist? *Die Frau hebt ratlos die Schultern.*
HELLINGER Das ist vielleicht das Verdrehte, dass nämlich dein Sohn für dich die behinderte Schwester vertreten muss. Du hast in solchen Begriffen geredet. Dann ist das Kind durch deine Vorstellung gefährdet.

*Die Frau nickt zustimmend.*

HELLINGER *zum Publikum* Das hat ihr jetzt nicht einmal etwas ausgemacht. Ich bin bei diesem Gedanken erschrocken. Sie ist nicht erschrocken.
*zur Frau* Hast du noch andere Geschwister?
FRAU Ja, noch drei.
HELLINGER War die behinderte Schwester älter als du?
FRAU Sie war jünger. Ich bin die Erste.
HELLINGER *zum Mann* Wie siehst du das?
MANN Ich weiß nicht, ob das mit dem Kind zu tun hat. Die Kindheit meiner Frau war auf alle Fälle schwierig. Da war einmal das behinderte Kind, und da war noch die Oma, die zehn Jahre im Bett lag und gepflegt werden musste. Weil meine Frau die

Älteste war, lastete sehr viel auf ihr: die Oma, das behinderte Kind und die kleineren Geschwister.

HELLINGER *zum Publikum* Der Mann hat Mitgefühl mit seiner Frau. Merkt ihr das?

*zum Mann* Was ist in deiner Herkunftsfamilie passiert?

MANN Wir sind fünf Kinder. Ich bin der Zweite. Ich war vierzehn, mein älterer Bruder fünfzehn und unsere jüngste Schwester drei, als mein Vater durch einen Autounfall ums Leben gekommen ist. Sonst ist bei uns nichts Besonderes passiert.

HELLINGER *zur Frau* Ich werde jetzt deine Herkunftsfamilie aufstellen. Dazu gehören: Vater, Mutter und alle Kinder, einschließlich des behinderten Kindes. Das behinderte Kind war das wie vielte?

FRAU Das dritte.

HELLINGER Was war die Behinderung?

FRAU Sie war schwerst körperbehindert und wahrscheinlich auch geistig behindert. Sie konnte nicht sprechen, nicht sitzen, nichts selbst für sich tun.

HELLINGER Gab es zwischen den Eltern einen Vorwurf, weil das Kind behindert war?

FRAU Eher an uns Kinder. Ich habe einen Vorwurf gespürt an mich.

HELLINGER Was wäre der Vorwurf gewesen?

FRAU Mein Vater hat einmal geäußert, ob wir, meine jüngere Schwester und ich, das Kind nicht fallen gelassen hätten, denn es sei gesund zur Welt gekommen. Irgendwann wusste ich dann nicht mehr, ob ich daran beteiligt war oder nicht. Meine Mutter hat gesagt, wie kann er denn so eine Äußerung machen, das sei doch ganz unmöglich. Das habe ich zunächst geglaubt, aber mit der Zeit habe ich mich dann doch gefragt, ob da nicht eine Schuld bei mir war.

HELLINGER *zum Publikum* Das ist jetzt eine wichtige Information. Wenn in einer Familie ein Kind behindert geboren wird, sucht man häufig nach einem Grund oder nach einem Schuldigen. Dann braucht man sich dem Schmerz und der Wucht des Schicksals nicht zu beugen. Das ist ein ungeheurer Vorwurf an die Kinder. Selbst wenn die älteren Kinder das Kind hätten fallen lassen, sind nicht die Kinder verantwortlich, sondern die Eltern, die es diesen Kindern übergeben haben, obwohl die noch zu klein waren, um darauf aufzupassen. Die Verantwortung muss bei den Eltern bleiben. Es ist ihr Schicksal, dass sie so ein Kind bekommen haben. Häufig geschieht es auch, dass nach so einem Ereignis die Beziehung der Eltern auseinander geht, weil es einen geheimen Vorwurf zwischen ihnen gibt. Wenn die Eltern aber sagen, es ist ein schweres Schicksal, aber wir tragen es gemeinsam, dann werden sie dadurch noch enger verbunden. Dann geht es allen gut, vor allem auch dem behinderten Kind.

FRAU So war es nicht. Es ging niemandem gut.

HELLINGER Ebendeshalb habe ich es gesagt. Jetzt stelle deine Herkunftsfamilie auf.

***Bild 1***

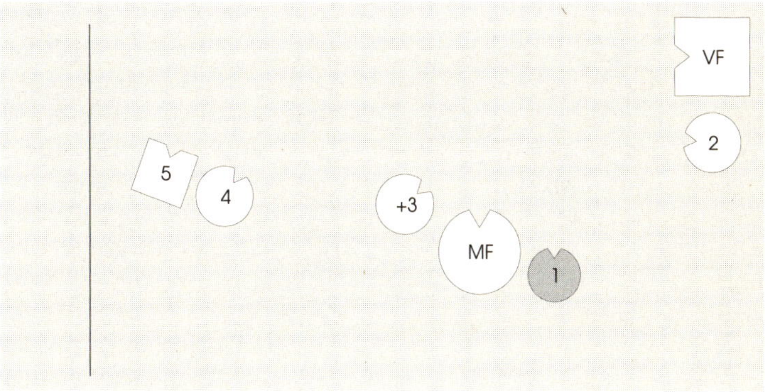


| | |
|---|---|
| VF | Vater der Frau |
| MF | Mutter der Frau |
| **1** | **Erstes Kind, Tochter (= die Frau, die aufstellt)** |
| 2 | Zweites Kind, Tochter |
| +3 | Drittes Kind, Tochter, schwerstbehindert, starb mit 12 Jahren |
| 4 | Viertes Kind, Schwester |
| 5 | Fünftes Kind, Sohn |

HELLINGER *zur Frau* Was war in der Herkunftsfamilie deiner Mutter?

FRAU Der Vater ist gestorben, als sie noch ein Kind war. Die Eltern waren schon alt, die Mutter war fünfundvierzig, als sie meine Mutter geboren hat. Sie war die zweite Frau.

HELLINGER Was war mit der ersten Frau?

FRAU Das weiß ich nicht.

HELLINGER Ist irgendetwas über sie gesagt worden, zum Beispiel, dass sie im Kindbett starb?

FRAU Ich weiß nur, dass die Mutter meiner Mutter die Kinder der ersten Frau versorgt hat, aber wann und wie sie gestorben ist, weiß ich nicht.

HELLINGER Das wäre eine wichtige Information. Wenn man das Bild anschaut, sieht man, dass die Mutter gefährdet ist. Die Kinder halten sie fest, damit sie nicht geht.

*zur Mutter der Frau* Wie geht es dir?

MUTTER DER FRAU Ich hatte zunächst starkes Herzklopfen, Erschrecken und Zittern zugleich.

HELLINGER *zum dritten Kind* Geh aus der Tür und mach sie hinter dir zu.

***Bild 2***

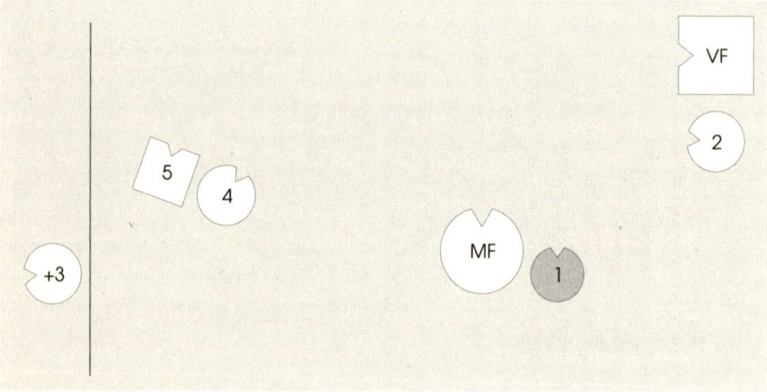


HELLINGER *zu den anderen Stellvertretern* Ist bei euch etwas verändert, seit sie draußen ist?

MUTTER DER FRAU Nein.

VATER DER FRAU Nein.

ZWEITES KIND Ich fühle Erleichterung.

ERSTES KIND Leichter.

VIERTES KIND Mir ist ein Stein vom Herzen gefallen und ich sehe jetzt da hinüber. *Sie deutet auf den Rest der Familie.*

FÜNFTES KIND Besser.

HELLINGER *zu den Eltern* Alle Kinder sind erleichtert. Die Mutter hat sich aufgerichtet. Vorher stand sie gebeugt, nun steht sie aufrecht.

*Hellinger ruft das dritte Kind wieder herein und stellt es an seinen Platz zurück.*

***Bild 3***

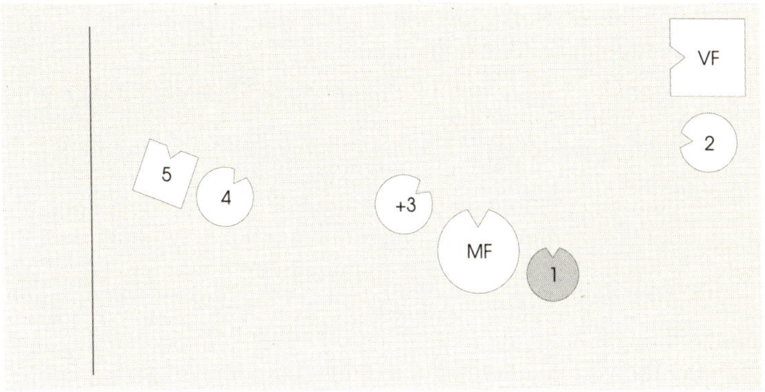


HELLINGER *zum verstorbenen dritten Kind* Wie ist es dir draußen gegangen, besser oder schlechter?
DRITTES KIND† Besser.

*Hellinger nimmt den früh verstorbenen Vater der Mutter hinzu und stellt ihn der Mutter gegenüber.*

*Bild 4*

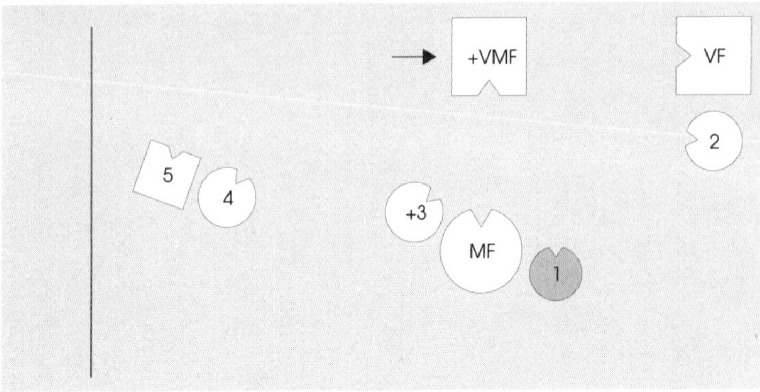


+VMF Vater der Mutter der Frau, starb, als diese 8 Jahre alt war

HELLINGER *zur Frau* Wie alt war deine Mutter, als ihr Vater starb?
FRAU Sie war acht Jahre alt.
HELLINGER *zu den Stellvertretern in der Aufstellung* Was ist bei euch verändert?
MUTTER DER FRAU Ich habe ein Gefühl, als würde ich von ihr gezogen werden. *Sie deutet auf das dritte Kind an ihrer linken Seite und zieht es näher zu sich.* Zu meinem Vater habe ich ein fremdes Gefühl.
HELLINGER *zum dritten Kind* Ist bei dir etwas verändert?
DRITTES KIND† Mir geht es besser, seit der Großvater da ist.
HELLINGER *zum Vater der Mutter* Wie geht es dir?
VATER DER MUTTER DER FRAU† Ich fühle mich neutral.

*Hellinger stellt nun das erste Kind zur Seite, und den verstorbenen Vater der Mutter der Frau stellt er halb rechts hinter sie.*

**Bild 5**

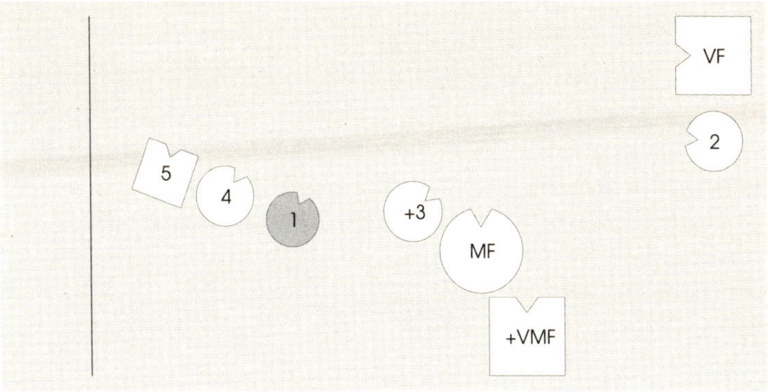


HELLINGER *zur Mutter der Frau* Wie ist das?
MUTTER DER FRAU Gut.

*Hellinger stellt nun die Familie um.*

**Bild 6**

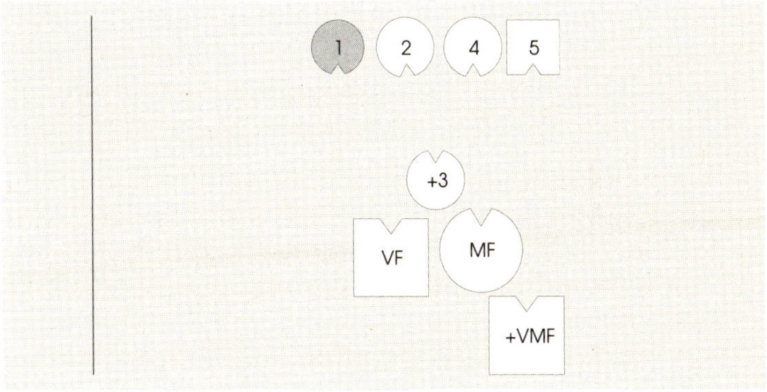


HELLINGER Wie geht es euch jetzt?
VATER DER FRAU Vorher war ich ganz getrennt, jetzt fühle ich mich dazugehörig. Ich kann hier sehr gut stehen mit dem Schwiegervater. Ich fühle mich durch ihn kräftiger und ruhiger.
DRITTES KIND† Mir ist sehr viel wohler.
MUTTER DER FRAU Ich brauche den Vater im Rücken.

ERSTES KIND Mir geht es wesentlich besser. Ich sehe die Eltern und bin auch gestärkt durch die Geschwister.
ZWEITES KIND Es ist gut, die Eltern zu sehen.
VIERTES KIND Ich fühle mich dazugehörig und es freut mich, die Schwester bei den Eltern zu sehen.
FÜNFTES KIND Mir geht es gut hier. Ich habe ein wohltuendes Kribbeln am ganzen Körper.
HELLINGER *zur Frau* Stelle dich jetzt selbst an deinen Platz.

*Hellinger führt die Frau an ihren Platz. Dann stellt er die verstorbene behinderte Schwester zwischen ihre Geschwister.*

**Bild 7**

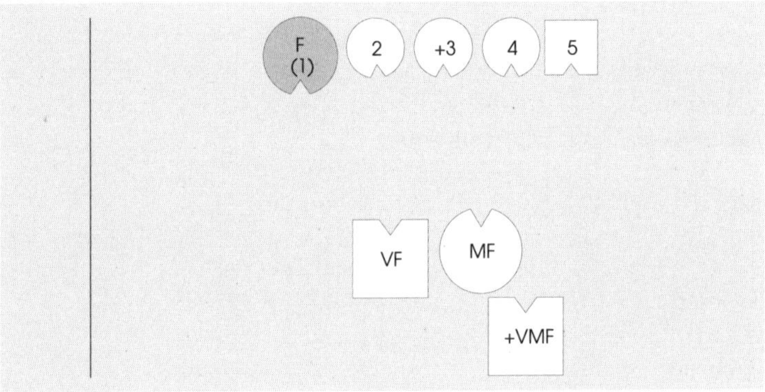


HELLINGER *zur behinderten Schwester* Wie geht es dir da?
DRITTES KIND† Zuerst fiel es mir schwer, von den Eltern wegzugehen. Bei den Geschwistern ist es gut. Es ist auch gut, die Eltern anzuschauen.
HELLINGER *zum Publikum* Das ist der fällige Schritt. Das Kind muss zuerst zu den Eltern, um zu spüren, dass es angenommen ist und zu den Eltern gehört. Dann muss es seinen Platz in der Geschwisterreihe einnehmen.
*zur Frau* Wie geht es dir?
FRAU *zögernd* Gut.
HELLINGER Stelle dich vor deine behinderte Schwester.

*Bild 8*

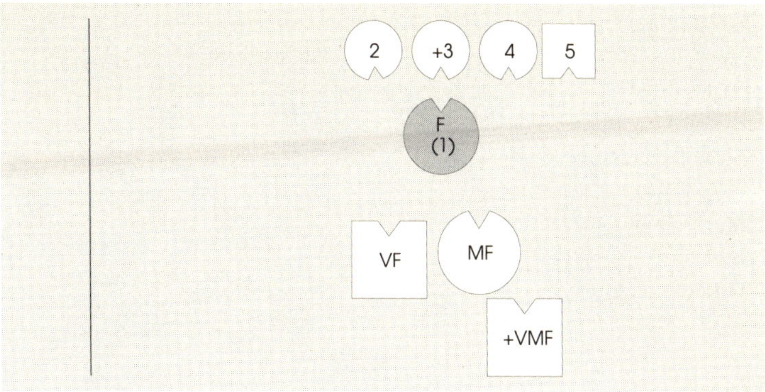


HELLINGER *zur Frau* Wie heißt sie?
FRAU Theresa.
HELLINGER Sag ihr: »Liebe Theresa, du bist meine Schwester.«
FRAU Liebe Theresa, du bist meine Schwester.
HELLINGER »Ich nehme dich als meine Schwester.«
FRAU Ich nehme dich als meine Schwester.
HELLINGER »Und ich verneige mich vor deinem Schicksal.«
FRAU Und ich verneige mich vor deinem Schicksal.
HELLINGER »Ich bleibe bei meinem Sohn.«
FRAU Ich bleibe bei meinem Sohn.

*Hellinger stellt ihr den Sohn, der bisher die Aufstellung verfolgt hat, an die Seite.*

*Bild 9*

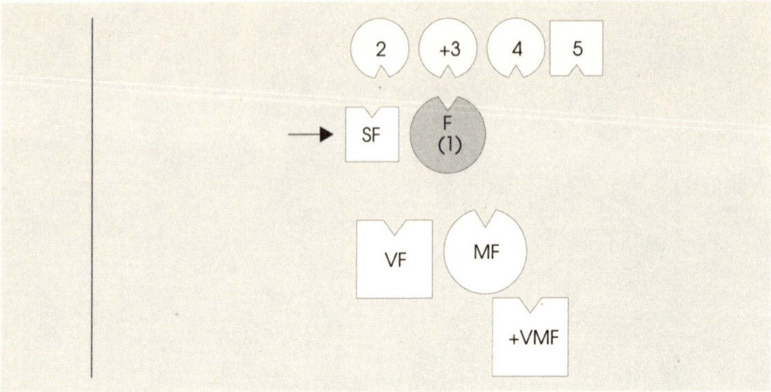


SF Sohn der Frau

HELLINGER *zur Frau* Sag ihr: »Das ist mein Sohn.«
FRAU *mit bewegter Stimme* Das ist mein Sohn.
HELLINGER »Das ist mein Sohn und du bist meine Schwester.«
FRAU Das ist mein Sohn und du bist meine Schwester.
HELLINGER »Bitte schaue freundlich auf uns.«
FRAU Bitte schaue freundlich auf uns.
HELLINGER *zur Frau* Wie geht es dir?
FRAU Gut.
HELLINGER *zu ihrem Sohn* Wie geht es dir?
SOHN DER FRAU *schulterzuckend* Ich weiß nicht.
HELLINGER Gut, da lasse ich es. Das war's dann.

*Hellinger löst die Aufstellung auf, alle setzen sich.*

HELLINGER *zum Publikum* Das war nur der erste Akt, sozusagen die Ouvertüre.
*zur Frau* Jetzt stelle das Gegenwartssystem auf.

*Die Frau wählt Stellvertreter für sich, ihren Mann und die beiden Kinder und stellt sie in Beziehung zueinander. Für sich wählt sie dieselbe Repräsentantin wie in der ersten Aufstellung.*

*Bild 10*

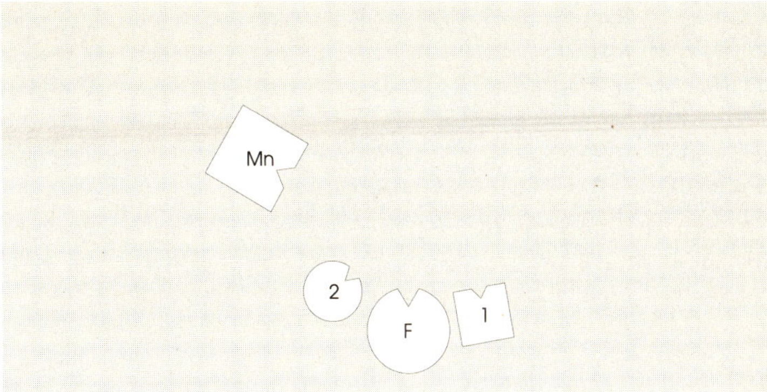


| | |
|---|---|
| Mn | Mann |
| F | Frau |
| 1 | Erstes Kind, Sohn |
| 2 | Zweites Kind, Tochter, zu früh durch Kaiserschnitt geboren |

HELLINGER *zur Frau* Wir hatten doch schon einmal ein solches Bild. Stelle deine verstorbene behinderte Schwester dazu und nimm dafür die gleiche Stellvertreterin.

*Bild 11*

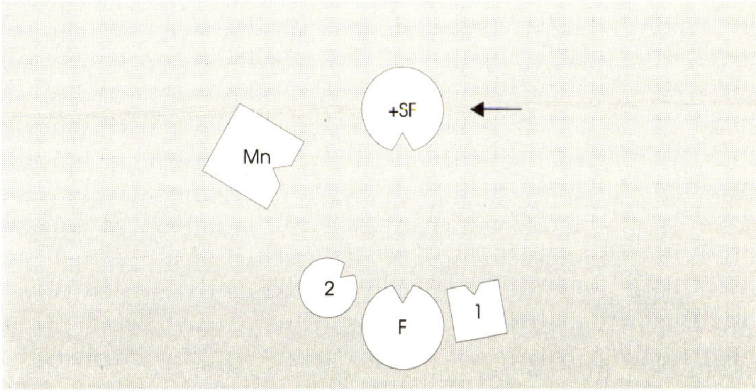


| | |
|---|---|
| +SF | Schwester der Frau, schwerstbehindert mit 12 Jahren gestorben |

HELLINGER *zum Stellvertreter des Mannes* Wie geht es dir?
STELLVERTRETER DES MANNES Ich möchte etwas tun, weiß aber nicht, was.
STELLVERTRETERIN DER FRAU Ich sehe nur meine Schwester. Den Mann kann ich kaum sehen.
STELLVERTRETER DES ERSTEN KINDES Mir ist ganz heiß. Ich stehe auf einem Platz, auf den ich nicht gehöre.
STELLVERTRETERIN DES ZWEITEN KINDES Ich will zur toten Tante. Sie ist die Einzige, zu der ich eine Beziehung habe.
HELLINGER *zur verstorbenen Schwester der Frau* Wie geht es dir?
SCHWESTER DER FRAU† Nicht gut. Ich gehöre hier nicht hin.

*Hellinger lässt die Schwester sich umdrehen und einen Schritt nach vorne gehen. Die Frau stellt er hinter sie.*

***Bild 12***

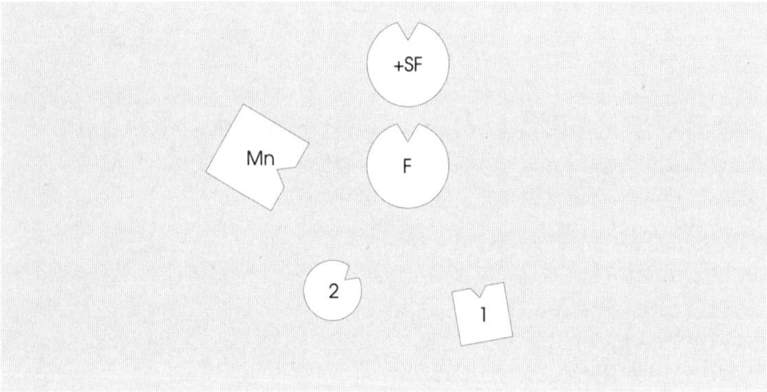


HELLINGER *zur Schwester der Frau* Wie geht es dir da?
SCHWESTER DER FRAU† Besser.
STELLVERTRETERIN DER FRAU Besser. Der Mann fehlt mir.
HELLINGER Bei den Toten kann man keinen Mann gebrauchen.
*zum Rest der Familie* Wie geht es euch?
STELLVERTRETER DES MANNES Besser.
STELLVERTRETER DES ERSTEN KINDES Sehr einsam.
STELLVERTRETERIN DES ZWEITEN KINDES Ich würde lieber auch da vorgehen.
HELLINGER *zur beobachtenden Frau* Was sagst du dazu?

FRAU Ich weiß nicht.
HELLINGER Die Kinder sterben für dich.
FRAU *nickt sehr bewegt* Das stimmt.
HELLINGER Genau.
*zu den Kindern in der Aufstellung* Es gibt nur einen sicheren Platz für euch, und der ist neben dem Vater.

*Hellinger stellt die beiden Kinder neben den Vater.*

**Bild 13**

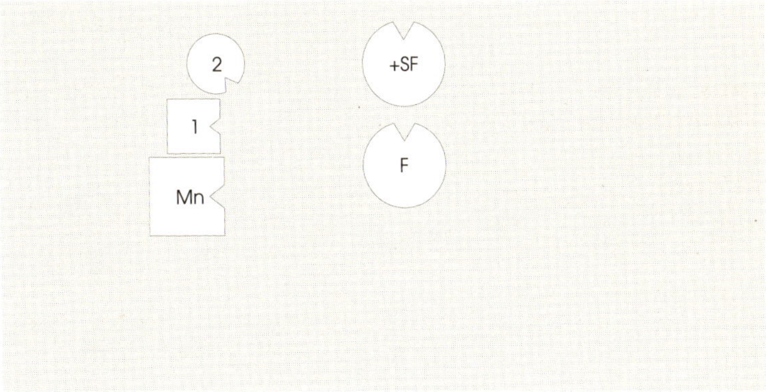


HELLINGER *zum Mann* Wie ist das?
STELLVERTRETER DES MANNES Schwer. Mit den Kindern ist es gut, aber das mit der Frau ist schwer.
STELLVERTRETER DES ERSTEN KINDES Es zieht mich nicht mehr in die Richtung der Mutter.
STELLVERTRETERIN DES ZWEITEN KINDES Gut.
HELLINGER *zur Frau* Die Kinder sind sicher bei deinem Mann. Das Schicksal aus deiner Familie ist sehr schwer. Das zieht die Kinder weg. Du musst sie dem Mann überlassen. Bei ihm sind sie sicher.
*zum Mann* Was sagst du dazu?
MANN Ich habe schon manchmal gedacht, dass meine Frau nicht ganz hier ist.
HELLINGER *zur Stellvertreterin der Frau* Wie geht es dir jetzt?
STELLVERTRETERIN DER FRAU Immer noch gut.
HELLINGER *zur Frau* Was soll man da machen? Ich mache noch einen letzten Versuch.

*Hellinger stellt nun die Frau selbst an den Platz hinter ihrer toten Schwester. Nach kurzem Warten breitet sich ein Lächeln auf ihrem Gesicht aus.*

HELLINGER *zur Frau* Selig sind die Toten.

*Hellinger führt nun die Frau neben den Mann und stellt ihre tote Schwester hinter sie.*

**Bild 14**

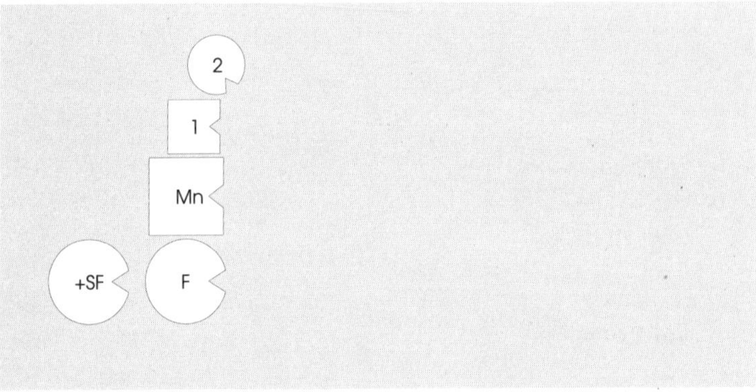


HELLINGER *zur Frau* Wie geht es dir neben dem Mann?
FRAU Besser als erwartet. *Lächelt.*
HELLINGER *zum Stellvertreter des Mannes* Wie geht es dir jetzt?
STELLVERTRETER DES MANNES Gut.
STELLVERTRETER DES ERSTEN KINDES Gut. Ich müsste den Vater besser sehen.

*Hellinger stellt die Kinder den Eltern gegenüber, aber mehr in den Bannkreis ihres Vaters.*

**Bild 15**

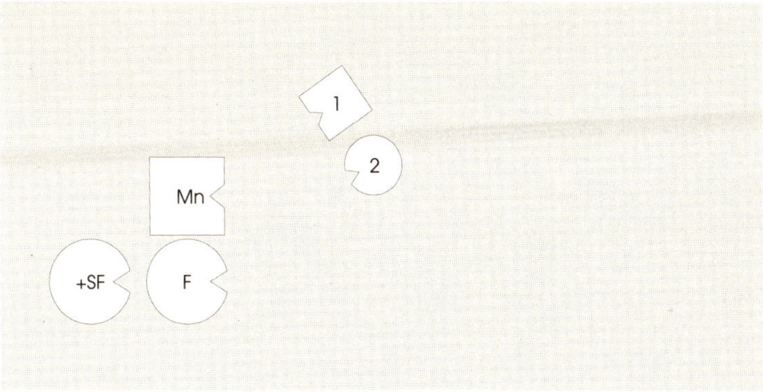


HELLINGER *zum Publikum* Die Kinder müssen im Bannkreis des Vaters stehen. Nicht, weil die Frau böse ist, sondern weil das Schicksal in ihrer Herkunftsfamilie so schwer ist. Sonst zieht es die Kinder in diese Schwere.

*Hellinger lässt nun auch den Mann und die Kinder ihre Plätze in der Aufstellung einnehmen.*

HELLINGER Wie geht es euch?
MANN Mir geht es gut.
FRAU Mir geht es auch gut. Ich fühle jetzt den Mann.
ERSTES KIND Gut.
ZWEITES KIND Mir geht's auch gut. *Lachen im Publikum.*

*Hellinger lässt nun den Sohn dicht neben dem Vater stehen und diesen den Arm um ihn legen.*

***Bild 16***

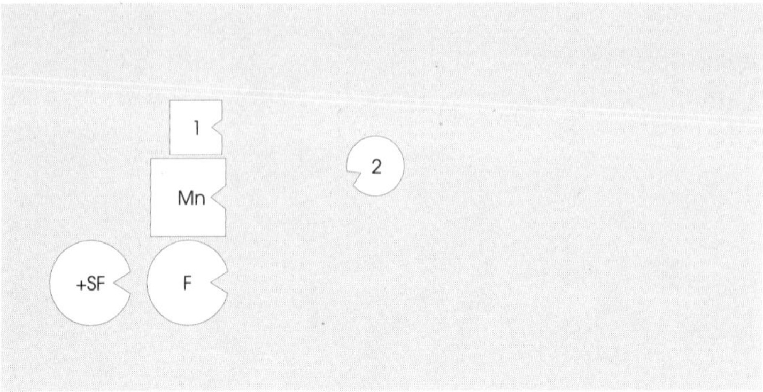


HELLINGER *zum Mann* Sag deinem Sohn: »Ich halte dich fest.«
MANN *zum Sohn* Ich halte dich fest.

*Der Sohn lehnt sich an den Vater an und lächelt.*

HELLINGER *zur Frau* Sag den Kindern: »Ich vertraue euch eurem Vater an.«
FRAU *sehr bewegt* Ich vertraue euch eurem Vater an.
HELLINGER »Ich bleibe bei eurem Vater und bei euch.«
FRAU Ich bleibe bei eurem Vater und bei euch.
HELLINGER »Bei ihm seid ihr gut aufgehoben.«
FRAU Bei ihm seid ihr gut aufgehoben.
HELLINGER Gut, das war's dann.

Bei der Aufstellung war die Mutter wie vernebelt. Nebel hat die Eigenschaft, nur so lange Illusionen zu erzeugen, wie er anhält. Sobald er sich verzieht, erscheinen die Konturen der rauhen Wirklichkeit. So war es von großer Bedeutung, dass die Mutter unter der Vernebelung ihre Gegenwartsfamilie mit ihrer Herkunftsfamilie fast gleichstellte: In beiden Fällen wird die Mutter von zwei Kindern gestützt. Bei der Aufstellung treten plötzlich – wie weggezaubert – ihre Sorgen um Verena in den Hintergrund. Im Vordergrund steht Dieter. »Ich habe Angst um meinen

Sohn ... Mir kommt da etwas so verkehrt, so verdreht vor ... Als hätte es etwas mit mir zu tun ...« Nach diesem Nebelschleier lichtet sich der nächste: »Ich hatte eine schwer behinderte Schwester, die mit zwölf Jahren gestorben ist, aber ob da was ist?« Vielleicht ist hier der systemische Knoten verstrickt?

»Wie sah deine behinderte Schwester aus? Welche Bilder von ihr hast du behalten?« »Lieber gar nicht daran denken«, heißt ihre Antwort. »Bilder der schwersten Behinderung sind das. Der allergrößte Schreck, von dem eine Familie betroffen werden kann.« Theresa im Schlafzimmer ihrer Eltern. Sie liegt anstelle ihres Vaters in seinem Bett neben der Mutter, damit sie bei Bedarf auf die andere Seite gedreht werden kann und wegen ihrer epileptischen Anfälle zu jeder Zeit von der Mutter Hilfe bekommt. Gerüche von Schweiß, stinkenden Windeln und Salben. Mama reibt Theresa mit Franzbranntwein ein, damit sie nicht wund wird. Sie reibt ihre Brust gut ein, damit Theresa besser abhusten kann. Theresa im Rollstuhl unterm Weihnachtsbaum. Theresa wird gefüttert. Mama wischt Theresas Speichel mit dem Latz ab. Theresa im Sarg. In einem Spitzenkleid wirkt sie ganz normal, ja sie sieht sogar irgendwie edel aus. Längst verschüttete Bilder aus der Kindheit kommen nun hoch. Sie tauchen wie spitze Kirchtürme aus dem Nebel auf. Wie ein erhobener Zeigefinger Gottes in mehrfacher Spiegelung, der dir von überall her Zeichen gibt, dass er von deiner Versündigung weiß. Wie ein zum Jüngsten Gericht rufender Erzengel mit dem Schwert in der Hand. Dem Schwert entgehst du nicht. Horrorbilder!

Hast du das kleine Baby Theresa fallen gelassen? Du warst doch die älteste Schwester, die die Aufsichtspflicht und die Verantwortung hatte. Selbst wenn es deine jüngere Schwester angestellt hätte, bist du, die Ältere, in der Verantwortung. Wegen dir ist Theresa nun ein Krüppel. Du hast es verschuldet, dass wir uns nie glücklich fühlen können, dass wir eine Krüppelfamilie sind. Wenn die ganze

Welt »O du Fröhliche« und »Halleluja« singt, verstummen unsere Stimmen. Wegen dir. Tausendmal kann die Mama sagen, dass es Unsinn ist, dir die Schuld zuzuschieben, du weißt es selbst. Du kannst dir nie, hörst du, *nie* sicher sein, dass du es nicht warst. Du hast Schuld an dieser Behinderung. Du bist des gleichen Todes schuldig, den Theresa in einer schwülen Sommernacht unter grausamen Atemnöten erlitten hat.

Ja, ich bin schuldig, ich muss es wieder gutmachen, solange ich lebe, solange ich leben muss ... O Gott, wie kann ich mein Leben anders ausfüllen, als dass ich mich zu einer Wiedergutmachung verpflichte? ... Du hast es mir gezeigt, wo ich es tun muss. Verena kam mit den gleichen Atemnöten auf die Welt, unter denen Theresa litt und starb. Sie konnte mehrere Tage nicht selbstständig atmen. Ihre Lunge versagte total. Sie musste beatmet werden. Sie litt danach acht Jahre lang an Atemnöten. Alle möglichen Diagnosen wurden gestellt: Bronchitis, Lungenentzündung ... Ich nehme diesen mir zugeworfenen Handschuh an. Mein ganzes Leben lege ich auf den Opfertisch. Ich gebe meiner Tochter Verena all das, was ich meiner Schwester Theresa schuldig geblieben bin und immer noch schuldig bleibe.

Und eben darin steckt das Drama. Solange sich die Mutter mit ihrer Schuld plagt und diese an einer Ersatzperson wieder gutmacht, landet sie an einer falschen Adresse. Den Frieden muss sie direkt mit ihrer behinderten Schwester schließen, ein Ausgleich auf Umwegen – über ihre Tochter – führt in die Irre. Noch kann sie ihre Schwester nicht ins Herz nehmen, denn die auftauchenden Bilder sind noch mit ihrer Schuld verbunden: Sie stellen eine Verkörperung ihrer Sünden und Strafen dar. Diese zu lieben käme einer Selbstzerstörung gleich. Solange sie aber den Weg der Liebe zu ihrer Schwester nicht wagt, wird ihre umständliche Wiedergutmachung kein Ende nehmen.

Meine Überlegungen zum weiteren therapeutischen Vorgehen: Die Verstrickung aufzulösen ist nur durch die Auflösung der Schuld möglich. Von heute auf morgen geht dies allerdings nicht. So, wie sich der Berg der Schuld in Jahrzehnten aufschichtete, so muss er Schicht für Schicht abgebaut werden.

Eine Aussprache mit dem Vater über die ungerechte Schuldzuweisung erscheint zwar logisch, aber eben nur scheinbar logisch. Ich überlege, was wir durch die Einladung des Vaters und durch eine Konfrontation zwischen ihm und seiner Tochter erreichen würden. So gut wie nichts. Eher eine neue Irritation. Im Angesicht der verheerenden Folgen seiner Schuldzuweisung würde er sicherlich behaupten, dass er es damals nicht so gemeint hat. Sicherlich habe er in seiner Ratlosigkeit nur eine Antwort auf die unbeantwortbaren Fragen gewollt, eine Klärung für das Unerklärliche gesucht und eine Entlastung von einer schicksalhaften Belastung. Seine Kinder und seine Enkelkinder habe er schützen wollen vor einem Verdacht auf eine erbliche Behinderung. Deshalb habe er nach einem Unfall gesucht. Wer hätte verdächtigt werden dürfen? Niemals die Mutter! Sie lebte aufgrund ihrer Depressionen sowieso nur auf Sparflamme. Sie hätte es niemals ertragen, an der Behinderung ihres Kindes schuld zu sein. Sie wäre in den Tod gegangen. In der Aufstellung war das Bild eindeutig: Die Kinder haben die Mutter gehalten, damit sie nicht geht. Nicht ihr Mann hat sie gehalten, sondern an seiner Stelle stand rechts von der Mutter die erstgeborene, nichtbehinderte Tochter und links die drittgeborene behinderte Tochter. Wenn die Große so groß ist und bei der Mutter einflussreicher ist als er selbst, dann erträgt sie wohl auch den Verdacht, dachte er. In seiner Angst, sich dem Schicksal zu stellen, bedachte er nicht, welch ungeheure Belastung er seiner Tochter auf die Schultern legte. Wenn er mit dem Schmerz der Tochter konfrontiert wäre, würde er im besten Falle in Reue zerfließen und alles zurücknehmen, was er je gesagt hatte. Und natürlich wird sie es ihm nicht glauben können. Die Konfrontation mit dem Vater ist also sinnlos.

Und die Festhaltetherapie mit Verena ist noch nicht angebracht, solange ihre Identität mit der verstorbenen, behinderten Tante verstrickt ist.

Wer bis dahin von den Eltern wenig beachtet wurde, war Dieter. Die ganzen Jahre über war die Mutter der Meinung, dass Dieter auf seine komische Weise an ihr klebte, weil er auf Verena eifersüchtig war. Bis zu ihrer Geburt war er ein offener, unternehmungslustiger Bub gewesen, der gerne seine Wege getrennt von der Mutter ging. Diese Bereitschaft zur Loslösung dauerte aber nur so lange an, wie er sich der Mutter ganz sicher war. Durch die Sorgen um Verena änderte sich ihr Verhalten. Er musste sich nun stets vergewissern, dass sie für ihn da war, und er passte genau auf, ob Verena mehr Zuwendung bekam als er. So deutete es jedenfalls die Mutter. Auch der Vater war ähnlicher Meinung. Dieter passe sich Verena an, um ähnlich wie sie zu sein und um der Mutter zu gefallen. Schade um den Bub, die beiden Frauen verweichlichen ihn. Erst die Aufstellung der Gegenwartsfamilie deckte auf, dass die beiden Kinder die Mutter halten, damit sie bleibt. »So ein Bild hatten wir doch schon einmal. Es sieht ja aus wie bei deiner Schwester«, sagte Bert Hellinger bei der Aufstellung. Die nach dem gleichen Strickmuster gestaltete Rettungsaktion einer todtraurigen Mutter! Von diesem systemischen Auftrag muss Dieter befreit werden, damit er frei für sich selbst ist. So bald wie möglich, denn es steht nichts im Wege, um die Empfehlung von Bert Hellinger unter der Festhaltetherapie emotional nachzuvollziehen.

So kommen unmittelbar nach der Aufstellung der Vater und Dieter auf die Matte. Nie hätte der Vater gedacht, welcher Schmerz das Herz seines Sohnes bewegt. Er rechnete damit, dass Dieter durch diese Konfrontation die Chance nutzen würde, seine bis jetzt noch unerfüllten Wünsche, die mehr oder weniger materieller Art waren, auszudrücken: dass ihm der Papa ein neues Rad schuldet, dass er immer noch in den blöden Geigenunterricht muss, obwohl er lieber Gitarre spielen würde, dass und dass und dass ... Und war bereit, die Beschwerden abzufangen, ebenso wie er sich innerlich darauf einstellte, seinem Sohn wegen seines nie aufgeräumten Zimmers die Leviten zu lesen. Nichts davon aber kam zustande. Als er Dieter in seinen Armen hält und dessen Kopf in seiner Halskuhle spürt, bemerkt er die warme Feuchtigkeit seiner Tränen. »Ich habe solche Angst um Mama ... ich traue mich nicht einmal, ins Ferienlager zu gehen, damit ihr ja nichts passiert ... solche Angst habe ich jedes Mal, wenn Verenas Lehrer sich über sie beschweren und Mama dafür verantwortlich machen ... wie kann ich sie bloß trösten? ... und du bist nicht da, Papa, andauernd weg ... wie kann ich ihr helfen? ... wer soll ihr helfen? ... Papa, und du bist nicht da!« Was kann der Papa antworten? Er muntert Dieter auf, alle Sorgen bei ihm abzuladen. »Schimpf dich aus, Dieter! Sag mir alles, was dich bedrückt und was dich plagt. Ich muss es wissen, damit ich dir helfen kann. Nicht du musst mir helfen, sondern ich helfe dir. Es steht dir auch gar nicht zu, für Mama und mich zu sorgen. Das ist meine Sache.« In Dieters Ohren hört sich das gut an, sehr gut sogar. Kann er es wirklich annehmen? »Bist du so stark, Papa?« In Dieters Frage schwingen Zweifel und Hoffnung mit.

»Ja hör mal, Junge, möchtest du meine Kraft anzweifeln? Ich bin stark genug.«

Dieter schaut ihn an. Zum ersten Mal während der Konfrontation schaut er seinem Vater in die Augen. Angespannt, neugierig, prüfend. »Oder meinst du, Dieter, dass ich schwach bin, schwächer als du, dass ich aufgebe?« Dieters testender Blick hält an. »Also teste es! Versuch mich umzudrehen! Schaffst du es?« Kämpferisch umarmt Dieter seinen Vater und sammelt all seine Kraft an, um ihn in die Rückenlage zu bekommen. Nicht ein Hauch von

Wut ist in seiner aufbäumenden Haltung zu erkennen, vordergründig ist die Sehnsucht danach, dass der Papa den Test gewinnt. Dieter schafft die Drehung nicht. Papa hat gewonnen. Gott sei Dank! Er hält Dieter sanft und warm an seinem Herzen, so nah und so lange, wie er ihn seit seiner Babyzeit nicht mehr gehalten hat. »Ich halte dich fest, Dieter. Ich möchte, dass du dich bei mir geborgen fühlst. Es wird alles gut. Das liegt in meiner Verantwortung.« »O ja, Papa, halte mich fest, ich brauche es. Ich brauche das Gefühl, dich zu spüren.«

Noch bevor das Seminar zu Ende ging, fragte der Mann, ob er auch seine Frau festhalten kann. Die Sätze, die sie bei der Aufstellung gesagt hatten, klangen sehr gut und versprachen das Beste. Gute Absichten wurden vom Verstand her gut artikuliert: »Kinder, ich vertraue euch eurem Vater an ... bei ihm seid ihr gut aufgehoben ... ich bleibe bei eurem Vater und bei euch ...« Mit dem Herzen aber war die Frau nicht voll dabei. Der Kopf kann die gedachte Absicht zum Lieben um einiges später in Frage stellen, ja sogar vergessen, solange das Herz sie nicht zur eigenen Sache macht. Die Liebe entsteht nicht durch einen Denkwandel, sie wird als Wahrheit im Herzen wahrgenommen, erst wenn sie bewahrheitende Verwandlungen durchgestanden hat. Das Mysterium der Verwandlung durch Leib und Blut. Diese Erfahrung der wunderbaren Erneuerung der Liebe machte der Vater bereits bei seinem Sohn. Er verspürte die Sehnsucht danach, auch seiner Frau den Halt zu geben, den sie brauchte, um sich von den verdammten Schuldgefühlen zu befreien.

Sein Wunsch deckte sich mit meinen therapeutischen Absichten, denn das Hufeisen lässt sich bekanntlich besser schmieden, solange es noch heiß ist. Das Konfliktbewusstsein ist vom Verstand her wachgerüttelt, die Gefühle sind aufgewühlt und das Verlangen nach einer Lösung bewegt die Herzen.

Er hielt jetzt seine Frau in den Armen, ähnlich wie vorher seinen Sohn. Die Konfrontation war jedoch viel dramatischer und der Schmerz im Innersten seines Herzens so heftig, dass er den Prozess des Festhaltens ohne die therapeutische Begleitung wohl abgebrochen hätte. Nach langer Zeit spürte er sie wieder, die Einzige, die er je liebte, die Süße, die Zarte. Jetzt, wo es keinen Platz für die Sexualität gab, die ihn mehrere Jahre über die wahre Entfremdung hinwegtäuschte, spürte er den Verlustschmerz. »Wie hast du nicht merken können, wie ich dich brauche und wie ich dich vermisse? Hast du nicht gespürt, wie schrecklich weh du mir getan hast? Das Gegenteil von dem, was du bei der Aufstellung nachgesprochen hast, sagtest du zu deinen Kindern: Ihr könnt euch eurem Vater nicht anvertrauen, er versteht euch nicht, er lebt in seiner Welt, sein Laden und sein Kammerorchester sind ihm wichtiger als ihr, wie lange ich noch aushalte, weiß ich selber nicht. Ja, so hast du mit unseren Kindern gesprochen, ihnen den Vater und mir die Kinder genommen. Wie ich es hasse! Wie wahnsinnig weh es tut!« Aber er hörte und spürte auch von ihr, dass sie sich in ihrer schlimmsten Verzweiflung von ihm verlassen, missachtet und nicht geliebt fühlte. Kein Gespräch am Tisch hätte diese Schmerzen aufgewühlt. Früher oder später hätte sich der eine und demzufolge auch der andere eingeigelt, vorher den anderen vielleicht hysterisch angeschrien, auf alle Fälle aber wären er und möglicherweise alle beide verstummt. Bei der Festhaltetherapie gibt es kein Entrinnen. Der andere hält dich und versperrt dir den Weg zur Flucht. Auch du hältst den anderen fest und schwörst dir unter therapeutischer Begleitung: »Ich lasse dich nicht, ich halte dich so lange fest, bis unsere Liebe wieder fließt.« In großer Liebe fand das Ehepaar wieder zueinander. Ohne jegliche Hilfe konnte sie ihrem Mann sagen: »Ich brauche dich. Bitte halte mich, gib mir zum Beginn meiner Verarbeitung deinen Halt, damit ich bei Kräften bleibe. Lass es nicht zu, dass mich meine Kinder halten! Ich vertraue dir unsere Kinder an. Bei dir sind sie gut aufgehoben.« Sie hielten sich noch lange ohne jegliche äußere Konfrontation.

Nur mit dem siebten Sinn hat man in aller Stille das gemeinsame innige Mitschwingen der beiden mitbekommen können.

Vom Seminar wurde die Familie mit einigen Empfehlungen entlassen. Das Ehepaar solle ihre bereits erneuerte Beziehung wie eine kostbare Blume pflegen und immer wieder mit einem frischen Liebesgeschenk nähren. Der Vater habe nun die Hauptverantwortung für die Erziehung in seine Hand zu nehmen. Sehr vorteilhaft wäre es, die Sitzordnung am Esstisch im Sinne der systemischen Aufstellung zu verändern. Möge sich jeder wahrnehmbar einprägen, welcher Platz ihm in der Familie gehört. Die Geschwister stehen nebeneinander, wobei Dieter seine erste Stelle als der Erstgeborene und Verena die zweite Stelle als die Zweitgeborene hat. Sie stehen den Eltern gegenüber. Der Vater nimmt die linke Stelle neben seiner Frau ein, sodass er von hier besser für die Kinder sorgen kann. Die Mutter spürt von ihrer rechten Seite seine Stütze und hinter sich ihre Schwester Theresa. Der Schlüssel zur Lösung liegt bei dieser verstorbenen, behinderten Schwester. Wenn sich die erstgeborene Schwester vor dem schweren Schicksal ihrer Schwester verneigt und sie ohne jegliche Schuld und Nachtrag in ihr Herz schließt und ihr somit auch den Platz im System der Familie gibt, dann braucht niemand von den Überlebenden und Nachfolgenden (wie Verena) eine Wiedergutmachung oder Vertretung zu machen. Dann sind alle frei. Und erst dann kann Verena für ihr freies Leben geboren werden. Einzig unter diesen Bedingungen wäre jetzt angezeigt, mit Verena und ihrer Mutter eine Festhaltetherapie anzustreben, unter der das emotionale Erleben der misslungenen Geburt aufgeholt werden kann.

Einige Wochen nach dem Seminar frage ich bei der Frau an, wie es ihr und ihrer Familie geht. Am besten gehe es dem Dieter, sagt sie am Telefon, er habe ein gutes Selbstwertgefühl, er gehe außerhalb der Familie seinen Interessen nach und an der Mutter klebe er nicht mehr. Auch in der Ehe ist nun viel mehr Nähe. Bei Verena sei alles noch unverändert. Das »Ich bleibe« sei bei ihr in den ersten drei Wochen nach dem Seminar überzeugend gewesen, werde aber allmählich fraglicher. Natürlich habe ich nach dieser Information auf die Frage, ob sie nun ihre Schwester im Herzen hat, verzichten können. Ich stellte diese Frage aber trotzdem und bekam die erwartete Antwort:

»Nein. Die Kapitel mit meiner behinderten Schwester kann ich so einfach nicht abschließen. Das, was sie in meinem Leben bedeutete, war und ist immer noch zu erschreckend und zu schmerzhaft.«

»Solange werden auch der Schreck und der Schmerz in deinem Leben wirken.«

»Ich weiß es. Ja, das ist mir bewusst.«

Ich riet ihr, ein Foto ihrer Schwester in ihrer Wohnung aufzustellen, eine Kerze für sie anzuzünden und ihr zu sagen: »Meine liebe Schwester Theresa, du hast ein sehr schweres Schicksal erleiden müssen. Ich verneige mich davor, dass du es getragen hast. In großer Achtung vor dir lasse ich die ganze Last bei dir. Bitte segne mich, damit es mir besser geht und damit meine Tochter Verena frei sein kann.«

Der Nebel braucht manchmal viel Zeit, um sich Schicht für Schicht auf den Boden zu setzen. Wenn wir uns diesem Zeitraum anvertrauen können, in dem die Kraft der Klärung wirkt, können wir zum dankbaren Zeugen des großartigen Geschehens werden. Die Vernebelung schwindet und die Konturen werden klar erkennbar, die Trennungslinien zwischen Licht und Schatten. Die Realität grenzt sich von der Illusion ab.

Nach wenigen Monaten rufe ich wieder an.

»Wie geht es?«

»Es ist einiges in Bewegung gekommen. Ich hatte in letzter Zeit öfters Ärger mit Verena, was früher nie der Fall war. Früher habe ich ihr nur nachgegeben, mich ihr angepasst. Jetzt aber dreht sich der Spieß um. Ich bin ihr gegenüber strenger, mute ihr mehr zu und setze ihr engere Grenzen.«

»Ich nehme an, dass du ein Foto deiner verstorbenen Schwester in deiner Wohnung aufgestellt hast.«

»Ja. Zunächst kostete es mich einiges an Überwindung. Die ganze Zeit habe ich kein Bild gefunden, das ich hätte aufstellen können. Überall Behinderung. Und ich habe dann doch das Foto genommen, welches ihre Behinderung am deutlichsten zeigte, weil ich ja eben das schwere Schicksal der Behinderung würdigen sollte und wollte. Theresa in der Zeit, wo sie nach einem ihrer vielen Krankenhausaufenthalte nicht einmal mehr selbständig schlucken konnte. Die Sonde mit der Nahrung geht ihr durch die Nase, die Hände sind an den Rollstuhl geschnallt, damit sie sich mit einer unruhigen Bewegung die Sonde nicht herausreißen kann. Damit ich die Kerze für sie anzünden konnte, habe ich eine kleines Fest mit meiner Familie veranstaltet. Wir haben ein schönes Lied, ›Er hält die Erde in seiner Hand‹, gesungen. Dann habe ich meine Familie an die Aufstellung meiner Ursprungsfamilie bei dem Seminar mit Bert Hellinger erinnert, wie ich mich vor meiner Schwester Theresa verneigte und sie bat, uns freundlich anzuschauen und uns zu segnen. Und ich tat es im Kreise meiner Familie nochmals und habe für Theresa feierlich meine Kerze angezündet.«

»Wie hat Verena darauf reagiert?«

»Sie war gerührt und meinte: ›Mama, das ist nicht nur deine Kerze, dass ist auch meine Kerze, stimmt's?‹« ›Genau, das spürst du richtig, liebes Kind‹, antwortete ich. ›Ich habe Freude an dir.‹«

# Der Untergrundkämpfer

Dies ist die Geschichte eines Kindes, welches zwischen zwei Fronten geriet. Nichts Außergewöhnliches. Eine banale Geschichte, so, wie sie das Leben in unserer Gesellschaft schreibt. Eine Kleinfamilie, die nach wenigen Jahren auseinander fällt. Typisch das Einzelkind, das zwischen der allein stehenden Mutter und dem allein stehenden Vater pendelt. Typisch auch, wie das Kind bei einem der Elternteile wohnt, der sich für den Besseren hält, heimlich aber liebt es den anderen. Und typisch sind auch die Verhaltensprobleme dieser Kinder.

Die Scheidungsrate nimmt in einem horrenden Tempo zu. Jede dritte Ehe wird geschieden, in Ballungszentren jede zweite. Die Dauer einer Ehe wird immer kürzer, im Schnitt lebt ein Ehepaar heute nur fünf Jahre zusammen. Das Feuer zu dieser Explosion wird durch zwei Zündschnüre geleitet, die beide ein Produkt der materialistisch-technokratischen Zivilisation sind.

Schon seit einigen Generationen lernt das kleine Hänschen bei seinen Eltern nicht mehr, wie es seinen Beziehungskonflikt so offen und so lange äußern kann, bis die Liebe erneuert wird. Diese Erfahrung wird ihm einmal als erwachsenem Hans in seiner Ehe fehlen. Was das Hänschen nicht lernt ... In primitiven Gesellschaften lernt ein Kleinkind diese Aussöhnungsbereitschaft während der ersten Lebensjahre im Tragetuch, in dem es transportiert wird. Von Herz zu Herz erfährt es, dass es seinen ganzen Groll äußern und sich mit der mütterlichen Bezugsperson so lange konfrontieren kann, bis es sich vorbehaltlos geliebt fühlt und den anderen trotz aller Vorbehalte lieben kann. – In der technokratischen Gesellschaft lief und läuft für das Kind ein umgekehrtes Lernprogramm. Unter der autoritären Erziehung durfte das Kind seinen Zorn gegen die Eltern überhaupt nicht äußern, es wurde mit Schlägen und Isolation zum Schweigen gebracht. In der Zeit der antiautoritären Erziehung wurde dem Kind zwar gestattet, seine Wut zu äußern, in sein eigenes Zimmer abzuhauen und die Türe hinter sich lautstark zuzuknallen, aber es wurde ihm nicht beigebracht, wie es einem trotz des angeborenen Fluchtinstinkts gelingt, sich mit der verfeindeten Bezugsperson und dem Beziehungsschmerz zu konfrontieren, sich zu versöhnen und trotz aller Vorbehalte wieder zu lieben. In beiden Fällen lautete die Parole: weg vom Feind! Eine zutiefst primitive, animalische Bereitschaft, die uns mit allen Tieren, Vögeln und Fischen gemeinsam ist und die sich immer dann zeigt, wenn die Feindseligkeit mächtiger ist als die Freude an der Annäherung. Weil dieses Verhalten aber Teil einer weit verbreiteten Ideologie ist, haben wir diese missglückte Konfliktfähigkeit und Liebesarmut zur Philosophie der Freiheit erhoben. Das Wechseln der Ehepartner für bestimmte Lebensabschnitte wurde salonfähig.

In ärmeren Ländern sehen die Lebensbedingungen anders aus: Viele Menschen müssen an einem kleinen Ort eng zusammenleben, notgedrungen müssen sie sich immer wieder versöhnen und trotz aller Vorwürfe mindestens ertragen. Es wäre für sie undenkbar, ein schreiendes Kind oder einen unangenehmen Ehepartner einfach auf einem Gletscher auszusetzen oder ihn in die Wüste zu schicken. Den Kindern wird zwangsläufig vorgelebt, wie Menschen nicht nur in guten Zeiten, sondern auch in schlechten Zeiten zusammenhalten, wie sie sich gegenseitig tolerieren, wie sie das letzte Brot und das einzige Bett teilen. Auf den Zusammenhalt seiner Familie, ja der ganzen Sippe, kann sich ein Kind verlassen. Und so gewinnt es Geborgenheit.

Bei uns dagegen sind die einzelnen Menschen so reich, dass sie nichts miteinander teilen müssen. Jeder kann sich sein eigenes Appartement besorgen, sein eigenes Fernsehgerät haben, seine eigene Fernbedienung genießen, seine eigene Versicherung und einen Vertrag über die Gütertrennung abschließen. Der Preis, den wir für diesen materiellen Wohlstand zahlen, ist die zunehmende Vereinsamung.

Da wir so reich und sozial so durchorganisiert sind, müssen wir in Notzeiten nicht mehr zusammenhalten. Auf diese Weise entgeht uns jedoch die Chance, in der Not den Freund zu finden. Wir brauchen uns für den anderen nicht verantwortlich zu fühlen, wenn er sich anders als nach unseren eigenen Vorstellungen gebärdet. Weder kirchliche Tabus noch kleinbürgerliche Vorurteile hindern einen daran, sich die Freiheit zu nehmen, sich von dem anderen zu trennen, wenn er sich nicht nach unserem Geschmack entpuppt.

Niemals war eine Scheidung so leicht wie heute. Allerdings nur für die Erwachsenen. Die Kinder büßen die Leichtigkeit der Ehetrennung immer mit großem Schmerz. Mit der Präzision einer Schwalbe, die jedes Frühjahr aus dem Süden kommend ihr Nest im Stall wieder findet, weiß auch die Seele des Kindes von ihrem Zuhause, das bei der Mutter und beim Vater ist. Dafür muss ein Kind nicht das vierte Gebot kennen, um zu wissen, dass es einem Menschen nur dann auf der Erde gut gehen kann, wenn er Vater und Mutter achtet. Und es muss sich auch nicht auf philosophische Bücher stützen, die von der Dualität und Polarität berichten, die jeder Erscheinung innewohnen und also auch bei den Eltern zu finden sind. Ein Kind spürt, ohne die Gesetze der göttlichen Schöpfung verstandesmäßig nachvollziehen zu können, diese Ordnung ganz genau in seinem Herzen. Ja, es trachtet sogar danach, das Bedürfnis nach dieser Ordnung zu sättigen.

Im Zeugungsakt geht es nicht nur um das gegenwärtige Erlebnis der Verbindung zwischen Mann und Frau, sondern um einen Zusammenfluss der vielfältigen Kräfte (leibliche und psychische Erbanlagen, Schicksale ...), die von den Vorfahren der väterlichen und der mütterlichen Linie kommen, um vereinigt in die Zukunft zu fließen. Erst wenn der Mensch all das, was er von seinem Vater und seiner Mutter bekam, achtet, kann er sich selbst achten. Allerdings kann er diesen Wert, den Wert der Achtung, noch zum höchsten Wert, der Liebe, steigern. Denn wenn er seinen Vater und seine Mutter liebt, kann er auch sich selbst lieben. Und noch eine weitere Steigerung ist zu erreichen: Ist er bereit, seinen Vater und seine Mutter trotz aller Vorbehalte zu lieben, wird es ihm gelingen, auch sich selbst trotz aller Vorbehalte zu lieben. Auf diesem mühseligen Weg, der die Überwindung von Krisen mit sich selbst und mit seinen Nächsten beinhaltet, kann er seine wahren Kräfte erkennen und das Bewusstsein seiner Identität gewinnen.

In einer schweren Konfliktlage, in der ein Elternteil den anderen aus dem enttäuschten Herzen vertreibt, widerfährt dem Kind großes Unheil. Aus Treue zu dem einen Elternteil müsste es sich mit ihm gegen den anderen verbünden. Es möchte aber auch dem anderen treu bleiben und fühlt sich daher hin und her gerissen. Seine verzweifelten Versuche, zwischen dem Vater und der Mutter zu schlichten, scheitern kläglich. Der Schmerz über die misslungene Liebe und die gescheiterte Hoffnung auf eine gute Familie lässt jeden der beiden Großen um sein eigenes Leid kreisen. Jeder sucht nach einer Rechtfertigung und bekämpft den anderen und nützt die Chance, dem Kind die Unterschiede zwischen dem Bösen und dem Guten zu erklären, indem das Verhalten von Papa oder Mama als Beispiel dienen. Selten fühlen sich die Eltern in die Lage des Kindes hinein. Sonst müssten sie wissen, dass sich das Kind verzweifelt die Einheit der Eltern ersehnt, dass jede Spaltung wie ein Messer durch sein Herz geht, dass es sich hin und her gerissen fühlt, sein inneres Gleichgewicht vermisst und nicht in sich ruhen kann, um sich als Kind zu verwirklichen. Oft werden die Kinder auch als Waffe gegen den anderen benutzt, etwa: »Aha, du brauchst ein neues Fahrrad? Ja, da müsstest du deinen Vater ansprechen. Der hat doch Geld. Er schuldet mir noch die Unterhaltszahlung für zwei Monate.« Nicht nur, dass das Kind von beiden Seiten angetrieben wird, den Schuldigen aufzudecken, es sucht die Schuld auch bei sich selbst, schließlich hat es mitbekommen, dass viele Streitigkeiten wegen ihm entstanden sind. Da sich ein Kind bis zur Einschulung in der so genannten magischen Entwicklungsphase befindet, bezieht es alles Geschehen auf dieser Erde und im Himmel auf sich. Wenn sich der Mond also hinter den Wolken versteckt, dann deshalb, weil der Papa wegen ihm weggegangen ist.

Gegen die für ihn unerträgliche Zerstörung des Gleichgewichtes muss sich das Kind selbst schützen, wenn ihm niemand anderer zu Hilfe kommt. Dabei kann die Strategie sehr unterschiedlich sein. Ein dynamisches, extrovertiertes Kind zieht in einen aktiven Kampf. Als treuer Verbündeter des Abgewerteten schlägt es sich auf seine Seite und macht mit allen ihm verfügbaren Aggressionen den Abwertenden klein. Solche Kinder signalisieren mit ihren Terroraktionen, dass mit der Scheidung noch kein Frieden eingetreten ist und dass der Krieg noch weitergeht. Auch das zarte, introvertierte Kind kann nicht anders, als zu versuchen, der Zerrissenheit möglichst zu entgehen. Es wählt aber nicht den offenen Kampf, sondern die Flucht davor. Es sucht Trost in seinen Tagträumen und sucht seine Geborgenheit nicht in der Bindung an Menschen, sondern an Gegenständen, die ihm zuverlässiger als die Menschen erscheinen. Die technisch perfekt funktionierenden Geräte geben ihm durch ihre Berechenbarkeit mindestens eine sachliche Sicherheit. So landen viele Scheidungskinder bei Gameboys und Tamagotchis und können von dieser Ersatzbefriedigung sogar süchtig werden. Denn das Grundbedürfnis, die wahre Geborgenheit, bleibt noch immer ungesättigt auf der Strecke.

Hier ist nun die Geschichte von Axel. In den Rosenkrieg ist er lieber mit Rosen gezogen, er kämpfte nie mit brutalen

Waffen. Ein typisches Kind, welches zwar bei seiner Mutter wohnt und ihr einen guten Platz im Herzen gibt, aber dennoch den Vater auf eine ganz besondere Weise heimlich liebt.

HELLINGER *zum Mann* Wie viele Kinder habt ihr?
MANN Nur das eine, den Axel.
HELLINGER Um was geht es bei euch?
MANN *zur Frau* Da überlasse ich dir den Vortritt.
*zu Hellinger* Ich bin da ganz unbefangen, ich wurde hierher eingeladen zu dem Teil.
HELLINGER Ich frage gerne einen ganz Unbefangenen zuerst.
MANN Ich bin eben erst angekommen und muss mich erst einfinden. Ich muss erst mal Luft holen, sehen, wie es in dem Kreis hier ist und was das mit mir macht. Ich habe so etwas noch nie mitgemacht. Die Thematik wäre eine Familienaufstellung, vielleicht vor dem Hintergrund: Was haben die Männer in dieser Familie an Unerlöstem weitergegeben? Das wäre mein Thema in erster Linie.
HELLINGER Gibt es Schwierigkeiten mit dem Kind?
MANN Ich habe sie nicht, nein.

*Der Sohn lächelt stolz, als sein Vater das sagt.*

HELLINGER *zur Frau* Also, was ist los?
FRAU Von meinem Mann ist die Scheidung eingereicht worden, und ich habe das Gefühl, dass es von seiner Seite noch sehr starke Verstrickungen gibt. Mein Sohn ist seit einigen Wochen unruhiger geworden und ich würde gerne für uns alle drei etwas tun, dass wir im Frieden auseinander gehen, dass alles gut wird, vor allen Dingen für das Kind.
HELLINGER War jemand von euch beiden vorher in fester Bindung?
MANN Nein.
FRAU Ich hatte einen Freund vorher, und er hatte eine vierjährige Beziehung vorher.
HELLINGER Wie lange seid ihr verheiratet?

FRAU Wir sind seit zweiundzwanzig Jahren zusammen und seit acht Jahren getrennt. Verheiratet sind wir seit vierzehn Jahren.
HELLINGER *zur Frau* Fang du mal an mit der Aufstellung.

***Bild 1***

| | |
|---|---|
| Mn | Mann |
| F | Frau |
| 1 | Einziges Kind, Sohn |

HELLINGER *zum Mann* Würdest du etwas verändern nach deinem Bild?
MANN Nein, ich lasse es jetzt erst mal so stehen.
HELLINGER Gibt es jetzt neue Beziehungen bei euch?
FRAU Mein Mann hat eine neue Beziehung.
MANN Ja, da ist aber noch sehr viel offen und ungeklärt.
HELLINGER Gibt es noch andere Kinder irgendwo?
MANN Bei mir nicht.
FRAU Nein.
HELLINGER *zum Stellvertreter des Mannes* Wie geht es dem Mann?
STELLVERTRETER DES MANNES Ich bin ziemlich unbeteiligt. Die Frau sehe ich nur zum Teil. Den Jungen habe ich etwas mehr im Blick, aber ich fühle mich nirgends hingezogen, weder zu meiner Frau noch zu meinem Sohn.

HELLINGER Wie geht es der Frau?

STELLVERTRETERIN DER FRAU Ich kann schwer atmen, habe eine Enge hier vorne, fühle mich bedrückt und nehme mein Kind und meinen Mann kaum wahr. Ich bin nach vorne fixiert.

HELLINGER Wie geht es dem Sohn?

STELLVERTRETER DES SOHNES Mir klopft das Herz ganz schwer, aber als ich beim Aufstellen vor und hinter der Mutter stand, war es noch schlimmer.

HELLINGER *zur Frau* Was ist in deiner Herkunftsfamilie passiert?

FRAU Mein Vater hatte seinen Vater im Krieg verloren. Er galt als vermisst. *Sie beginnt zu weinen.* Seine Mutter wurde beim Bombenangriff auf Dresden getötet, als mein Vater zehn Jahre alt war. Er war der einzige Überlebende aus dem Luftschutzkeller. Er verlor dort einen Finger der rechten Hand. In der Familie meiner Mutter ist eine jüngere Schwester mit anderthalb Jahren an Masern gestorben.

HELLINGER *zur Frau* Stelle jetzt deinen Vater dazu.

***Bild 2***

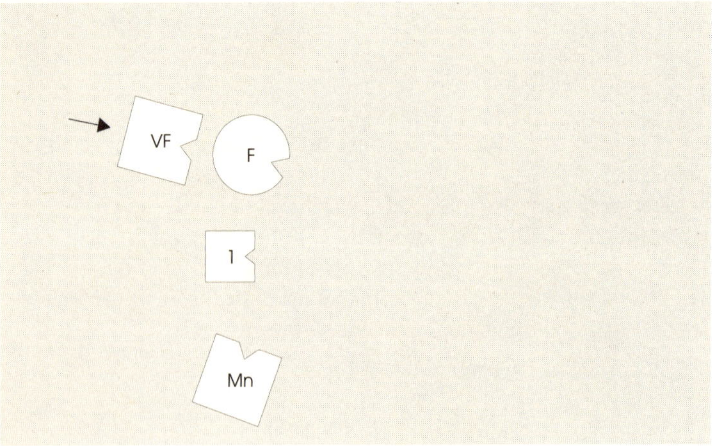


VF Vater der Frau

HELLINGER *zur Stellvertreterin der Frau* Was ist verändert?

STELLVERTRETERIN DER FRAU Erst hatte ich ganz viel Gänsehaut, so Energie, die hochsteigt. Und jetzt ist mir wohler. Es geht mir ein Stück besser.
HELLINGER Wie geht es ihrem Vater?
VATER DER FRAU Ich war sehr aufgeregt, als ich zur Tochter kam. Jetzt wird mir wärmer hier.
HELLINGER *zum Sohn* Ist bei dir etwas verändert?
STELLVERTRETER DES SOHNES Das Herzklopfen ist weg. Ein bisschen wackeln mir die Knie.
STELLVERTRETER DES MANNES Ich habe eben so ein Kribbeln gehabt. Es war angenehm, als ihr Vater dazugekommen ist. Ich habe auch meine Frau jetzt gesehen, wohlwollend. Ich weiß noch nicht, ob es ein Hingezogensein ist oder ob das einfach ein angenehmes Gefühl ist. Aber angenehm war es, als ihr Vater dazugekommen ist. Da habe ich sie gesehen und auch ansehen wollen.

*Hellinger dreht die Frau ihrem Vater zu.*

***Bild 3***

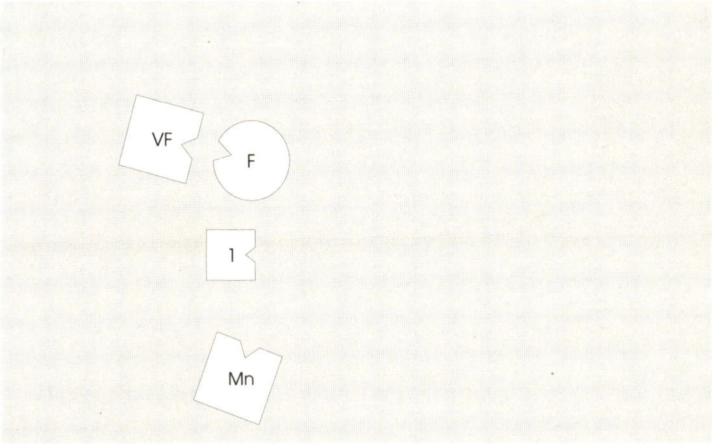


HELLINGER *zur Stellvertreterin der Frau* Sag zu ihm: »Papa, ich bleibe immer bei dir.«
STELLVERTRETERIN DER FRAU Papa, ich bleibe immer bei dir.
HELLINGER Stimmt der Satz?
STELLVERTRETERIN DER FRAU Jein, also nicht ganz.

HELLINGER Welcher Satz stimmt?

*Die Frau ist in intensivem Blickkontakt mit dem Vater, atmet tief, gibt keine Antwort.*

HELLINGER *zum Vater der Frau* Wie ist es für dich?
VATER DER FRAU Das ist sehr aufregend jetzt, das geht hin und her in meinen Gefühlen.
HELLINGER Da muss ich mal Ordnung schaffen.

*Hellinger wählt eine Frau aus dem Publikum als Stellvertreterin für die Mutter der Frau und stellt sie neben den Vater.*

**Bild 4**

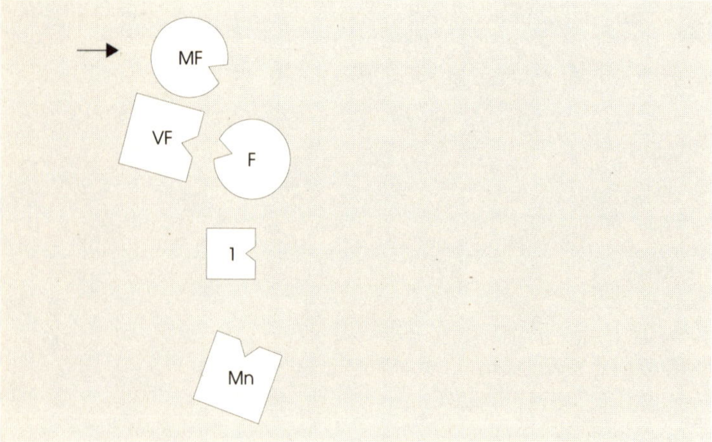


MF Mutter der Frau

HELLINGER *zur Stellvertreterin der Frau* Wie geht es dir jetzt?
STELLVERTRETERIN DER FRAU Ja, jetzt ist mehr Ordnung drin. *Sie und die Eltern lachen laut.*
HELLINGER Sag der Mutter: »Mama, ich lasse ihn bei dir.«
STELLVERTRETERIN DER FRAU Mama, ich lasse ihn bei dir.
HELLINGER »Ich bin nur das Kind.«
STELLVERTRETERIN DER FRAU Ich bin nur das Kind.
HELLINGER *zu den Eltern der Frau* Wie ist das?

VATER DER FRAU Mir geht es gut jetzt.
MUTTER DER FRAU Mir auch.
HELLINGER *zur Stellvertreterin der Frau* Geh jetzt rückwärts, ganz langsam.

*Die Frau geht langsam und gesammelt rückwärts und hat dabei beide Eltern im Blick.*

***Bild 5***

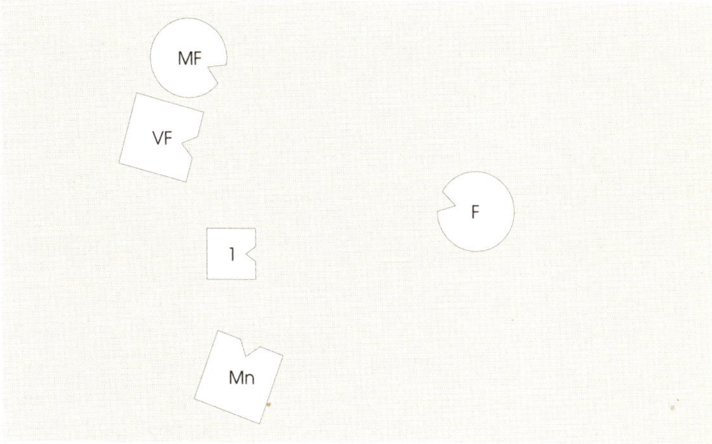


HELLINGER *zur Frau* Sag deinen Eltern: »Das ist mein Mann, und das ist mein Sohn.«
STELLVERTRETERIN DER FRAU *deutet mit ausgestrecktem Arm auf Mann und Sohn* Das ist mein Mann, und das ist mein Sohn.
HELLINGER Wie ist das?
STELLVERTRETERIN DER FRAU Ich spüre den Mann und den Sohn jetzt zum ersten Mal wirklich.
HELLINGER Wie ist das für den Mann?
STELLVERTRETER DES MANNES Es ist schön, wenn man gesehen wird. Ja, es ist gut. Ich bin richtig stolz.
HELLINGER Wie geht es dem Sohn?
STELLVERTRETER DES SOHNES Während die Mutter zurückging, hatte ich Gänsehaut von oben bis unten. Inzwischen geht es mir gut.

*Hellinger stellt die Frau und den Mann in eine neue Position.*

**Bild 6**

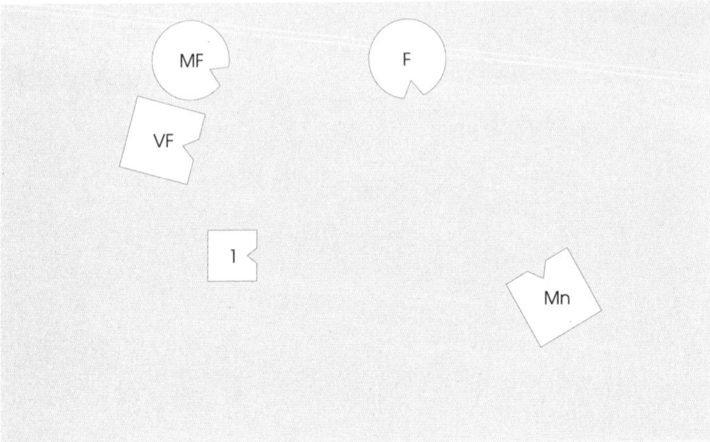


HELLINGER *zum Mann* Wie ist das?
STELLVERTRETER DES MANNES Ich merke, dass mein Blick zu ihr hingeht, aber ich traue mich nicht, zu ihr rüberzugehen, weil ich nicht weiß, was da gewesen ist. Es ist angenehm, dass sie von ihren Eltern weg ist. Ich habe das Gefühl, es braucht jetzt Zeit, dass ich Klarheit kriege. Aber es ist angenehm.
HELLINGER *zum beobachtenden Mann* Was sagst du zu dieser Aufstellung?
MANN Ich muss erst mal Luft holen. Das ist ganz frappierend, was da in mir abgelaufen ist. Es gab zwei Dinge, die mich sehr tief berührt haben.
*zur Frau gewandt* Einmal zu deinem Vater, wie du das berichtet hast.
*zu Hellinger* Dann, was mich persönlich betrifft, wie ich da drin stehe, ist da eine tiefe Sehnsucht, wahrgenommen zu werden. Diese Verstrickung lässt eine Ahnung in mir aufkommen, dass da nie ein Platz für mich war, dass ich da wahrgenommen werden konnte. In vielen Bereichen war ja ganz viel Gemeinsamkeit da, aber das richtig Wahrgenommenwerden für mich als Mensch, das hat mich jetzt ganz tief berührt. Das ist wahrscheinlich die tiefe Sehnsucht, die übrig geblieben ist.

*Hellinger stellt jetzt den Stellvertreter des Sohnes zwischen die Eltern.*

**Bild 7**

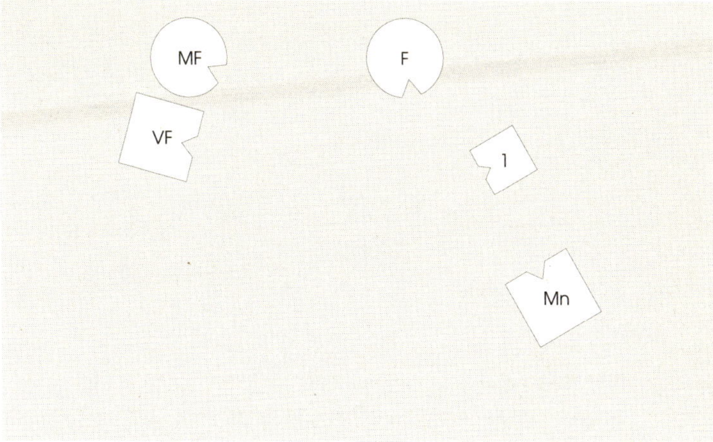


HELLINGER *zum Stellvertreter des Sohnes* Jetzt probiere aus: Willst du näher zur Mutter oder näher zum Vater?
STELLVERTRETER DES SOHNES *nach einigem Probieren* Ich muss in der Mitte sein.
HELLINGER Genau. Die meisten Kinder wollen in der Mitte stehen. Sie sind beiden Eltern treu.
*zu den beobachtenden Eltern und ihrem Sohn* Stellt ihr euch mal an eure Plätze?
*Mann, Frau und der Sohn stellen sich an ihre Plätze in der Aufstellung. Der Junge hat die ganze Zeit aufmerksam zugeschaut.*

HELLINGER *zu den Eltern* Jetzt geht näher zusammen und fasst den Sohn bei der Hand.

*Die Eltern nehmen das Kind in ihre Mitte bei der Hand und schauen sich an.*

*Bild 8*

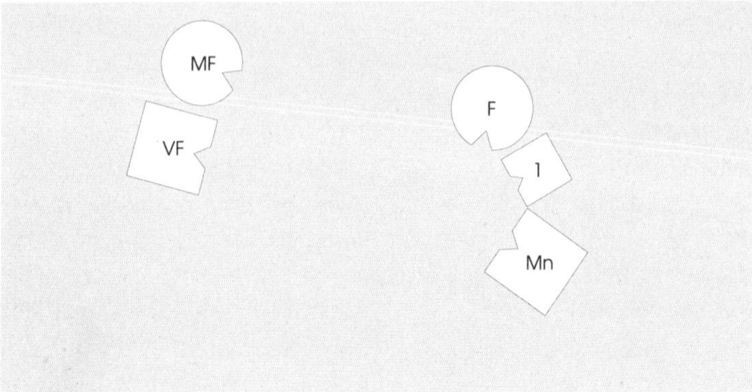


HELLINGER *zur Frau* Sag deinem Sohn: »Auch wenn wir getrennt sind, achte und liebe ich in dir deinen Vater.«
FRAU Auch wenn wir getrennt sind, achte und liebe ich in dir deinen Vater.
HELLINGER *zum Mann* Und du sagst ihm das gleiche: »Auch wenn wir getrennt sind, achte und liebe ich in dir deine Mutter.«
MANN *mit bewegter Stimme* Auch wenn wir getrennt sind, achte und liebe ich in dir deine Mutter.
HELLINGER »Ich bleibe immer dein Vater und du mein Sohn.«
MANN Ich bleibe immer dein Vater und du mein Sohn.
HELLINGER *zur Frau* Sag du ihm das auch.
FRAU Ich bleibe immer deine Mutter und du mein Sohn.
*Eltern und Kind sind in intensivem Blickkontakt während dieser Worte und sichtlich bewegt.*

HELLINGER Okay, da lasse ich es.

HELLINGER *zum Publikum* Ich will noch etwas sagen zu dieser Art der Arbeit. Auf dem Höhepunkt der Energie, der Kraft und der inneren Bewegung bricht man ab. Die Eltern und das Kind sind jetzt im Vollbesitz ihrer Erkenntnis und ihrer Liebe, und da bricht man ab. Alles andere machen diese selber. Der Therapeut will dann gar nicht wissen, wie es weitergeht. Er zieht sich sofort wieder zurück.

Wenn Sie das Vorangegangene genau gelesen haben und sich die Szenerie bei der Aufstellung vorstellen, dann fällt Ihnen auf, dass Axel in seiner Position auf eine sehr unauffällige, jedoch eindeutige Art zu seinem Vater hält. Er lächelt stolz, als sein Vater erklärt, dass er keinerlei Schwierigkeiten mit ihm habe. Er demonstriert es nicht der Öffentlichkeit, er tut es für sich und für die Zweisamkeit mit dem Papa. Ein Verschworener. Mit der Mutter tritt er in dieses geheime Bündnis während der Aufstellung nicht ein. Er ist lediglich ein aktiver Beobachter. So wie sein Papa auch. Als er sagt, dass hier nie der richtige Platz für ihn war, stimmt Axel stillschweigend zu. Auch ihm geht es ähnlich. (Sein Vertreter bei der Aufstellung schwankte zwischen Mutter und Vater, fühlte sich zum Vater sehr hingezogen, jedoch fiel es ihm schwer, so weit weg von der Mama zu stehen. Es kostete ihn Mühe, die Stelle in der Mitte zu beziehen, die von jedem einzelnen weit weg war.)

Nicht einmal in der Nacht findet er einen guten Platz für sich. Am liebsten schläft er in seinem Bett alleine ein. Dieses unendliche »Erzählen-Müssen«, was am Tag war, ärgert ihn. »Das ist alles«, sagt er resolut und schließt die Augen. Aber die Mama hockt immer noch auf dem Bettrand und meint: »Nein, nein, da ist noch etwas.« Ihr Fragen erinnert ihn an die Kriminalpolizisten im Fernsehen, die dem Verbrecher gerade den endgültigen Nachweis seiner Schuld servieren. Und genauso traktierte sie auch immer den Papa, als er vom Schlafzimmer ins Gästezimmer umgezogen ist: »Das ist noch nicht die ganze Wahrheit. ... Warum hast du so lange telefoniert? ... Was hat sie dir gesagt? ... Warum schweigst du? ...« Auch der Papa machte die Augen zu und tat, als ob er schon schlafen würde. Axel macht es genauso. Und dann geht die Mama endlich weg.

Was bleibt, ist nur die dicke Luft. Aber auch die Liebe, die nicht gelebt werden konnte. Unerledigtes. Mitten in der Nacht treibt ihn eine unheimliche Macht zur Mama ins

Bett. Seine Kissen nimmt er mit und – tapp, tapp – schleicht er sich zu ihr und legt sich neben sie. Jedoch nicht ganz so nah, wie sie es sich vielleicht wünscht. Mit seinem Kissen baut er einen Damm zwischen ihr und ihm. Ihr Nörgeln stört ihn jetzt nicht. Sie verlangt keine Antwort. Sie schimpft nur leise über die Enge im französischen Bett und dass er wie ein Baby sei. Wirklich böse ist sie aber nicht. Und Axel schweigt neben ihr, so wie hier auch sein Papa schwieg. O ja, er lag immer am liebsten seitlich, den Kopf auf seinem Unterarm, ein Bein gestreckt, so dass er die Bettwand berührte. So lang ist Axels Bein noch nicht. Ab und zu sagte Papa, dass für ihn in diesem Bett sowieso nicht genug Platz ist. Er hatte Recht. Für Axel reicht der Platz noch, ja, er meint sogar, ihm gehöre der Platz. Der Platz von seinem Papa. Von wegen Baby, wie die Mama meint. Axel fühlt sich hier, auf der Seite liegend, mit dem Kopf auf dem Unterarm, so groß wie der Papa. Nur das Schnarchen will ihm nicht richtig gelingen.

Der eigentliche Grund für die Aufstellung war für die Mutter tatsächlich Axels Rückfall ins kleinkindhafte Verhalten. Deshalb habe sie schon mehrere Psychologen aufgesucht.

Jeder hat etwas anderes angeraten. Ein Verhaltenstherapeut empfahl, für jede Nacht, in der Axel in seinem Bett bleibt, ihm einen blauen Knopf zu geben. Sobald er sieben Knöpfe angesammelt habe, dürfte er sich etwas Tolles wünschen, zum Beispiel, seine Freunde in die italienische Eisdiele einzuladen. Weit gefehlt! Die Treue zu seinem Papa war stärker als italienisches Eis und die Gaudi mit seinen Kameraden. Axel hielt keine Nacht mehr in seinem eigenen Bett durch. Wie sich bei den Beratungsgesprächen herausstellte, ging es der Mutter nicht so sehr um die »Nachtflüge« ins Nest (sie prägte sogar diese sympathische Bezeichnung dafür). Eigentlich sei es auch gar nicht so ungewöhnlich, dass ein 10-jähriges Kind noch Geborgenheit im gemeinsamen Bett sucht, zumal wenn es so sensibel und phantasievoll ist wie Axel. Und da er häufig von Monstern träumt, sei es sogar gut, dass er dann nicht alleine ist. Als er kürzlich wieder einmal so komisch schnarchte, versuchte sie ihn aus dem offensichtlich schweren Traum zu wecken. »Wovon träumst du?«, fragte sie und er antwortete: »Von Papa ...« »Ach, du meine Güte ...«, seufzte sie. Aber da präzisierte er seine Antwort Gott sei Dank noch: »Von Batmans Papa. Der hat doch auch einen Vater, oder?!«

Viel mehr Sorge bereitete ihr Axels Faszination von »Batman«, von »Rambo« und all den anderen Symbolfiguren der unheimlichen Aggressivität sowie sein rebellisches Verhalten. Immer und immer wieder machte er das Gegenteil davon, was sie von ihm verlangte. Ein Tiefenpsychologe meinte, es sei eine verspätete Trotzphase, die zum Aufholen der kleinkindhaften Stufe der Persönlichkeitsentwicklung passe. Die trotzenden 2- bis 3-jährigen Kinder brauchen noch die Nestwärme im Bett der Mutter. Wenn sie dadurch die Mama necken, prallen die zwei Grundbedürfnisse – das orale und das anal-aggressive – aufeinander. Insofern sei alles in bester Ordnung. Bis auf die Verzögerung der Persönlichkeitsentwicklung, für die aber seine Situation als Einzelkind verantwortlich sei. Weil er so verwöhnt wurde, sei er an der Loslösung gehindert worden. Er habe auch nicht trotzen müssen, weil ihm offensichtlich alle Wünsche von den Lippen abgelesen wurden. Daher sei wichtig, diese Lücken in der Persönlichkeitsentwicklung therapeutisch aufzuholen.

Diese Erklärungen erschienen der Mutter durchaus logisch, und sie erhoffte sich eine baldige Besserung. Im Laufe der Therapie ereignete sich aber eher eine Verschlechterung. Der Therapeut war trotzdem zuversichtlich. Er deutete Axels zunehmende Aggressivität als normales Zeichen, sie gehörte zum Prozess des Aufholens. Die aufsteigenden Ängste der Mutter konnte er ihr aber nicht nehmen, denn Axel benutzte die Aggressivität immer häufiger auch gegen sie, und zwar in den verschiedensten Situationen, nicht nur wenn seine Mutter ihn zu etwas aufforderte oder ihm etwas verbot.

Zweifellos spürte die Mutter eine Verachtung, die irgendwie nicht zu einem Kind gehört, die an die verachtende Haltung, mit der ein Macho seine Frau demütigt, erinnert. Axel verletzte sie weder mit Schlägen und Tritten noch mit Schreien und Schimpfworten, vielmehr mit stillen abwertenden Bemerkungen. »Typisch Frau ...«, zischte er giftig, als sie sich unlängst nicht traute, den Ölbestand im Auto zu überprüfen, und den Tankwart um Hilfe bat. »Das Geschirr räume ich nicht auf. Das ist Frauenarbeit.« Ein Messerstich in den Bauch. Woher kommt dieser Ton? Von seinem überkorrekten Vater hat er diese Art sicherlich nicht übernommen. Die Großväter leben nicht mehr. Von welchem Videofilm hat er es sich abgeschaut? Und bei welchem seiner Kameraden sieht er solche Filme? Was wird aus diesem Jungen werden, wenn er sich einmal für Mädchen interessiert?

In ihrer Kindheit war es eher umgekehrt. Den subtil abwertenden Ton benutzte ihre Mutter gegen ihren Mann. Der arme Vati, er hat sich mit keinem einzigen Wort gewehrt. Als hätte er nichts gehört. Immerhin ließ er sich alles gefallen. Warum bloß? Weil er aus ärmeren Verhältnissen kam als die Mutter? Weil sein Vater im Krieg verschollen war? Weil seine Mutter beim Bombenangriff in Dresden getötet wurde und er als einziges Kind überlebte? Das Leben bezahlte er mit den Fingern seiner rechten Hand. Sie wurden ihm unter einer Betonplatte zerquetscht. Als ihn Rosemarie einmal bat: »Bitte, Vati, flechte du heute meine Zöpfe«, war er dazu sofort bereit und errichtete gleich auf Mutters Kommode einen Frisiersalon. Ganz sachlich sagte die Mutter dann zu ihm: »Ich bitte dich, zum Flechten brauchst du doch beide Hände. Lass es mich selber machen.« Sie hat es sicherlich gut gemeint, aber ihre Sätze waren wie eine kalte Dusche. Auch dann noch, als sie ihre schön gekämmte Tochter umdrehte und sie ihrem Papa vorzeigte: »Hier hast du deinen Schatz.« Hat es die Mutter gar nicht gemerkt, dass sie ihm mit den vielen kleinen, aber bissigen Anspielungen wehgetan hat? Wie wäre es gewesen, wenn sie sich gegen das Kämmen von der Mutti aufgebäumt und eigensinnig auf dem Kämmen vom Vater bestanden und geschrien hätte: »Nicht du, nur mein Vati!« Aber was wäre das Ergebnis gewesen? Vati hätte ihren Protest nicht mitgemacht, er hätte versucht, sie zu beruhigen und auch Mutti zu beschwichtigen, er hätte sowieso gesagt: »Das stimmt, Mutti, du kannst es besser. Mach meinen Schatz schön!«

Schlimm war auch, wie sie den Vati immer dazu zwang, einen Handschuh an seiner amputierten Hand zu tragen. »Du sollst auf andere Menschen Rücksicht nehmen, mein Lieber. Du verdirbst ihnen den Appetit, mein Lieber.« Mein Lieber, mein Lieber, anders nannte sie ihn nicht. O Gott, wenn sie ihn so liebte, wie sie immer beteuerte, warum gestattete sie ihm nicht, zu Hause ohne den Handschuh herumzulaufen? Sie wusste doch, dass es für ihn so praktischer gewesen wäre. Mit seinen Fingerstümpfen entwickelte er durch geduldiges Üben eine gute Sensibilität und Geschicklichkeit, aber mit Handschuh wurden diese Fähigkeiten verhindert. Was heißt Liebe, wenn sie auch im Bett seine nackte Hand nicht ertragen konnte? Sie ordnete dem Vater an, auf der rechten Seite des Ehebettes zu schlafen, denn so komme sie mit seiner rechten Hand am wenigsten in Berührung.

Und die Lösung für die kleine Tochter? Jeden Morgen kuschelte sie sich im Bett an ihren Vati, natürlich auf der rechten Seite. Wenn sie von der Mutter gefragt wurde, warum sie nicht ins Gräbchen zwischen die Eltern komme, redete sie sich heraus. »Von der Seite habe ich es näher zur Türe.« Oder: »Im Gräbchen ist es mir zu warm.« Wie kann sie der Mama eingestehen, dass sie ihren Papa mehr liebt? O Schreck, das darf nicht stimmen! Sie hat doch die Mama genauso lieb. Wirklich. So sagt sie es ihrer Mama auch immer, wenn diese es wissen will. Auch wenn ihre Verwandten zu Besuch kommen, stellen sie immer wieder die gleiche Frage. »Marlies, wen magst du mehr, Papa oder Mama?« »Alle beide gleich, nicht wahr, Marlies?«, so hilft ihr die Mama, wenn sie diesen berühmten Satz nicht gleich sagen kann. Diese blöde Fragerei! Diese Drohungen! »Wenn du mich lieben würdest, könntest du am Esstisch nicht so laut sein ...! Wenn du mich nur ein bisschen liebst, dann räumst du dein Zimmer auf ...« Die Mama kann einem die Liebe verderben. Aber die kleine Marlies liebt sie trotzdem, aber ihren Papa liebt sie um ein ganz kleines bisschen mehr. Bloß darf dies die Mama nicht wissen. Sie tut es deshalb ganz heimlich. Der liebe Papa stellt ihre Liebe nie infrage. Er spricht sie nie schuldig. Er fragt nie: »Wen magst du mehr?« Wohl deshalb, weil er es weiß? »Ob es dem Papa mit der Mama genauso geht wie mir«, fragt sich die kleine Marlies. Hat sie ihm auch schon gesagt: »Wenn du mich liebst, berührst du mich nie mit deiner nackten Hand ...«? Tat es ihm weh? Er schweigt, lächelt, aber eine gewisse Traurigkeit hat er immer in seinen Augen. Der Schimmer verschwindet, wenn sich Marlies an ihn kuschelt, seine verletzte Hand streichelt, die Narben ganz sanft der Länge und den Windungen nach untersucht, anbläst, als wenn es soeben passiert wäre ... »Das muss schrecklich wehgetan haben, Papa, habe ich Recht? Wer hat dich damals getröstet? Niemand. Hat dich jemand im Lazarett besucht? Niemand.« Zum tausendsten Mal lässt sich Marlies erzählen, wie der damals 10-jährige Bub große Schmerzen hatte, denn schmerzstillende Mittel gab es nicht und niemand hatte ihn gehört, denn um ihn herum lagen so viele andere Männer und schrien und stöhnten auch. Alles fremde Menschen. Dauernd schaute der Kleine, wann endlich die Mama kommt. »Warum kommt sie nicht? Habe ich es verschuldet, dass wir uns verloren haben? Habe ich mit der Hand vielleicht Unfug gemacht? Ist mir die Mama böse?« Jedes Mal, wenn die Türe aufging, meinte er, das ist sie. »Ich zeige ihr meine Hand und sage, dass ich nichts dafür kann, blase den Schmerz ab, Mama ...« Erst nach Tagen erfuhr er von einem alten Sanitäter, dass seine Mama ganz bestimmt tot ist, denn in dem Luftschutzraum überlebte niemand das Inferno. Er habe ihn als einzigen Lebendigen herausgeholt, als er seine Schreie unter den Trümmern hörte. »Jetzt hast du mich, Papilein. Ich bin bei dir. Ich streichle deine Hand. Damit es Mama nicht sieht. Das ist unser Geheimnis ...«

Es war ihre Idee, die Familie aufstellen zu lassen. Sie nahm es in die Hand, die umständliche Anreise zu organisieren, handelte beim Arbeitgeber ihres Mannes unbezahlten Urlaub wegen außerordentlicher Familiengründe aus, zahlte die Seminargebühr für ihn und entschuldigte ihn bei seiner Freundin, bei der er seit dem Einreichen der Scheidung wohnte. Sie war inzwischen davon überzeugt, dass der Grund für das Scheitern ihrer Ehe und auch die neulich ausgebrochene Unruhe ihres Sohnes in den ungelösten Verstrickungen im Familiensystem ihres Mannes zu suchen sei. Auf ihrer Seite war doch alles in bester Ordnung.

Und nun dreht dieser alte Besserwisser den Spieß um. Und obwohl der Spieß umgedreht wurde – oder ebendeshalb!? –, spüren die Vertreter merkwürdigerweise genau, wie es in ihrer Familie war. Und wie es immer noch ist. Nie hätte sie gedacht, dass sie von so viel Schmerz überschwemmt würde, wenn sie an ihren Vater und seine Mutter denkt, die durch die Bombe von ihm weggerissen wurde. Ja, es stimmt, dass sie ihrem armen Papa zur treuesten Verbündeten wurde, die bemüht war, ihm all die Liebe zu geben, die ihm seine Mutter nicht geben konnte und seine Frau nicht geben wollte. Ja, ihr Mann hat Recht, wenn er bei der Aufstellung erkennt, warum er nie einen guten Platz neben seiner Frau bekommen konnte. Sie gehörte dem Mann nie ganz, sie gehörte immer noch ihrem Vater und ihrem Sohn. Sie versuchte ihren Mann genauso zu bemuttern wie ihren Vater. Es leuchtete ihr allmählich ein, dass sich die Bemutterung des Mannes nicht mit der Erotik zwischen Mann und Frau verträgt. Der bemutterte, mal verwöhnte, mal getadelte Mann fühlt sich zum Kind degradiert, entmannt und als Mann nicht geachtet. – Jedoch auch sie war nicht frei für die Ehe. Als geheime Freundin ihres Vaters konnte sie nie voll Kind sein. Sie konnte aber auch nicht seine Geliebte sein. Der Vater wahrte die Inzestgrenze streng und ihre Liebe ließ es nicht zu, über diese Grenze hinauszuwachsen. Eine zarte Orchidee unter einer Glasglocke, die weder Kind noch Frau werden konnte. Die sicherste Erfahrung hieß: Es gibt im Dreieck einer Familie keine Harmonie, sondern nur eine geheimnisumwitterte Zweierbindung gegen den einen, der die beiden anderen kontrollieren muss. Eine permanente Spannung.

Ganz fixiert auf ihre eigene Verstrickung in ihrer Familie, vertat sich Marlies. Sie meinte, so, wie sie mit ihrem Vater ein heimliches Bündnis gegen die Mutter hatte, wäre sie mit ihrem Sohn in einem Bündnis gegen seinen Vater. Die Aufstellung zeigte ihr jedoch, dass die Weichen anders gestellt sind. Axel steht vor allem zu seinem Vater. Wie in einem Parlament, in dem sich zwei schwache Parteien verbünden müssen, um das Gleichgewicht gegen eine starke Partei herzustellen, so schlägt er sich auf die Seite seines Vaters. Nicht das ungesättigte Kleinkind in ihm, sondern die Vertretung seines Vaters treibt ihn ins Ehebett an die Stelle seines Vaters. Nicht die Regression auf eine frühere Stufe der kindlichen Persönlichkeitsentwicklung, sondern eine Treuhandschaft auf einer erwachsenen Ebene ist am Werke,

- wenn Axel das Bett seines Vaters besetzt, damit es kein anderer Mann bekommt;
- wenn er seiner Mutter immer wieder Sorgen macht und ihre ganze Aufmerksamkeit an sich bindet, damit sie keine freie Kapazität für einen anderen Menschen hat;

- wenn er mit abwertenden Worten versucht, die Mutter klein zu machen. Er tut es für seinen Vater, wobei ihn nicht die Nachahmung leitet. Nein, sein Vater würde solch machohafte Äußerungen niemals machen. Dieser lässt auf seine korrekte Weise den Kopf hängen und geht. Der Sohn dagegen demonstriert, wie ein Mann um seine Würde zu kämpfen hat, damit er neben seiner Frau besteht. Er macht es für seinen Vater.
- Dies wurde bei der Aufstellung nicht gesagt, aber durch die neue Sichtweise erschien Axels Verhalten absolut logisch. Als treuer Sohn hätte er kein größeres Opfer für seine Eltern bringen können, als auf den »Sohn« in sich zu verzichten und für die Großen zu leben.
  Die Lösungsworte »Ich bleibe immer dein Vater und du mein Sohn. Ich achte und liebe in dir deine Mutter« und »Ich bleibe immer deine Mutter und du mein Sohn. Ich achte und liebe in dir deinen Vater« boten die *Endlösung*. Sie bestätigten dem Jungen, dass sein Opfer nicht angenommen wird, weil die Eltern ihre Verantwortung als Eltern übernehmen und ihm gestatten wollen, ein Kind zu sein,
- ein Kind, das die anderen nicht halten muss, sondern gehalten wird;
- ein Kind, das nicht dauernd lauern muss, sondern sich im Vertrauen einlassen kann auf das, was ihm gegeben wird;
- ein Kind, das alles nehmen kann und nichts für einen Erwachsenen geben muss;
- ein Kind, das seine beiden Eltern lieben kann.

Unmittelbar nach der Aufstellung gab Axel seine »Nachtflüge ins Nest« auf. Ohne dass er dazu angehalten wurde oder sonst irgendwie psychotherapeutisch behandelt werden musste.

Dafür wurden für ihn die Tage interessanter. Der Mama die Post aus dem Briefkasten zu bringen war bis dahin eine ziemlich langweilige Sache für ihn gewesen. Oftmals waren hier nur Prospekte, die sie dann sofort in den Müll warf. Briefe von Banken und Behörden waren nach Mamas nichtssagendem oder verärgertem Gesichtsausdruck sofort erkennbar. Und so lernte er, ein Ratespielchen daraus zu machen. Die Umschläge vom Finanzamt erkannte er sofort. Dazu kam jetzt ein völlig neues Abenteuer: Fast jeden dritten Tag gab es einen Brief von Papa. An die Mama adressiert. Nicht an Axel. Ab und zu sagte seine Mutter, nachdem sie den Brief durchgelesen hatte, dass Papa ihn grüßen lässt. Aber meist schmunzelte sie nur, lächelte vor sich hin und sagte kein Wort. Ein ähnliches Lächeln hatte sie auch, als sie unlängst bei der Verabschiedung von Papi umarmt wurde. Er behielt sie irgendwie zu lange im Arm. Es war komisch, aber schön.

# Warum ich die Männer so wenig lieben konnte

HELLINGER *zur Frau, die sich mit ihrem Sohn neben ihn setzt* Ihr seid zu zweit da?
FRAU Ja.
HELLINGER Bist du verheiratet?
FRAU Nein, ich lebe allein mit drei Kindern.
HELLINGER *deutet auf den Jungen* Er ist das wie vielte?
FRAU Hansjörg ist der Zweite.
HELLINGER Und wo sind die anderen?
FRAU Ich habe insgesamt drei Kinder, wovon zwei von meinem ersten Mann sind und das dritte von einem anderen. Die große Tochter ist alleine zu Hause, und die Jüngste ist bei ihrem Vater.
HELLINGER *deutet auf den Sohn* Und was ist mit seinem Vater?
FRAU Der wollte nicht mitkommen.
HELLINGER Seid ihr verheiratet?
FRAU Wir waren verheiratet und haben uns dann scheiden lassen.
HELLINGER Wieso?
FRAU Ich war mit dem dritten Kind schwanger, und dann kam eine andere Frau ins Spiel. Das hat dann zu einem Abgang geführt. Daraufhin wollte ich die Trennung.
HELLINGER Wieso kann das zu einem Abgang führen?
FRAU Es war meine beste Freundin. Ich habe das Ganze geahnt, aber es wurde mir nichts gesagt. Ich habe dann die beiden eines morgens zusammen im Bett entdeckt und mich furchtbar darüber aufgeregt. Ich habe drei Tage nichts mehr gegessen, und dann haben Wehen eingesetzt.
HELLINGER In welchem Monat war das?
FRAU Im vierten.
HELLINGER Mir fällt ein Witz ein. Den habe ich gelesen, als ich Englisch gelernt habe. Ein schottischer Farmer steht mit seiner Frau vor einem fetten Schwein. Dann sagt sie: »Wir könnten doch das Schwein morgen schlachten.« Er fragt: »Wieso?« Sie sagt: »Morgen ist doch unsere silberne Hochzeit.« »Ach«, antwortet er, »soll das arme Tier für etwas sterben, das vor 25 Jahren passiert ist?«
FRAU *lacht unsicher* Ich verstehe den Witz nicht ganz.

HELLINGER Der ist auch ganz hintergründig.

FRAU Ich bin viel zu aufgeregt.

HELLINGER Das war auch makaber, was ich erzählt habe. Wie geht es dem Jungen?

FRAU Mittelmäßig, so in der Mitte halt.

HELLINGER Also, wie einem normalen Kind?

FRAU Ja.

HELLINGER Hat der Vater von ihm wieder geheiratet?

FRAU Nein, der lebt jetzt bei seinen Eltern.

HELLINGER Bei seinen Eltern?

FRAU *lacht* Ja, bei seinen Eltern.

HELLINGER Gut, dann stellen wir jetzt das Gegenwartssystem auf. Wir brauchen also dich, deinen Mann, die drei Kinder aus der Ehe, den anderen Mann und das vierte Kind.

FRAU *ernst* Du meinst also auch das Dritte?

HELLINGER Das Dritte und das Vierte. Verstanden?

FRAU Noch nicht so ganz.

HELLINGER Fang mal an.

*Die Frau wählt Stellvertreter für die Genannten. Zum Schluss fragt sie noch einmal nach, ob sie wirklich das dritte, abgegangene Kind aufstellen soll. Als Hellinger bejaht, wählt sie dafür einen Mann.*

**Bild 1**

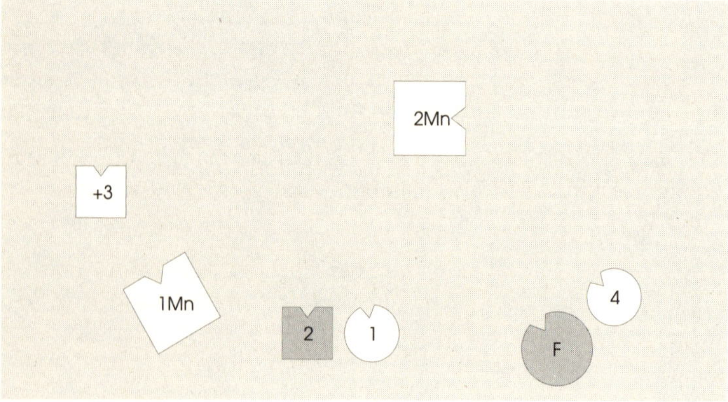


| | |
|---|---|
| **F** | **Frau** |
| 1Mn | Erster Mann, Vater von 1–3 |

| | |
|---|---|
| 1 | Erstes Kind, Tochter |
| **2** | **Zweites Kind, Sohn (= Hansjörg)** |
| +3 | Drittes Kind, Sohn, im vierten Monat abgegangen |
| 2Mn | Zweiter Mann, Vater von 4, nicht mit der Frau verheiratet |
| 4 | Viertes Kind, Tochter |

HELLINGER *deutet auf den zweiten Mann* Das jüngste Kind ist also von diesem Mann. Wieso hast du den nicht geheiratet?

FRAU Der hatte Schwierigkeiten mit den beiden großen Kindern.

HELLINGER Das ist normal.

FRAU Wir konnten das einfach nicht auflösen zusammen. Er hat jetzt wieder eine andere Frau.

HELLINGER Hat er Kinder mit ihr?

FRAU Nein.

HELLINGER Wenn Mann und Frau verheiratet sind und es kommt zu einer neuen Beziehung, dann vertritt ein Kind den früheren Partner.

*zum Publikum* Wer vertritt hier den ersten Mann?

*deutet auf das vierte Kind* Sie vertritt ihn. Das ist für das Kind ganz gefährlich, wenn es als Mädchen einen Mann vertreten muss. Armes Kind!

*zur Frau* Du hast sie genau auf den Platz gestellt, auf dem vorher der Mann stand.

*zum ersten Mann* Wie geht es dir?

ERSTER MANN Etwas gespalten. *Er zeigt nach vorne zum toten Kind* Dahin ist so etwas wie Schuldgefühl, und nach hinten ist Aggression, starke Aggression.

HELLINGER *zur Stellvertreterin der Frau* Wie geht es dir?

STELLVERTRETERIN DER FRAU Ich fühle mich alleine. Ich habe wenig Verbindung. Ein bisschen zum vierten Kind, aber im Grunde auch nicht.

HELLINGER *zum ersten Kind* Wie geht es dir?

ERSTES KIND Ich fühle mich so selbständig.

HELLINGER Ohne Eltern.

ERSTES KIND *nickt* Ich muss alles alleine machen. Aber das fühlt sich nicht so schlecht an.

HELLINGER *zum zweiten Kind* Wie geht es dir?

ZWEITES KIND Ich brauche meinen Vater.

HELLINGER *zum zweiten Mann* Wie geht es dir?

ZWEITER MANN Mir geht es schlecht. Ich zittere und schwitze und weiß nicht, wo ich hingehöre oder wer zu mir gehört.
HELLINGER *zum vierten Kind* Wie geht es dir?
VIERTES KIND Mir ist alles zuviel.

*Hellinger führt das vierte Kind zu seinem Vater und stellt es an seine linke Seite. Die Stellvertreterin lächelt erleichtert.*

***Bild 2***

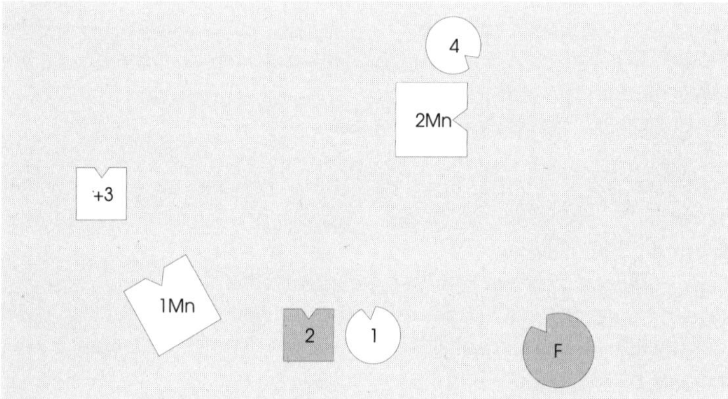


HELLINGER *zum vierten Kind* Na, wie geht es dir da?
VIERTES KIND *lacht* Besser.
HELLINGER Das ist der einzig richtige Platz.
*zur Frau* Sie muss natürlich zu ihrem Vater. Ich habe mal einen kleinen Aphorismus geschrieben. Der heißt: »Ein bisschen Sünde hilft der Tugend.«

*Die Frau lacht.*

HELLINGER Wenn du deinem Mann ein bisschen Sünde gestattet hättest?

*Die Frau schluckt und zieht fragend die Schultern hoch.*

HELLINGER *zum dritten, toten Kind* Wie geht es dir?
DRITTES KIND† Ich gehöre nicht dazu. Wie weggeworfen.

*Hellinger stellt das tote Kind mit dem Rücken zum Vater und lässt es sich beim Vater anlehnen. Der Vater hält es leicht an den Schultern.*

**Bild 3**

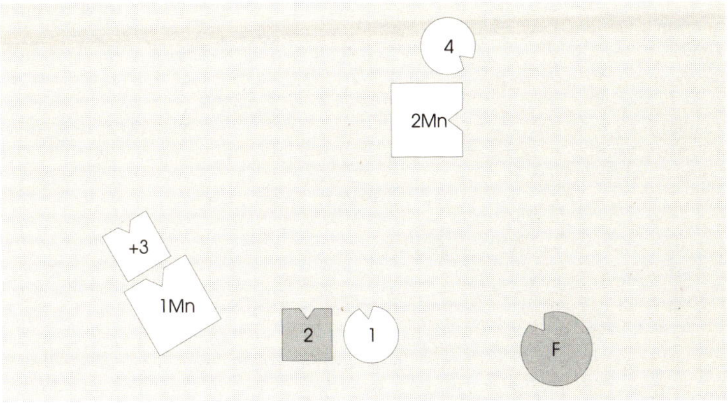


HELLINGER *nach kurzem Warten zum vierten Kind* Wie ist das jetzt?
VIERTES KIND Viel besser.
HELLINGER *zum Vater des toten Kindes* Und wie ist es für dich?
ERSTER MANN Ich fühle eine totale Liebe zu dem Kind. Nur nach hinten habe ich etwas sehr Unangenehmes, Wut. Irgendetwas habe ich noch mit der Frau. Es ist mir, als habe sie das Kind getötet und mich damit gestraft.
HELLINGER Genau. Doch ich glaube, du hast kein Recht auf diese Wut.
*zum toten Kind* Jetzt dreh dich mal um und stelle dich neben den Vater.

*Bild 4*

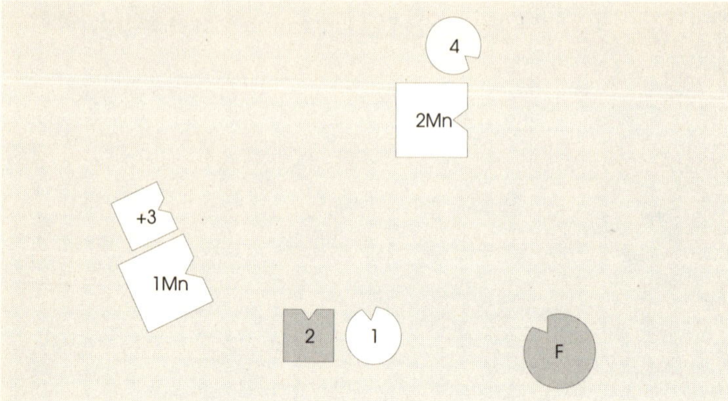


HELLINGER *zum ersten Mann* Sag ihm: »Ich habe dich gewollt.«
ERSTER MANN Ich habe dich gewollt.
HELLINGER »Ich nehme dich jetzt als meinen Sohn.«
ERSTER MANN Ich nehme dich jetzt als meinen Sohn.
HELLINGER »Du hast einen Platz in meinem Herzen.«
ERSTER MANN Du hast einen Platz in meinem Herzen.
DRITTES KIND† Es ist schön, das zu hören. Das tut gut.
HELLINGER *zum ersten Mann* Wie geht es dir jetzt?
ERSTER MANN Es ist jetzt etwas ausgeglichen, was vorher offen war. Ich konnte das vorher nie sagen.
HELLINGER *zur Stellvertreterin der Frau* Wie geht es dir jetzt?
STELLVERTRETERIN DER FRAU Mir ist so richtig weh geworden hier im Herzen. Das sitzt richtig tief drin.

*Hellinger stellt das erste und zweite Kind rechts neben ihren Vater.*

*Bild 5*

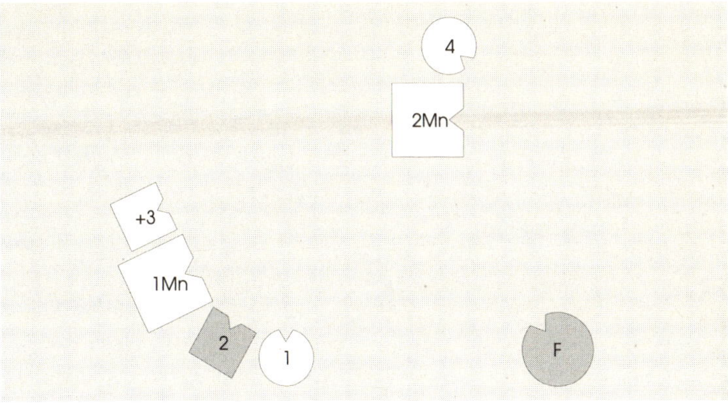


HELLINGER *zum ersten Kind* Wie geht es dir?
ERSTES KIND Es ist ein ganz neues Gefühl, erleichtert.
ZWEITES KIND Gut.
ERSTER MANN Ich fühle mich ganz, vollständig.
HELLINGER *zum zweiten Mann* Wie geht es dir?
ZWEITER MANN Ich sehne mich nach meiner Frau.
HELLINGER So?
ZWEITER MANN Mit dem Kind geht es mir gut.
HELLINGER *zur Stellvertreterin der Frau* Wie geht es dir?
STELLVERTRETERIN DER FRAU Es hat mich erleichtert, dass die Kinder bei ihrem Vater sind.

*Die Frau schaut auf ihren zweiten Mann, zuckt hilflos mit den Schultern und schüttelt den Kopf. Hellinger führt sie an seine rechte Seite.*

*Bild 6*

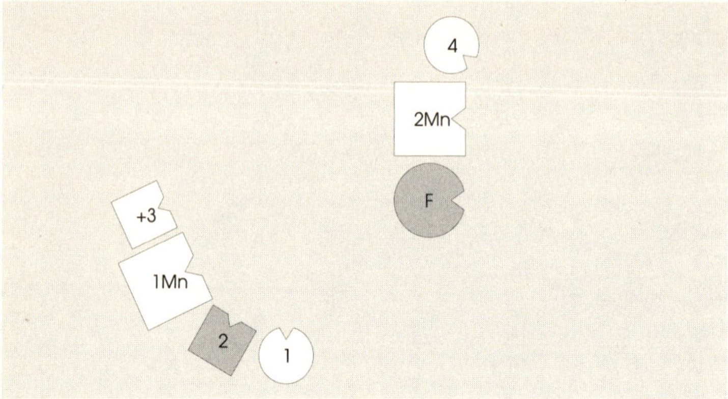


STELLVERTRETERIN DER FRAU *als sie neben dem zweiten Mann steht* Das ist nicht so toll.
HELLINGER Warte noch ein bisschen. Kennst du meine Geschichte vom Eskimo?
STELLVERTRETERIN DER FRAU *lacht* Ja, der musste sich in der Sommerfrische erst an die Wärme gewöhnen.
ZWEITER MANN Für mich ist es gut so.
HELLINGER *zum vierten Kind* Wie geht es dir?
VIERTES KIND *schaut skeptisch und antwortet zögernd* Einigermaßen.

*Hellinger stellt sie den Eltern gegenüber. Die Frau stellt er links neben den Mann.*

*Bild 7*

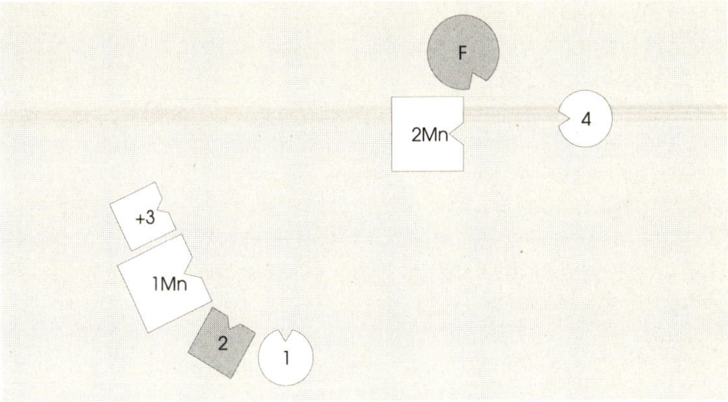


STELLVERTRETERIN DER FRAU *atmet auf* Das ist besser.
VIERTES KIND *lächelt* Das ist besser.
HELLINGER *zum ersten Kind* Wie geht es dir?
ERSTES KIND Die Mutter und die jüngste Schwester sind mir jetzt zu weit weg. Ich sehe sie gar nicht mehr.

*Hellinger stellt den ersten Mann rechts neben seine Kinder.*

*Bild 8*

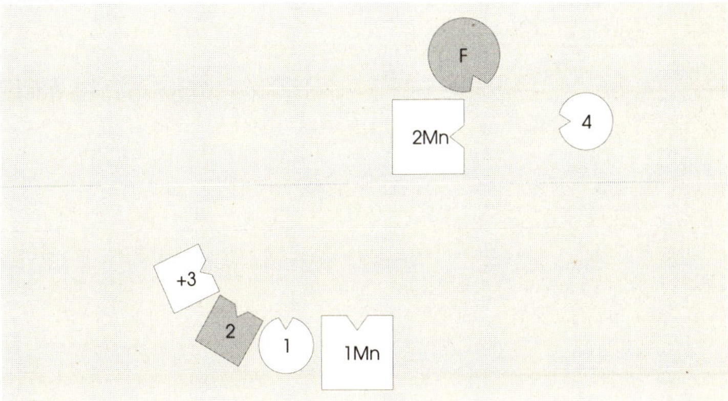


HELLINGER Wie ist das?
ERSTER MANN So ist es gut.

ERSTES KIND *nickt zustimmend* Gut.
ZWEITES KIND Es ist schön so.
DRITTES KIND† Gut.
HELLINGER *zur Frau, die die Aufstellung beobachtet hat* Jetzt stelle du dich an deinen Platz.
HELLINGER *als sie an ihrem Platz steht* Mach die Augen auf und schau dich um.
FRAU *zeigt auf den zweiten Mann* Das ist, als würde er mir den Weg zu meinen anderen Kindern verstellen.
HELLINGER Du hast sie verspielt. Die Kinder müssen zu ihrem Vater. Ist dir das klar?

*Die Frau schaut Hellinger lange nachdenklich und ernst an.*

FRAU *zu Hellinger* Ist das die Ordnung jetzt?
HELLINGER Ja. Das ist die Ordnung, in der sich alle gut fühlen können. Du hast jetzt eine neue Familie, und die anderen Kinder müssen zu ihrem Vater. Außerdem ist da die Gefahr, dass der erste Mann dem toten Kind nachfolgen will. Wenn du auch dieses Kind dem Vater anvertraust, hat es seinen Platz und dann wird Frieden.
FRAU *schulterzuckend* Vom Kopf her kann ich es noch nicht nachvollziehen.
HELLINGER Und im Herzen?
FRAU Es ist im Grunde genommen so etwas wie eine Erleichterung.
HELLINGER Genau. Ein neues System hat immer Vorrang vor dem alten. Das hier ist jetzt ein neues System, und das hat Vorrang vor dem früheren. Aber du musst die Konsequenzen ziehen. Die älteren Kinder müssen bei ihrem Vater bleiben.
FRAU Heißt das, sie müssen auch bei ihrem Vater leben?
HELLINGER Natürlich, was denn sonst? Wir suchen hier doch keine symbolischen Lösungen. Hier geht es um wirkliches Leben. Gut, das war's dann.

HELLINGER *zur Frau* Du hast jetzt ein neues Bild. Du darfst aber jetzt nicht gleich handeln nach dem Bild. Du musst warten, bis sich neue Kraft sammelt, und dann ergibt sich das Gemäße. Wenn du jetzt gleich handeln würdest, würdest du es zunichte machen. Eine neue Einsicht muss sich langsam entfalten in die inneren Vollzüge, sonst handelst du mit dem Kopf und nicht aus der Tiefe.

*zum Publikum* Das ist ein ganz wichtiger Grundsatz zum Umgang mit dieser Arbeit. Irgendwelche Fragen dazu?

TEILNEHMERIN Was ist jetzt, wenn der Vater die Kinder nicht nehmen könnte?

HELLINGER Ein Vater muss können. Die Frage ist wichtig und wird häufig gestellt. Die Frau sagt oft, der Mann will ja nicht. Kein Mann will, solange er nicht geachtet wird. Sobald er geachtet wird, will er immer, jedenfalls meistens.

JIRINA PREKOP Meistens haben wir keine Bedenken, dass Kinder aus einer ersten Ehe bei der Mutter bleiben. Eigenartigerweise haben wir diese Bedenken beim Vater. Als würde er beispielsweise für den Sohn nicht besser oder mindestens genauso gut sorgen wie die Mutter.

HELLINGER Das ist ein typisch weibliches Vorurteil gegenüber den Männern. Da war mal eine berühmte, sehr gute Kinderpsychologin bei mir zu einem Kurs. Das ist schon zwanzig Jahre her, und sie ist inzwischen tot. Sie hatte ihre Kinder zum ersten Mal ihrem Mann anvertraut. Das Jüngste, ein Sohn, war vier Jahre alt. Am ersten Abend hat sie gleich zu Hause angerufen, um nach dem Rechten zu hören. Der Kleine war am Telefon und sagte: »Mama, du störst, wir spielen mit dem Papa« und hat aufgelegt. Sie war eine kluge Frau und hat daraus gelernt.

DER STELLVERTRETER DES TOTEN KINDES Sie haben zu dem Vater gesagt, er habe kein Recht, auf die Frau wütend zu sein. Warum darf er das nicht?

HELLINGER So ganz unschuldig war er ja auch nicht. Wut ist häufig eine Abwehr gegen die Anerkennung von Verantwortung und Schuld. Das war hier der Hintergrund.

Das Stottern von Hansjörg ist eigentlich der einzig evidente Grund gewesen, weshalb sich seine Mutter zum Familienstellen angemeldet hatte. Intelligent ist der Bursche, sodass er das Gymnasium mühelos schaffen sollte. Die erste Klasse hatte er auch sehr gut abgeschlossen, aber das Stottern kratzte an seinem Image, meinte sie. Wen wundert es, dass er wütend und handgreiflich wird, wenn er aufgrund seines Stotterns bei Streitigkeiten mit logischen Argumenten nicht ankommt. Ja, noch schlimmer, das Stottern sei seine Achillesferse, die ihn noch angreifbarer macht, besonders bei Auseinandersetzungen mit Beatrix, seiner jüngeren Halbschwester. Wenn sie mit weiblicher Raffinesse eine regelrechte Schimpfkanonade gegen ihn eröffnet, hat er, der viel klügere Junge, keine Chance.

In dem Stottern sah die Mutter kein so gravierendes seelisches Problem, dass sie deswegen die Familie aufstellen sollte. Nun, wie sollte sie es bloß sagen, was sie so schwer ausdrücken konnte? Eben dieses »Sich-nicht-ausdrücken-Können« kommt ihr als ein generelles Problem in ihrer Familie vor. Irgendwo hier muss der Hase begraben liegen.

»Du liebst die Männer nicht genug, Veronika«, sagte Bert Hellinger zu ihr nach der Aufstellung. Stimmt das? »Habe ich richtig gehört?«, fragte sie vorsichtshalber nach. »Du hast ganz richtig gehört. Du achtest die Männer zu wenig«, antwortete er geduldig. Geduldig, jedoch mit einer Endgültigkeit in seiner Stimme, die kein weiteres Nachfragen, geschweige denn ein Diskutieren duldet.

Kann er Recht haben? Wie konnte sie Detlef, den Vater von Hannah und Hansjörg, achten, wenn er sie mit ihrer besten Freundin betrog, und das ausgerechnet zu der Zeit, als sie mit seinem Kind schwanger war? So gerne hätte sie ihm das Kind geboren. Aus Liebe. Aber er hatte es nicht gewollt. Nicht einmal den Wunsch der Abtreibung hatte er selbst äußern können. Was für ein Feigling! »Er hat seine Eltern mit mir verhandeln lassen, damit ich das Kind wegmachen lasse.« Diesen Sonntagnachmittag in deren Wohnung wird sie nie vergessen. »Bei Gugelhupf und Sahne haben die beiden Alten mir den Wunsch nach der Tötung des Kindes aufgetischt.« Und er, der Erzeuger, verschwand für diese Zeit. Irgendwo habe er seinen Autoschlüssel verlegt, sagte dieser Drückeberger. Aber so sind eben die Männer. Eigentlich wollen alle nur das Eine. Wie kann man sie achten, diese Schürzenjäger, diese Machos, diese Heiratsschwindler? Von einem solchen Vater geht man lieber weg, habe das dritte Kind noch im Mutterleib beschlossen, und ging von alleine ab.

Und der zweite Mann? Der wusste auch nicht, was seine männliche Pflicht ist, was er eigentlich will, wo und zu wem er stehen soll. Er zeugte mit ihr das Kind, während er mit seiner ersten Frau noch verheiratet war. Aber er heiratete Veronika nicht, sondern eine andere Frau. Trotzdem fühlt sich Veronika zu ihm hingezogen. Die gleiche seelische Schwingung verbindet sie beide, die gleiche unerfüllte Sehnsucht nach Geborgenheit. Einen finsteren Teich voll Tränen sieht Veronika in seinem Herzen, den sie mit ihrer Liebe gerne austrocknen möchte. Aber sie merkt, dass ihr das trotz aller Liebe nicht gelingen kann. Der Teich ist zu tief, bodenlos. Seine Mutter ist es, die schwer depressiv war und an einer Überdosis Schlaftabletten starb, als er vierzehn war. Eigentlich müsste sie ihm seine Mutter ersetzen. Wo aber bleibt ihr eigenes Bedürfnis nach Anlehnung? Wer gibt ihr Geborgenheit? Bei der Aufstellung zeigte sich die unbefriedigende Realität. Hier landete sie an der rechten Seite des Mannes, wo sie für die Sicherheit sorgen müsste, und er stand links, als wolle er den Schutz von ihr. Einen solchen Mann kann sie leider trotz der verwandten Wellenlänge nicht voll als Mann nehmen.

»Du achtest die Männer nicht genug«, dieser Satz klingt immer wieder in ihren Ohren und dieser Klang will einfach nicht aufhören. Sie hat das Bild vor Augen, wie sie ihre Familie aufstellte und wie wirklichkeitsnah sich die Aufgestellten fühlten. Das Bild öffnet im Stillen immer neue Hintertürchen.

Könnte es sein, dass sie auch ihren Sohn, diesen kleinen Mann, nicht achtet? Wie war es damals, als er das erste Mal zu stottern begann?

Hansjörg ist knapp drei. Er ist reif für sein Alter und spricht außerordentlich viel. Er fragt immerzu, warum und wieso. Nicht nur, um die Mama auf Trab zu halten, sondern weil er es wissen will, wissen muss. Unbedingt wissen muss. Das große, kleine Ich erträgt keine Verzögerung. Aber die Mama hört nicht auf ihn. Sie schreit den Papa an. Warum sagt er nichts? Wie kommt es, dass er jetzt schweigt, wo er sonst immer etwas zu sagen hat? Hansjörg, heb den Klotz sofort auf! Hansjörg, komm sofort her! Hansjörg, was habe ich zu dir gesagt? Wiederhole es! Und jetzt ist der große Papa still. Nur die Mama redet und redet. Hansjörg spürt, dass er für den Papa reden müsste, wenn dieser es nicht macht. Er müsste sich gegen die Mama aufbäumen, für den Papa aufbäumen, er müsste die vielen Worte sagen, die der Papa versteckt. Du hast nicht Recht, Mama, weil ... Der Papa ist doch toll, weil ... Aber oha! ... Die Worte fehlen ... der Atem fehlt ... Mama, ich möchte so gerne zu dir, aber wegen Papa muss ich weg von dir. Hin und her. Her und hin. Wie der Atem zwischen dem Ein- und Ausatmen ins Schleudern kommt. O Graus, ich bekomme kein einziges Wort heraus! Stattdessen spreche ich mit meinen Fäusten. Ich schlage mit ihnen auf Mamas Oberschenkel und lasse sie schimpfen. Die Mama schaut mich mitleidig an. Das Mitleidige ist das Schlimmste an der ganzen Sache.

Sch ... Sch ... Sch ... Scheiße! ... Und in dem gleichen Augenblick greift die Mama nach ihrem Bauch, aus ihren Lippen sickert ein Stöhnen und ein rotes Bächlein macht sich den Weg an ihren Beinen herab. Hab ich es verschuldet? War ich zu böse zu dir? Die Mama sackt zusammen, der Papa telefoniert. »Bitte, kommen Sie schnell. Schnell! Meine Frau blutet. Sie verliert wohl ihr Kind.« Er sieht seinen Hansjörg, seinen treuen Kämpfer, nicht mehr. Er sieht Hansjörg gar nicht und bemerkt auch nicht, wie schuldig sich dieser fühlt. Hansjörg möchte seinen Papa ansprechen, es geht aber nicht. Das Wort »Papa« bleibt auf der Strecke: »Pa ... Pa ... Pa ... Papa«.

»Du liebst die Männer nicht genug ...« Bert Hellinger hat Recht. »Ich habe meinen kleinen Sohn nicht genug geliebt. Er hat die ganze Grausamkeit des Ehebruchs und des frühzeitigen Abgangs nicht verkraften können und büßt es mit seinem Stottern. Und als sei dies nicht genug, auch den Verlust der Mutter habe ich ihm noch zugemutet. Als dann das dritte Kind kam und es ohne jegliche Abgangsgefahr in meinem Bauch als lebendiger Beweis der eigenartigen Liebe wuchs und in der gleichen Liebe problemlos geboren werden konnte, gab ich diesem Kind Vorrang vor allen anderen Menschen.« Hellinger hat dies gut erkannt, denn sie hat ihre jüngste Tochter neben sich aufgestellt. Neben sich, an die Stelle, die einem Mann gehören sollte. »Armes Mädchen, das den vorausgegangenen Ehepartner vertreten soll«, warnte er, ernst und streng.

Er hat Recht. »Ich habe Beatrix missbraucht und tue es noch immer. Die beiden Älteren haben ihren Platz neben mir verloren. Sie müssen nun zusammenhalten. Wie Hänsel und Gretel im dunklen Wald. Und sie sehen in mir eine Hexe, wenn ich aufgrund meiner Verwundung Gift gegen ihren Vater verspritze. Dass er der Verursacher meiner Verwundung ist, wollen die beiden Kinder nicht wissen. Wenn ich es erwähne, sind sie noch bissiger, noch ablehnender. Hansjörg stottert mehr und schweigt lieber. Hannah schweigt sowieso und schluckt alles in sich hinein, nur an ihren Blicken merkt man, dass sie die Hexe am liebsten in den Ofen stecken würde.« Leidet Hannah vielleicht auch deshalb so stark, weil sie jahrelang die gleiche Vertretung wie Beatrix machen musste, die sie genauso überforderte? Ja, so war es. Ihr Mann machte ihr häufig den Vorwurf, dass ihr das Kind wichtiger sei als er. Vielleicht hat er deshalb die verlorene Liebe anderswo gesucht und sich lieber kein weiteres Kind gewünscht?

Das Bild der Aufstellung arbeitete unentwegt in ihr, nun schon zwei Jahre lang. Das Bild wirkt wie ein Laserstrahl. Schicht für Schicht wird durchleuchtet, bis zum eigentlichen Brandherd. Und Veronika will es auch so. Die Warnung ist unüberhörbar, unvergessen. Sie fragt ihre Verwandten aus, forscht in Familienalben und in Stammbäumen, schließt sich einer Festhaltetherapeutin an und schaut sich mit ihr auch ihre Ursprungsfamilie an.

Wie weit geht ihre missachtende Einstellung Männern gegenüber zurück? Die enge Bindung zwischen der Tochter und der Mutter kommt ihr sehr bekannt vor. Die Vorstellung hat die Kraft eines wiederkehrenden Traumes, dem man nicht entrinnen kann. Sie, die älteste von zwei Schwestern und einem kleinen Bruder mit ihrer Mutter. Eine ihrer ersten Erinnerungen: Sie ist sechs oder sieben. Älter nicht. Ihre Mutter kniet vor ihr und fleht sie mit vom Weinen geschwollenen, roten Augenlidern an. Veronikas Schürze ist ganz nass von Mamas Tränen. Die Mutter hält ihre kleinen Finger in den Händen und Veronika spürt, wie Mama vor lauter Angst steif und kalt ist. »Veronika, bitte, geh zum Papa und bitte ihn, dass er mit mir wieder redet.« »Geh doch selber, Mama!«, bittet sie. »Nein, nein. Ich kann nicht. Ich habe solche Angst vor ihm.« Die Mama zittert und Veronika weiß, dass sie ihrem flehentlichen Bitten nicht entgehen kann und auch nicht will. Sie muss ihr helfen, weil die Mama es selber nicht schafft.

Ein anderes Bild: Veronika geht auf Mamas Bitte ihren Vater suchen, er ist schon den zweiten Tag weg, ohne eine Nachricht hinterlassen zu haben. In der Nacht blieb sein Bett leer. Sie sucht alle Scheunen und Werkstätten durch. Sie geht ins Gasthaus. Sie geht zu Nachbarn. Und siehe da! Hier sitzt ihr Papa am Küchentisch in herzlicher Unterhaltung mit dieser fetten, immer so überlaut lachenden Frau Wenck in einer ausgelassenen Stimmung, die sie bei ihm sonst nicht kennt. Auch er lacht laut. Komisch! So viel Fröhlichkeit im verdunkelten Zimmer. Die Jalousien sind bei beiden Fenstern heruntergezogen, obwohl der Tag noch hell ist. Eine Flasche auf dem Tisch und ein voller Aschenbecher. Veronikas Erscheinen würgt das Lachen der beiden ab. »Hast du vergessen abzuschließen?«, fragt Frau Wenck den Vater. Die Lage wird immer komischer. Was hat denn mein Papa mit dem Schlüssel von Frau Wenck zu tun? Und der Papa klemmt sie zwischen seine Knie und sagt ihr ruhig: »Mein liebes Mädchen, du sagst deiner Mama nie, hörst du, nie, dass du mich hier gesehen hast. Das bleibt unser Geheimnis. Versprich es mir!« Veronika verspricht es. Sie verspricht es gerne. Sie ahnt, wenn ihre Mama dies erfahren würde, wäre es eine Katastrophe. Sie ist nun eingeweiht in die Geheimnisse der Großen und groß geworden. Natürlich verschweigt sie ihrer Mutter alles. Später erfährt sie dann von ihr, dass sie so unwissend doch nicht war. Sie wusste, dass ihr Mann sehr viele Frauen während der Ehe hatte, einige davon habe er sogar geschwängert, ein Kind habe er im Krieg in der Ukraine gezeugt. Sie habe ihm aber nie Vorwürfe gemacht, dazu hatte sie nie den Mut. Sie hatte immer Angst vor ihm, und die Angst, dass er eines Tages weggehen würde, plagte sie zusätzlich.

Und noch ein Bild: Veronika ist siebzehn. Abends kommt sie mit dem Bus nach Hause. Sie ist von der letzten Treppe noch nicht ganz heruntergestiegen, als sie die Schreie ihrer Mutter hört, und genau wie damals spürt sie ihren verkrampften Körper und ihre Tränen an ihrer Brust, als sich die Mutter an ihr festhält. »Er ist tot, er hat sich umgebracht!«, schreit die Mutter in ihrer Panik. Nicht das verwaiste Kind wurde von der Mutter getröstet, sondern die Mutter von dem Kind. Auch die Aufgabe, das Blut in seinem Arbeitszimmer, in dem er sich mit seiner Pistole erschossen hatte, aufzuwischen, fiel Veronika zu. Einen Abschiedsbrief hinterließ der Vater nicht. Heute, nach den Erfahrungen mit dem systemischen Ansatz, vermutet Veronika, irgendeine Verstrickung in seiner Ursprungsfamilie hätte ihn dazu getrieben. Damals aber saugte sie die verschiedenen Deutungen gierig in sich hinein, um für den unheimlichen Freitod überhaupt eine Erklärung zu haben. Offensichtlich bekam er Potenzprobleme, ging es im Dorf herum, so erzählten es auch die Verwandten, und er konnte es nicht mehr so toll mit den vielen Frauen treiben. Er hatte am Leben keinen Spaß mehr. Dazu kam noch seine Pensionierung. Er war zu eitel, um auf seine Chefposition im Betrieb verzichten zu können. Zu dieser Deutung neigte Veronikas Mutter. In jedem Falle enthielten all diese Erklärungen eine große Portion Missachtung: ein gescheiterter Lebemann, ein entmannter Schürzenjäger, ein degradierter Macho.

Von hierher also rührt das Misstrauen gegenüber den geliebten Männern und deshalb kann Veronika die Männer nicht voll lieben. Auch kann Veronika jetzt ihre mimosenhafte Verwundbarkeit, mit der sie auf die Untreue ihres ersten Mannes reagierte, besser verstehen. Wo aber kommt die geballte Wut gegen die Männer her, die Veronika abreagiert, indem sie sie in beißende Ironie verpackt, dabei jedoch das Gefühl hat, sie stehe neben sich und sei gar nicht sie selbst? Mit Hilfe ihrer Therapeutin, die das von Bert Hellinger Begonnene fortsetzt, begreift Veronika, dass sie die Gefühle ihrer Mutter übernimmt. Die Gefühle, die sich ihre Mutter ihrem Mann gegenüber nie zu äußern traute. Bert Hellinger spricht hier von doppelter Verschiebung. Zum einen werden die Gefühlsäußerungen von der Mutter auf die Tochter verschoben, zum anderen empfängt diese Gefühle nicht der Vater, sondern der Mann von Veronika. Der arme Mann, der die Wut für seinen ihm unbekannten Schwiegervater ertragen muss.

Schicht für Schicht wird abgetragen und angeschaut. Für ihre Mutter hat Veronika also ihre Gefühle äußern müssen. Für sie hat sie gesorgt. Für sie hat sie die heißen Kastanien aus dem Feuer geholt. Von ihr hat die Mutter Schutz und Trost erwartet. Sie hat ihre Mutter »beeltert«.

Ein parentifiziertes Kind, wie man in der Fachsprache sagt. Veronika hat es mitgemacht. Aus Liebe hat sie das Kind in sich geopfert. Selbst ihr Vater hat sie nicht als Kind betrachtet. Er hatte außerordentlichen Respekt vor ihr, respektierte auch ihre Intimität und hat sie nie gestreichelt, obwohl er ihr auf besondere Weise zugeneigt war, mehr als seinen zwei jüngeren Kindern, mit denen er problemlos schmusen konnte. Spürte er in ihr die Erwachsene – wenn man so will, die Schwiegermutter, das heißt diejenige, die seine Frau bemuttert – und zugleich ein Inzesttabu?

Eigentlich ist Veronika eine Vollwaise. Sie hatte beide Eltern verloren: Die Mutter wurde ihr wegen ihrer kindlichen Art nie zur Mutter, und den Vater lehnte sie selbst ab.

Neue Fragen tauchen auf. Warum hat Veronika ihre Mutter bemuttern müssen? Was war denn bei ihrer Mutter passiert, dass sie nicht erwachsen werden konnte? Besteht hier ein Zusammenhang mit der Tatsache, dass sie sich nur einem solchen Menschen voll hingibt, der ihre Bemutterung verlangt, also jeweils ihr jüngstes Kind oder aber auch ihr zweiter Mann?

Veronika möchte die nächste Chance zu einer systemischen Familienaufstellung wahrnehmen. Sie möchte sich unbedingt von den Anschuldigungen ihres Vaters distanzieren, ebenso möchte sie seine Verstrickung verstehen und seine Entscheidung für den Freitod achten. Auch fühlt sie große Sehnsucht, den Halbbruder und die Halbschwester in Bulgarien ausfindig zu machen.

Mit ihren Forschungen verfolgt sie kein bestimmtes Ziel. Es geht nur darum, mehr Verständnis, mehr Einsicht, mehr Einklang und mehr Liebe zu finden. So, wie die Geliebte fragt: »Liebst du mich? Warum liebst du mich, mein Geliebter?« und anstelle einer Begründung nur eine liebende Umarmung zur Antwort bekommt. Genauso ergeht es Veronika. Ihr Verstand verlangt noch präzisere Informationen. Noch bevor der Verstand aber diese kopflastigen Fragen beantworten kann, gibt ihr liebesbereites Herz ihr bereits die erlösende Antwort. Ihr Herz wird immer freier, breiter, freizügiger, versöhnender. Selbst wenn die Nachforschungen keine konkreten Informationen bringen würden, fruchten sie schon jetzt in ihrem Herzen.

Zwischenzeitlich nahm Veronika an zwei festhaltetherapeutischen Seminaren teil. In Kenntnis der Aufstellung von Bert Hellinger hat sie sich mit jedem ihrer drei Kinder unter fester Umarmung konfrontiert, um jedem den Platz zu geben, der ihm gehört. So wurde Beatrix entthront und bekam ihre dritte Stelle. Entgegen aller Befürchtungen ertrug Beatrix den Stellenwechsel sehr gelassen. Alsbald fing sie an zu genießen, dass sie noch zwei ältere Geschwister hat. Auch für Hannah war es befreiend, den angestauten Frust über den Verlust ihrer ersten Stelle zu äußern, der Mutter mitzuteilen, wie sehr sie sie vermisst und wie sehr es ihr wehtut, wenn sie mit Missachtung über den Vater spricht. Ähnliche Gefühle zeigten sich auch beim Festhalten von Hansjörg. Eigentlich wurde er gar nicht zum Hauptthema, obwohl durch ihn die ganze Heilungsgeschichte in Gang kam. Jedenfalls stottert er viel weniger und seine Aggressionen haben sich normalisiert. Beide Kinder sind sehr oft bei ihrem leiblichen Vater. Er versorgt die beiden mit großer Liebe und Verantwortung und beginnt, auch Veronika zu achten.

»Die Kinder würden sich über eine Familienzusammenführung sicher sehr freuen«, sage ich so nebenbei bei der Befragung nach den Auswirkungen des systemischen Seminars. »Wo sind deine Kinder gerade?« »Alle drei sind zu Hause«, antwortet sie. »Und dein erster Mann?« »Der ist gerade mit den Kindern im Garten.« »Ah.«

# Alte Liebe rostet nicht

HELLINGER *zu einem Ehepaar, das mit einem Kind im Kinderwagen kommt* Um was geht es bei euch?
FRAU Es geht darum, dass ich meine Herkunftsfamilie als Belastung für mich erlebe. Meinen Eltern und drei Geschwistern geht es ziemlich schlecht. Auch mir ging es lange schlecht. Ich hatte eine Borderline-Störung und Morbus Crohn, das ist eine chronische Darmentzündung. Seit vier Jahren geht es mir gut. Ich habe eine Psychotherapie gemacht, aber ich fühle mich noch sehr gebunden an meine Herkunftsfamilie.
HELLINGER Es geht also mehr um dich und deine Herkunftsfamilie. Gibt es in der Beziehung zu deinem Mann Schwierigkeiten?
FRAU Nein.
HELLINGER *zum Ehemann* Willst du noch etwas sagen?
MANN Für mich zieht sich durch unsere Beziehung ein kontinuierlicher Konflikt, der immer wieder mal auftaucht und dann wieder verschwindet. Da ist sehr viel Nähe und Innigkeit, bis wieder der Konflikt aufflackert.
HELLINGER Welcher Art?
MANN Wir streiten uns heftig.
HELLINGER Wir stellen erst einmal nur drei Personen auf, dich, die Frau und das Kind.
*zur Frau* Fang du mal an.

*Bild 1a*

Mn	Mann
F	Frau
1	Einziges Kind, Sohn

HELLINGER *zum Stellvertreter des Mannes* Wie geht es dir?
STELLVERTRETER DES MANNES Gut, sehr gut.
STELLVERTRETERIN DER FRAU Das Kind ist mir zu nah. Ich fühle mich sehr unsicher.
STELLVERTRETER DES SOHNES Mir geht es so ähnlich. Ich fühle mich auch unsicher und aufgeregt.
HELLINGER *zum Mann* Wie würdest du es aufstellen?

*Bild 1b*

HELLINGER *zum Publikum* Er stellt es verschärft auf.
*zum Stellvertreter des Mannes* Wie geht es dir?
STELLVERTRETER DES MANNES Ich fühle mich bedrängt.
STELLVERTRETERIN DER FRAU Ich fühle mich total eingeengt. Ich habe gar keine Freiheit mehr.
STELLVERTRETER DES SOHNES Ich fühle mich ziemlich nervös, noch nervöser als vorher.
HELLINGER *zu den Eltern* Diese Aufstellung zeigt, der Mann und das Kind hindern die Mutter am Gehen. Im ersten Bild war es so, dass der Sohn die Mutter hindert, dass sie geht. Da ist also eine Gefährdung bei der Frau.
*zur Frau* Also, was ist in deiner Herkunftsfamilie passiert?
FRAU Meine erste Schwester hat auch eine Borderline-Störung, meine andere Schwester hatte Gebärmutterkrebs, mein jüngster Bruder hatte einen schweren Unfall, mein Vater hatte einen Erstickungsanfall. Er hat Asthma seit seiner Kindheit. Seit ich mich erinnern kann, passieren immer irgendwelche Unglücksfälle. Die Familie ist immer irgendwie in Gefahr zu explodieren.
HELLINGER Also, es gibt Vater, Mutter und wie viele Kinder?
FRAU Vier Kinder. Ich bin die Älteste.
HELLINGER War jemand von den Eltern vorher in einer festen Bindung?
FRAU Nein, nicht in fester Bindung. Meine Mutter hat uns aber öfter von einem anderen Mann erzählt, den sie auch hätte heiraten können. Aber sie war nicht in einer festen Bindung mit ihm.
HELLINGER Stelle deine Herkunftsfamilie auf.

*Während das Bild der Gegenwartsfamilie stehen bleibt, stellt die Frau ihre Herkunftsfamilie auf.*

*Bild 2*

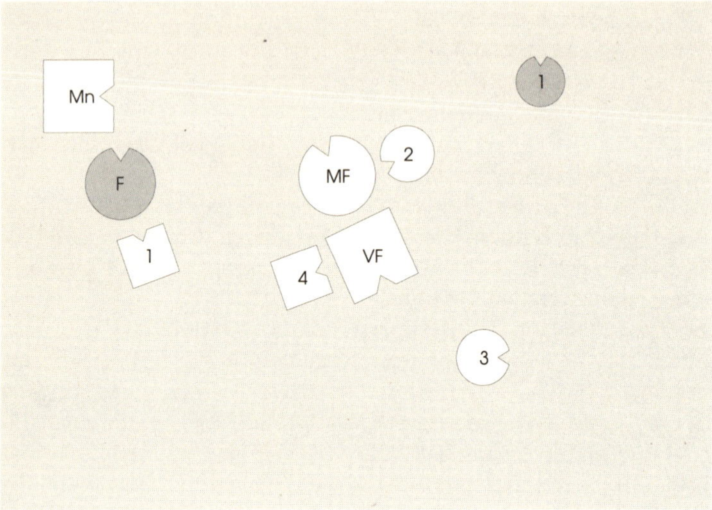


VF Vater der Frau
MF Mutter der Frau
**1 Erstes Kind, Tochter (= Frau)**
2 Zweites Kind, Tochter
3 Drittes Kind, Tochter
4 Viertes Kind, Sohn

HELLINGER Das ist eine merkwürdige Aufstellung. Ich stelle noch jemanden dazu.

*Hellinger wählt einen Stellvertreter für den Mann, den die Mutter auch hätte heiraten können, und stellt ihn vor die Frau. Als der Mann ins Bild kommt, lacht die Stellvertreterin der Mutter laut auf. Auch der Mann lacht sie an.*

***Bild 3***

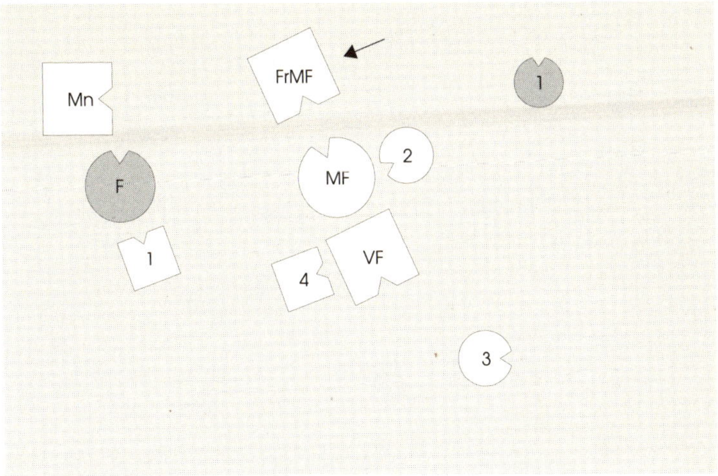


FrMF  Freund der Mutter der Frau

HELLINGER *zur Frau* Siehst du, wie sich die anlachen, die zwei? *zum Freund der Mutter der Frau* Wie geht es dir da?
FREUND DER MUTTER DER FRAU Ich komme mir etwas fehl am Platze vor. Ich würde sie gerne mitnehmen und mit ihr weggehen.
MUTTER DER FRAU *lacht* Ja, nichts wie weg hier. Sofort raus hier aus dieser Gruppe.
HELLINGER *zu beiden* Geht.

*Die Mutter der Frau geht zu ihrem Freund, wendet sich mit ihm um und geht. Dann drehen sie sich der Familie zu.*

*Bild 4*

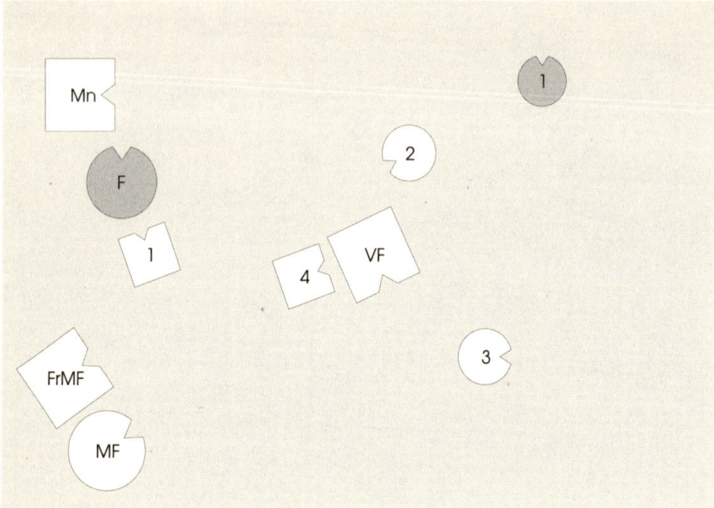


HELLINGER Wie geht es dem Vater?

VATER DER FRAU Ich fühle mich bedroht. Mit Ausnahme von der ersten und der dritten Tochter, die ich im Blickwinkel habe, fühle ich mich bedroht.

HELLINGER *zur ältesten Tochter* Wie geht es dir?

ERSTES KIND (STELLVERTRETERIN DER FRAU) Ich fühle mich unheimlich wohl. Die anderen sind nicht da, die interessieren mich auch gar nicht. Ich bin ganz alleine, aber sehr zufrieden in mir selbst. Es erschüttert mich nichts, ich habe zwar ein leeres Gefühl, aber ich vermisse nichts Konkretes.

HELLINGER Dann geh mal aus der Tür und mache sie hinter dir zu.

***Bild 5***

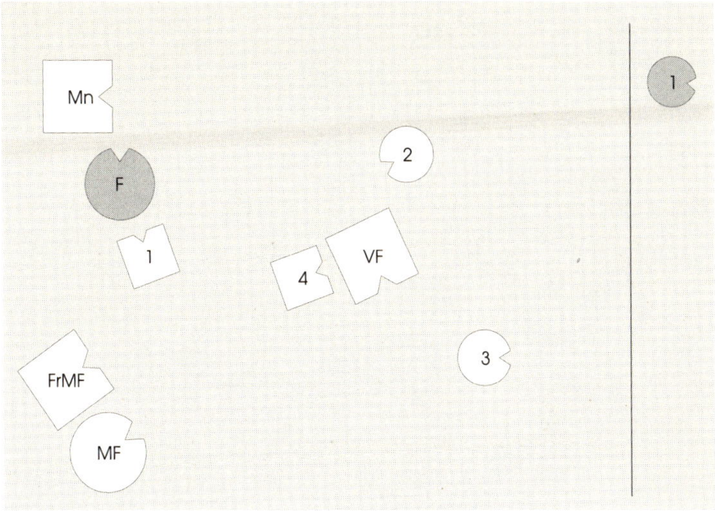


HELLINGER *zur zweiten Tochter* Wie geht es dir?
ZWEITES KIND Mir fehlt die Mutter. Vom Vater hätte ich gerne, dass er sich umdreht.
VIERTES KIND Als die Mutter noch da war, fühlte ich mich wie auf einem Vulkan, der jeden Moment losgehen kann. Dann war ich erleichtert, als der Mann dazu kam. Jetzt, wo die Mutter weg ist, ist es wie nach einer Katastrophe. Ich weiß noch nicht, wie es mir damit geht.
HELLINGER *zur dritten Tochter* Wie geht es dir?
DRITTES KIND Gut. Ich gehöre da nicht hin.

*Hellinger ruft die erste Tochter wieder herein.*

HELLINGER *zu dieser Tochter, der Stellvertreterin der Frau* Wie ist es dir draußen gegangen?
ERSTES KIND Gut. Ich habe nichts vermisst und habe mich wohl gefühlt.
HELLINGER *zum Publikum* So, wie sie am Anfang geredet hat, so reden Selbstmordgefährdete. Sie fühlen sich wohl, weil sie innerlich abgeschlossen haben.

ERSTES KIND *nickt zustimmend* Ja, das könnte sein. Aber wie jemand, der wirklich abgeschlossen hat und wirklich sagt: Es ist alles okay.

*Hellinger stellt nun den Vater zur Seite und alle Kinder ihm gegenüber.*

***Bild 6***

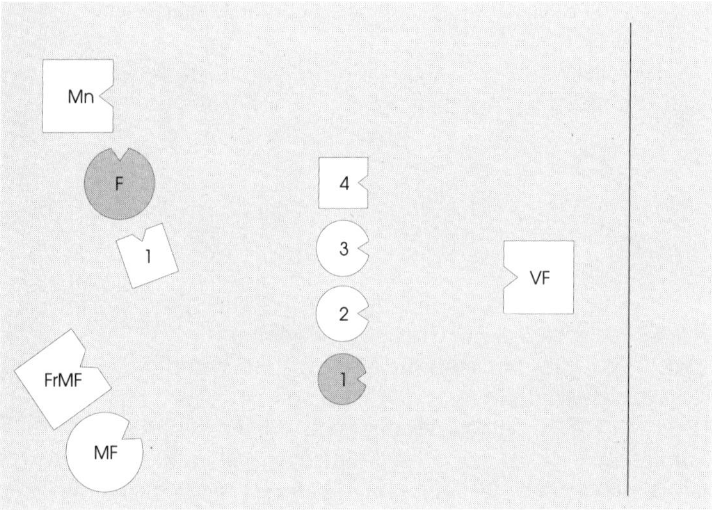


HELLINGER *zur Frau* Was ist mit deiner jüngsten Schwester?
FRAU Sie hatte vor kurzem Gebärmutterkrebs, ihr ist die Gebärmutter entfernt worden. Die zweite Schwester hat auch eine Borderline-Störung. Sie hat schon mehrmals versucht, sich umzubringen.
HELLINGER Hast du schon daran gedacht, dich umzubringen?
FRAU Ja.
HELLINGER *zum Vater der Frau* Wie geht es dir jetzt?
VATER DER FRAU Jetzt geht es mir etwas besser, aber man fühlt sich doch allein.
ERSTES KIND Ich fühle mich immer noch so, dass mich das andere alles nichts angeht. Das sind nicht meine Probleme, das berührt mich nicht. Ich bin für mich alleine.
ZWEITES KIND Ich fühle mich einigermaßen wohl.

DRITTES KIND Mir geht das auch so. Ich fühle mich alleine, aber es geht mir gut, als ob ich hier nicht hingehöre.
VIERTES KIND Ich fühle mich in der Geschwisterreihe geborgen.
ERSTES KIND Vorhin, bevor ich echt aufgestellt wurde, habe ich Trauer empfunden, und als die Eltern weggeführt wurden, war ein Umschwung in den Gefühlen. Als ich dann abseits gestellt wurde, hatte ich das Gefühl, das ich vorhin geschildert habe. Aber als die Eltern noch nahe standen, kam Trauer hoch.

*Hellinger stellt nun die Mutter links neben den Mann. Ihren Freund stellt er abseits rechts vom Mann. Die Kinder treten einen Schritt zurück.*

**Bild 7**

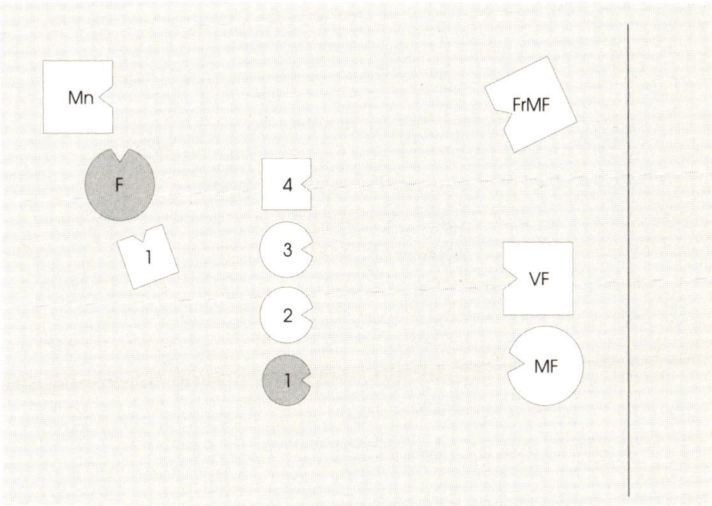


HELLINGER *zur Mutter der Frau* Wie geht es dir?
MUTTER DER FRAU Fremd, unbeteiligt.

*Hellinger lässt nun die Frau ihren Platz im System einnehmen. Ihre Mutter lässt er vor den Vater treten.*

*Bild 8*

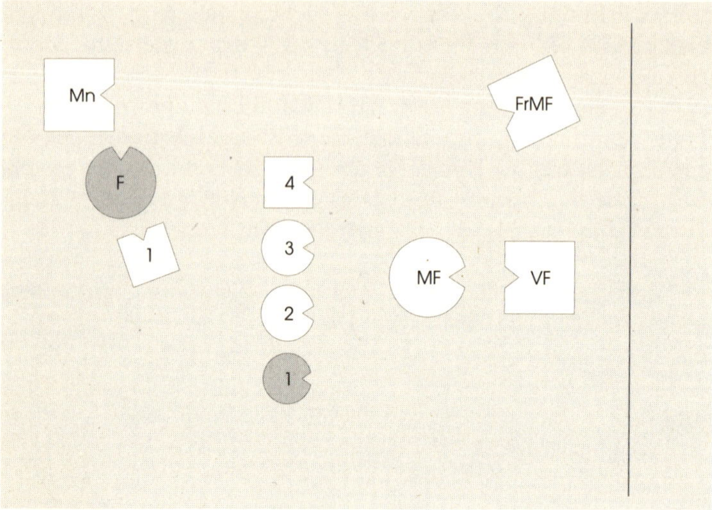


HELLINGER *zur Mutter der Frau* Sag deinem Mann: »Ich habe dich reingelegt.«
MUTTER DER FRAU Ich habe dich reingelegt.
HELLINGER »Und es tut mir leid.«
MUTTER DER FRAU Es tut mir leid.
HELLINGER Kam das von Herzen?
MUTTER DER FRAU Nicht so recht.
VATER DER FRAU Ich habe das nicht gespürt.
HELLINGER *zur Mutter der Frau* Sag ihm: »Du hast mich nicht verdient.«
MUTTER DER FRAU Du hast mich nicht verdient.
HELLINGER Wie ist das?
MUTTER DER FRAU Ehrlicher.
HELLINGER *zur Mutter der Frau* Stelle dich wieder den Kindern gegenüber.

*Bild 9*

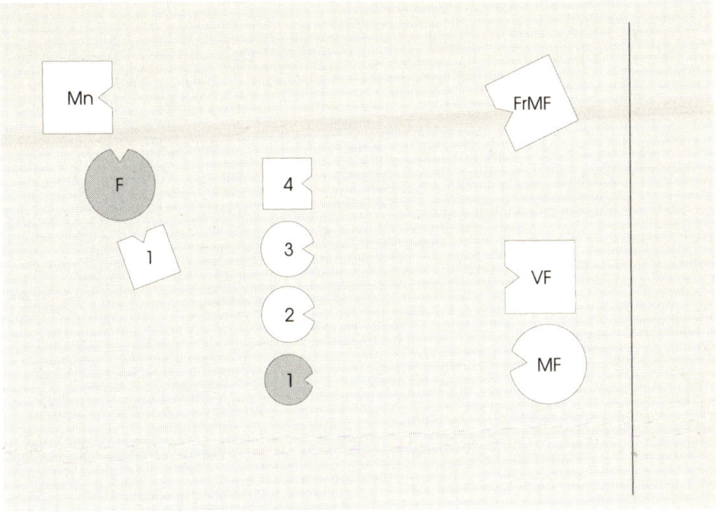


HELLINGER Sag ihnen: »Ich will gehen.«
MUTTER DER FRAU Ich will gehen.
HELLINGER »Ich lasse euch bei eurem Vater.«
MUTTER DER FRAU Ich lasse euch bei eurem Vater.
HELLINGER »Das ist euer Platz.«
MUTTER DER FRAU Das ist euer Platz.
HELLINGER »Auch wenn ich gehe.«
MUTTER DER FRAU Auch wenn ich gehe.
HELLINGER *zur Frau* Wie ist das für dich?
FRAU (ERSTES KIND) *weinend* Das macht mich sehr traurig.

*Hellinger lässt die Mutter zu dem früheren Mann gehen, stellt sie ihm an die Seite und lässt sie einen Schritt zurücktreten.*

*Bild 10*

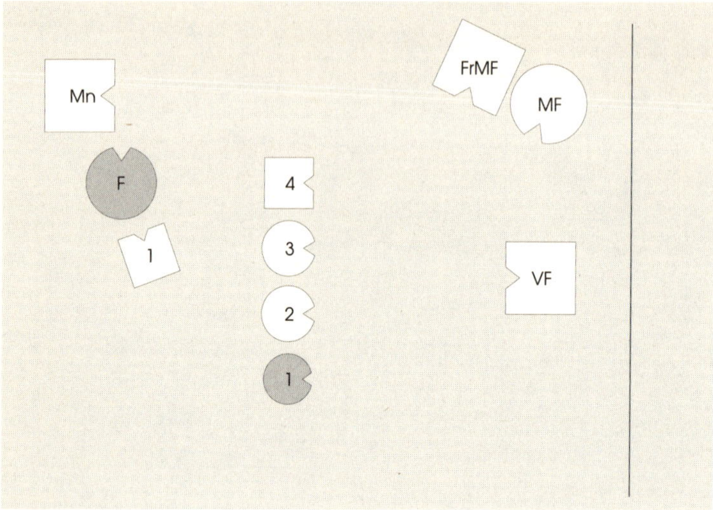


HELLINGER *zur zweiten Tochter* Wie ist das für dich?

ZWEITES KIND Ich denke, wir brauchen sie noch. Sie soll bei uns bleiben.

DRITTES KIND Als sie den ersten Satz zum Vater gesagt hat, ging mir etwas wie ein Stromschlag durch den ganzen Körper. Da habe ich zum ersten Mal etwas gespürt. Jetzt fühle ich mich wieder okay.

VIERTES KIND Mich hat es empört, wie sie den Papa verarscht hat, und ich dachte, dann geh, aber geh schnell. Ich bin froh, dass sie geht.

HELLINGER *zur Frau* Sag deinem Vater: »Papa, ich bleibe bei dir.«

FRAU (ERSTES KIND) *weinend* Papa, ich bleibe bei dir.

HELLINGER »Auch wenn die Mutter geht, ich bleibe bei dir.« Schau ihn an dabei.

FRAU (ERSTES KIND) Auch wenn die Mutter geht, ich bleibe bei dir.

HELLINGER Stelle dich neben ihn.

*Hellinger stellt alle Kinder im Halbkreis an die Seite des Vaters.*

*Bild 11*

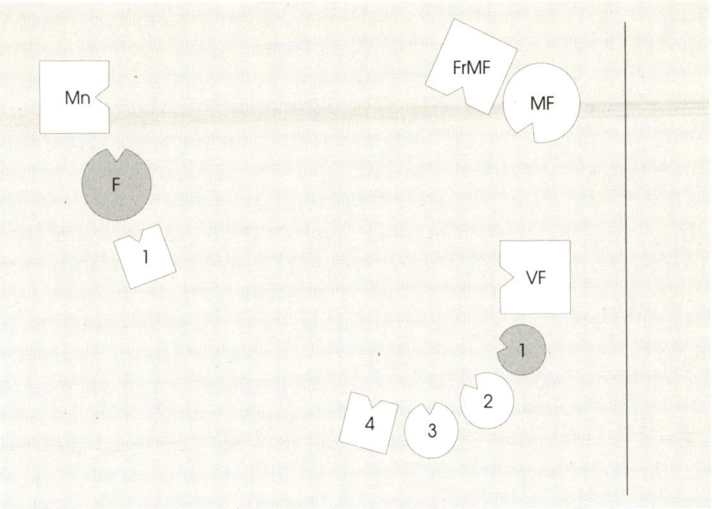


HELLINGER Wie ist das für den Vater?

VATER DER FRAU Mir ist es kalt den Rücken runtergelaufen, als wenn ich jetzt erst Beziehung hätte.

ZWEITES KIND Ich fühle mich wohl in der Runde.

DRITTES KIND Ich auch.

VIERTES KIND Es ist okay.

HELLINGER *zur Frau* Schau ihn noch mal an und sag: »Auch wenn die Mama geht, ich bleibe.«

FRAU (ERSTES KIND) *sehr bewegt* Papa, auch wenn die Mama geht, ich bleibe.

HELLINGER »Bei dir ist mein sicherer Platz.«

FRAU (ERSTES KIND) Bei dir ist mein sicherer Platz.

HELLINGER »Und sei freundlich, wenn ich bei meinem Mann bleibe und bei meinem Sohn.«

FRAU (ERSTES KIND) Und sei freundlich, wenn ich bei meinem Mann bleibe und bei meinem Sohn.

HELLINGER *zum Vater* Leg den Arm um sie.

*zur Frau* Leg den Kopf an ihn.

*Der Vater umarmt die Frau, die ihren Sohn im Arm hält. Sie lehnt den Kopf an ihn und weint laut. Das Kind, das vorher laut geweint hat, wird ganz ruhig.*

HELLINGER *zur Frau* Wie geht es dir jetzt?
FRAU (ERSTES KIND) *weiter an den Vater angelehnt* Ich fühle mich sehr erleichtert, zu Hause.

*Hellinger stellt nun die Frau und ihren Mann in die Aufstellung ihres Gegenwartssystems. Den Stellvertreter des Sohnes stellt er den Eltern gegenüber.*

**Bild 12**

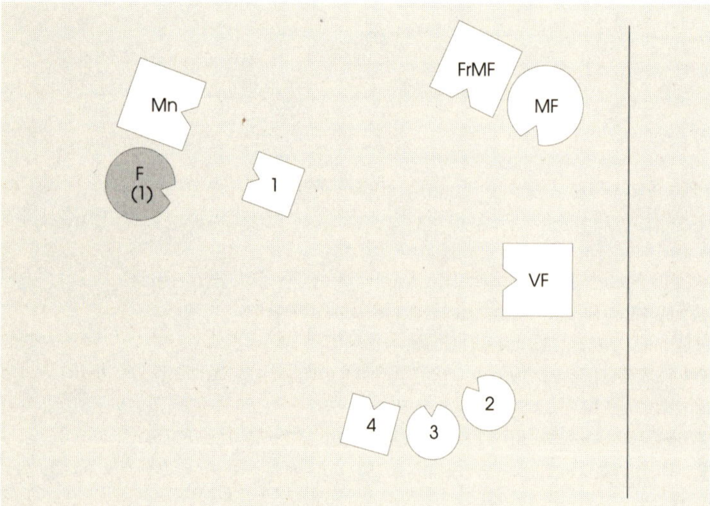


HELLINGER Wie geht es euch?
MANN Gut.
STELLVERTRETER DES SOHNES Gut.
HELLINGER Ich stelle jetzt den Vater der Frau hinter sie.

*Bild 13*

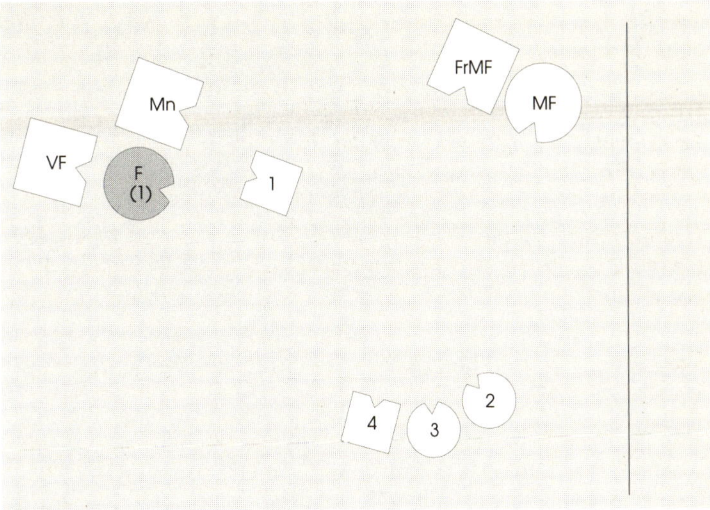


*Als der Vater hinter der Frau steht, richtet sich der Mann auf und atmet tief durch.*

MANN Das gibt Kraft.
FRAU (ERSTES KIND) Ich fühle mich gut und gestützt.
HELLINGER Ich glaube, das war's dann. Klar? Alles Gute euch.
*zur Frau* Und passe auf deinen Mann auf, dass er dich festhält.

*Sie lehnt sich an ihren Mann und beide umarmen sich fest.*

»Aus großer Sorge um unseren kleinen Sohn entschloss ich mich mit meinem Mann, unsere Familie aufstellen zu lassen«, schreibt Inge in ihrer Anmeldung zum Seminar. »Er ist zwar erst ein paar Wochen alt, eigentlich bin ich mit ihm noch im Wochenbett. Ich spüre aber, wie das Wochenbett wackelt. Als wäre es kurz vor dem Ausbruch eines Erdbebens. Diese ständige Anspannung, die Erwartung einer unheimlichen Katastrophe kenne ich schon seit meiner frühen Kindheit. Als wäre ich damit schon geboren worden. Ich spüre, dass hier Verstrickungen in der Herkunftsfamilie am Werke sind und dass ich und meine Geschwister den Preis zahlten und noch zahlen in Form von chronischen Krankheiten und Unfällen. Ich habe mich jahrelang mit Depressionen, Selbstmordversuchen und mit Neurodermitis geplagt, und man hat mich sogar als Borderline-Patientin diagnostiziert. Aber es geht mir vor allem um unser kleines Baby. Der kleine Jonathan darf doch nicht zum nächsten Opfer der unheilvollen Dynamik in unserer Familie werden. Sollte das Erdbeben ausbrechen, darf Jonathan nicht verschüttet werden. Ich will, dass er frei und unbelastet ist. Vielleicht ist die Katastrophe ganz abzuwenden.«

Während der Aufstellung gibt der kleine Jonathan mit seinem Verhalten seiner Mutter Recht. Solange die Spannung innerhalb des familiären Systems vibriert, reagiert er wie ein feiner Seismograph. Seine Unruhe wächst wie die steilen Amplituden des Geräts. Er windet sich im Arm seiner Mutter, streckt sich in die Brücke, wendet sich vom Kopf seiner Mutter ab und weint und schreit herzzerreißend. Als würde ein Hochhaus auf ihn herabstürzen. Das kleine Kind spürt die Wahrheit in seinem Herzen besser, als ein geschulter Psychotherapeut sie erkennen kann. Es ist noch in ein höheres Kraftfeld eingebunden, von dem es allmählich in ein niedrigeres losgelassen wird. Es spürt die ihm entgegenschwingenden Energien und erahnt die verstrickten Ahnen, zu denen es heruntergleiten will und muss. All das erfüllt sein kleines Herzchen mit Angst. Es spürt aber auch, wie sich die Schwingungen ebnen, harmonisieren und beruhigen. Als beim Aufstellen ein Lösungsbild entsteht, gibt sich der kleine Jonathan seiner Mama vertrauensvoll hin und sinkt in einen tiefen, erholsamen Schlaf. Ist es nicht erstaunlich, mit welcher Weisheit die Kleinen auf die Welt kommen!

Gehen wir eine Generation zurück: Je mehr das Kind (später Inge genannt) den Bauch seiner Mutter füllte, umso mehr nahm ihre Angst vor der Eindeutigkeit ihrer Entscheidung über ihren weiteren Lebenslauf zu. Das Kind stellte die Weichen dafür, dass sie seinen Erzeuger geheiratet hatte. Bis dahin hatte sie sich ziemlich kopflos auf ihn eingelassen, ganz nach der Art eines Roulettespielers. Nicht, weil sie in ihn verliebt war, sondern weil sie Markus, ihre unvergessliche erste Liebe, eins auswischen wollte. Sie setzte ihre ganze Verführungskunst ein, um dem nächsten Verehrer den Kopf zu verdrehen. Nur der Schmerz der unglücklichen Liebe trieb sie zu diesem verkrampften Abenteuer: »Schau mal, ich bin doch liebenswürdig, siehst du es endlich? Oh, wie gerne hätte ich das Kind von dir gehabt, mit welcher Hingabe hätte ich deinen Sohn in meinem Bauch gewusst, ihn gewiegt und sanft gestreichelt, als wärst du es selbst!« Mit diesen unausgesprochenen Gedanken begrüßte sie Markus nach dem Gottesdienst, als sie sich wieder einmal, eher zufällig, begegnet waren. Jede von den kostbaren Begegnungen war nur ein Zufall gewesen. Wenn sie sich verabredet hatten, kam er nie. Auf ihre Briefe gab er ihr keine Antwort. Trotz der großen Anziehungskraft, die sie bei ihm spürte, sprang er immer wieder ab. »Also, du hast einen Mann gefunden, den du verdienst, Ranghild.« War es sein typischer Sarkasmus, mit dem er versuchte, seine sanfte Seele zu schützen, oder meinte er es ernst? In seinem Blick, der ihren gewölbten Bauch kurz streifte und bei ihren Augen hängen blieb, sah sie Liebe. Aber vielleicht war das auch nur eine Art universelle Liebe gewesen, eine Liebe, wie sie beispielsweise ein Pastor seinen Schäfchen gegenüber zeigte. Immerhin hielt er ihre Hand etwas länger, als es Sitte ist. Und sie spürte das unauslöschbare Feuer ihrer Liebe zu ihm. Aber sie konnte es ihm nicht sagen. Mit dem fremden Kind im Bauch schon gleich gar nicht. Aber er hatte ihr das auch damals nicht abgenommen, als sie noch Jungfrau gewesen war. Einmal, beim Jubiläumsfest des Gymnasiums, das beide besucht hatten – er vier Klassen über ihr –, tanzte sie mit ihm einen leidenschaftlichen Tango. Feurig saugte sie sich an seinen Körper, streichelte seinen Nacken, bis sie merkte, wie er ihrer Verführung folgte, und flüsterte ihm ins Ohr, wobei es eher ein zartes Küssen als ein Flüstern gewesen war: »Du bist der Einzige, den ich lieben könnte ...« Er lockerte die Umarmung nicht, noch dichter hat er sie an sich gedrückt, sodass sie merkte, wie er ihre Liebe erwiderte. Sanft flüsterte er ihr mit seinen Lippen an ihren Ohrläppchen zu: »O Darling, du verdienst einen Besseren. Idealisiere mich nicht. Du wärst früher oder später bitter enttäuscht.« Ihre zufälligen Begegnungen verliefen immer nach dem gleichen Muster, ob mit oder ohne Tango, ob bei der Beerdigung eines gemeinsamen Lehrers oder bei der Tagung der Partei, der sie beide angehörten. Und als sie dann erfuhr, dass er in Begleitung einer Frau, mit der er auch schon in Köln eine gewisse Zeit zusammengelebt hatte, als Missionar nach Südamerika gegangen war, da hatte ihn Ranghild endgültig aufgegeben. Das hoffte zumindest ihr Verstand, aber ihr Herz wusste, dass sie ihn immer noch liebte und dass sie ihn wohl bis zum letzten Atemzug lieben würde und auch noch danach. Bei ihm waren es aber offensichtlich keine Minderwertigkeitskomplexe, die ihm den Weg zu ihr versperrten. Er hatte mit ihr einfach herumgespielt, um dann eine Bessere zu heiraten. Wie sie gehört hatte, bemühten sich die beiden schon lange vergebens um ein Kind. Wie müsste sich Markus fühlen, wenn sein Wunsch, das Pfarrhaus voll Kinder zu haben, nicht in Erfüllung ginge? Hier setzte die Rachelust der Ohnmächtigen ein. Sie wickelte den nächsten Verehrer um den Finger, um an seiner Seite Markus zu demonstrieren, welch tolle Mutter sie für seine Söhne gewesen wäre.

Sie gebar aber keinen Sohn. Ein Mädchen kam zur Welt. Kein schönes noch dazu. Dennoch war sie irgendwie dankbar. Die Entbindung war unkompliziert, das Kind bereitete der Erstgebärenden fast keine Schmerzen und trank sofort ihre Vormilch. Gierig. Von beiden Brüsten. Ranghild fühlte sich in ihrer Mütterlichkeit bestärkt. Die kleine Inge schien nichts anderes als die Brust zu verlangen und liebte es, an der Brustwarze nuckelnd einzuschlafen. Diese vollen Brüste solltest du, Markus, einmal sehen! Im Vergleich zu deiner Frau, die angeblich keine Brüste, sondern nur ein Brett hat. In der Nacht verlangte die kleine Inge die Brust wesentlich häufiger und erschien daher problematischer als tagsüber. Obwohl sie sicherlich keinen Durst hatte, wachte sie immer häufiger in ihrem Zimmer auf und schrie und schrie, bis sie die Brust bekam. Um sich das Hin- und Herlaufen zwischen dem Eheschlafzimmer und dem Kinderzimmer zu ersparen, nahm Ranghild den kleinen Schreihals lieber mit ins Ehebett. Dem Papa gefiel dies ganz und gar nicht. Die Nacht war ihm zu unruhig und die geliebte Frau gehörte immer mehr dem Kind als ihm. Sein Bild von einer glücklichen Familie zerbröselte wie eine Sandburg im Regen. Von Anfang an spürte er, dass er Ranghilds Herz nicht ganz erobert hatte. Er hatte sich erhofft, dass durch das gemeinsame Kind die Liebe nachvollzogen würde. Eng umschlungen würden die beiden am Bettchen des Kindes stehen. Angelehnt an Ranghilds Rücken, würde er über ihre Schultern schauen, wie sie seinem Kind ihre Milch gibt. Sie mochte ihn aber nicht in ihrem Rücken, sie fühlte sich dadurch nicht frei. Und als dann die kleine Inge das Gräbchen im Ehebett besetzte, empfand dies der junge Vater als etwas Unüberwindbares: wie ein tiefer Burggraben vor einer hochgezogenen Fallbrücke. Durch das Tor konnte er die schöne Königin sehen, jedoch werden nur die Eingeweihten von ihr hereingelassen. Und das ist ausschließlich das Kind, und das auch nur, weil es die Brust bekommt. Du als ihr Ehemann darfst nur dann zu ihr, wenn sie das nächste Kind will. Erst dann wirst du von der Bienenkönigin gebraucht.

Ranghild hält das Kind an ihrem Herzen, aber sie ist mit dem Herzen nicht ganz bei ihm. Dort hat Markus noch immer den größten Platz. Eigentlich stillt sie für ihn. Sie demonstriert ihm die Mütterlichkeit, die er sich entgehen ließ.

An den zwei großen dunklen Kreisen hängt die kleine Inge mit Hartnäckigkeit. Sie kann sich auf deren Gleichheit immer verlassen. Immer gleich rund, bei jeder Saugbewegung fließt die Milch, immer gleich süß und der weiße Tropfen bleibt noch inmitten der Brustwarze kleben. Inge kann sich auf die zwei Brustwarzen mehr verlassen als auf die Augen der Mutter. Die schauen meist in die Ferne. Und wenn die Augen an Inge gerichtet sind, dann ist der Ausdruck nie voraussagbar. Manchmal strahlen die Augen aus Freude an der Trinktüchtigkeit des Kindes, manchmal drücken sie Wut aus, wenn sie ihren Schlaf unterbrechen musste.

*Als Inge 20 Jahre später aufgrund ihrer Depressionen und Selbstmordversuche in eine Klinik für psychosomatische Krankheiten eingeliefert wurde, lautete die Diagnose: Borderline-Persönlichkeitsstörung. Manche Psychiater sprechen einfach von einer »frühen Störung«. Gemeint sind Blockierungen der Persönlichkeitsentwicklung. Normalerweise entfalten sich in den ersten drei Lebensjahren in bestimmten aufeinander aufbauenden Stufen die kindliche Wahrnehmung, seine Neugierde, seine Handlungskompetenzen, sein Vertrauen und sein Selbstvertrauen. Den Anfang bildet die symbiotische Verbindung mit der Mutter. Mit dem Greifen, selbständigen Sitzen, Krabbeln und Sichaufrichten beginnt das Kind dann seine eigene Wirksamkeit zu üben. Indem einfache Handlungsschemata gelingen, fängt das Kind allmählich an zu begreifen, dass die Mutter kein Bestandteil von ihm ist, sondern ein Gegenüber. Das Kind handelt und die Mama reagiert. Manchmal erscheint die Mama als Gute, die sich freut, dass ihr das Kind etwas in ihre ausgestreckte Hand legt. Dann weiß auch das Kind, dass es gut ist. Und ein anderes Mal schreit sie verärgert*

*»Nein!«, wenn das Kind das Tischtuch mitsamt dem Essen und dem Porzellan herunterzieht. Dann erlebt das Kind die Mutter und auch sich selbst als Böse. Darin steckt für das Kind eine Chance, neue Sicherheiten zu gewinnen. Je eindeutiger, gleich bleibender, voraussagbarer in bestimmten Situationen die Mutter ist, umso sicherer kann sich das Kind auf ihr Handeln verlassen. Von allen Bezugspersonen, die dem Kind diese elementaren Sicherheiten verschaffen, ist die Mutter die wichtigste. Das Kind lernt, die vertraute Mama von Fremden zu unterscheiden und sich immer bewusster auf sie zu verlassen. Diese wichtige Übungsphase erstreckt sich vom 6. bis zum 18. Lebensmonat.*

Inge ist noch kein Jahr alt und ihre Mutter ist zum zweiten Mal schwanger. Einerseits freut sie sich darüber, vielleicht kommt jetzt endlich der ersehnte Bub. Aber die Schwangerschaft steht ihr im Wege, um in den Schuldienst zurückzugehen. Sie möchte sich so gerne beweisen, dass sie nicht nur deshalb eine tüchtige Mutter ist, weil sie das Kind stillt und im Tragetuch trägt, sondern auch, weil sie ihre berufliche Selbstverwirklichung anstrebt. Markus sprach sehr abwertend von den Hausfrauen. Ein Hausmütterchen wollte er nie. Seine Frau war Altenpflegerin. Eine bessere Ausbildung hat sie offensichtlich nicht geschafft. Ranghild ist immerhin Grundschullehrerin. Mit Leib und Seele. Das gefiel Markus an ihr immer. Sie schafft beides. Sowohl Kinder gebären als auch ihren Schuldienst und auch noch ihre politische Arbeit im Gemeinderat. Inge kommt zeitweise zur Oma, zeitweise zur Nachbarin. Wegen der neuen Schwangerschaft muss sie sowieso abgestillt werden.

*In den ersten Lebensmonaten ist ein Kind noch nicht in der Lage, gesamte Zusammenhänge zu erfassen, lediglich einzelne Fragmente des Ganzen. Es braucht die gleich bleibende Wiederholung und muss sich auf sie verlassen können, um Sicherheit zu gewinnen. Je breiter das Repertoire solcher einzelnen Schemata ist, umso freier kann sich die Neugierde entfalten.*

Nun sind aus Inges Leben die zwei Brüste, ihre wichtigsten Stützpunkte, verschwunden. Mamas Blusen sind immer zugeknöpft. Nur selten ist die Mama in ihrer Nähe. Inge versucht, neue sichere Plätze bei ihr zu erobern. Sie schafft es. Es gelingt ihr immer wieder, auf ihrem Schoß zu sitzen, mit einer Hand an ihrem Ohrläppchen herumzufummeln und am Daumen der anderen Hand zu lutschen. Das Ohrläppchen ist nun das Sicherste. Eine Art »Verkabelung« gelingt ihr aus ihrer eigenen Kraft, wo ihr eine echte Bindung in voller Breite der mütterlichen Zuwendung nicht geschenkt wird.

Mit einer verzweifelten Hartnäckigkeit klammert sich Inge an die einzelnen unveränderbaren Bestandteile der Mutter.

*Die Geborgenheit geht über die Sicherheit der einzelnen Erfahrungen hinaus. Damit dieses Grundbedürfnis gesättigt werden kann, muss das Kind immer wieder die symbiotische Bindung mit der Mutter spüren können. Dies gelingt am besten im Arm der tröstenden Mutter, bei der das Kind seinen ganzen Kummer ausschreien und sich vollkommen von ihr geliebt fühlen kann. So kann es wieder Freude an der Mama und an sich selbst schöpfen und neuen Mut bekommen, seine verschiedenen Expeditionen in die Außenwelt zu unternehmen.*

Aber o weh! – diese Erfahrung entgeht der kleinen Inge. Die Mama hat ein neues Baby bekommen – schon wieder eine Tochter –, und wegen ihm hat sie alle Hände voll zu tun. Den Schuldienst musste sie vorübergehend wieder aufgeben. Sie wird immer nervöser und auf Inges Versuche, die Nähe der Mama zu bekommen, reagiert sie immer unberechenbarer. Mal wird sie, völlig unerwartet, böse, wenn Inge ihr beispielsweise ein Bilderbuch auf den Schoß legt. Dann erscheint sie aber immer wieder auch als Gute, wenn sie beim Stillen des Neugeborenen von Inge belästigt wird. Das ist immer dann der Fall, wenn sie ihr Bild von der idealen Mutter erfüllt und in das für Markus bestimmte Bild passt: Ranghild, umgeben von Kindern, an der einen Seite das Kleine an der vollen Brust, an der anderen die Größere, wie sie mit der Mama spielt. Diese Szene ist für die kleine Inge jedoch kein harmloses, unverbindliches Spiel. Sie muss ihre Erfahrungen zumindest an einzelnen Bestandteilen der Mutter machen, wenn ihr diese als ganze Person nicht zur Verfügung steht. Indem sie Mamas Ohrläppchen hält oder ihre Haarsträhne ununterbrochen dreht, ist sie sich zumindest für kurze Zeit sicher, dass sie die Mama und die ganze Welt im Griff hat. Ein Allmachtsgefühl, das jedoch immer wieder verschwindet.

*Das Erleben der eigenen Allmacht ist für jedes Kind eine wichtige Erfahrung in der Übungsphase. Allerdings müssen Allmacht und Ohnmacht ausgeglichen sein, damit das Kind allmählich eine reale Mitte findet und weiß, was es kann, was es darf und was nicht. Wenn ein Kleinkind zum Beispiel seine Mutter auffordert, das gleiche Lied wieder und wieder zu singen(»Noch mal!«), sollte sie dieser Aufforderung nicht jedes Mal folgen, denn sonst würde sie als ein gut funktionierender CD-Spieler benutzt und als Mutter entwertet werden. Die Folge wäre zudem, dass das Kind einen Verlust der Geborgenheit erleidet. Dieses intensive Gefühlsbad zwischen dem Erleben von Allmacht und Ohnmacht kann das Kind normalerweise gut ertragen, wenn es sich auf die vollkommene Annahme bei seiner Mama verlassen kann.*

Die Neurodermitis kommt der kleinen Inge zu Hilfe. Wenn sie versucht, ihr Juckleiden durch heftiges Kratzen zu betäuben, kann sie erwarten, dass die Mama oder der Papa oder die Oma zu ihr kommen und etwas mit ihr tun. Die Oma nimmt sie auf den Schoß, hält von hinten ihre Hände und schaltet den Fernseher ein – egal, zu welcher Zeit. Der Papa trägt sie durch das Kinderzimmer und singt mit ihr. Und die Mama zieht ihr dicke Handschuhe an und manchmal schimpft sie und wird ganz böse und ein anderes Mal weint sie; dann tröstet sie sie mit vielen guten Worten und bietet ihr das Ohrläppchen zur Beruhigung an. Dieser selbstzerstörerische Schmerz hat also auch seine gute Seite, denn Inge kann sich auf bestimmte Reaktionen ihrer Nächsten verlassen und auch ihr Lustgefühl wird befriedigt.

*Das Kleinkind hat noch kein klares Körpergefühl. Die bewusste Wahrnehmung der einzelnen Körperteile entsteht erst dann, wenn das Kind diese einsetzt, um bestimmte Leistungen zu erreichen. Beim Sprechen nimmt es den Mund wahr, beim Bauen und Zeichnen die Hände und die Knie und Fußsohlen beim Treten des Dreirades. Starke Gefühle werden vom ganzen Körper und der Seele als Einheit empfunden. Wenn das Kind schreit, bebt der ganze Körper und er hüpft, wenn das Kind vor Freude jauchzt. Wenn eine Wunde wehtut, nimmt das Kind nur noch diese Stelle wahr, als gäbe es den ganzen übrigen Körper nicht.*

Inge besteht nur aus der schmerzenden Wunde, wenn ihre Fingerkuppen ihren von der Neurodermitis befallenen Hals und ihre Arme berühren. Ihren restlichen Körper nimmt sie in diesen Momenten nicht wahr. Es scheint sogar, als sei sie schmerzunempfindlich. Wenn sie bei ihren Geh- und Kletterversuchen herunterfällt, schreit sie nie. Nur die vielen blauen Flecken zeugen von ihren Unternehmungen.

*Die Grunderfahrungen der Übungsphase, die fragmentierte Wahrnehmung, die kognitive Unterscheidung zwischen dem »Ja« und dem »Nein«, zwischen der »guten Mutter« und der »bösen Mutter«, zwischen dem »guten Kind« und dem »bösen Kind«, die Diskrepanz zwischen seiner Allmacht und seiner Ohnmacht werden reifungsbedingt immer noch in der symbiotischen Verbindung mit der Mutter gewonnen. Das Bewusstsein des Ichs ist noch sehr vage, sprachlich noch nicht mitteilbar.*

*Damit diese höhere Persönlichkeitsstufe einsetzen kann, in der sich das Kind als individuelles Ich, losgelöst vom Du, erleben kann, müssen sich die einzelnen widersprüchlichen Erfahrungen gefestigt haben. Allerdings gehört zu diesem Prozess noch eine Zunahme der Differenzen, die affektiv immer heftiger erlebt werden. Das Kind expandiert mit seinem beginnenden Willen in die Umwelt und kämpft auch gegen die Umwelt. Es möchte das tun, was die Mama und der Papa tun, und wird zornig, wenn ihm dies nicht gelingt oder wenn ihm dies verboten wird. Bei solchen Auseinandersetzungen erlebt es sich als eine selbständige Einheit, und sein Gegenüber stellt ebenfalls eine Einheit dar. Diese Erlebnisse sind manchmal sehr verletzend und ohne Schaden nur erträglich, wenn sich das Kind unter allen Umständen geliebt fühlt, selbst dann, wenn es die Mutter schrecklich verärgerte. Nur so kann es lernen, dass es zu seinem Ich stehen darf, und nur so kann es Selbstvertrauen und Selbstwertgefühl gewinnen. Diese Stufe ereignet sich zwischen dem 18. Lebensmonat und dem dritten Lebensjahr. Im Volksmund heißt sie Trotzphase und in der Entwicklungspsychologie wird von der Wiederannäherungs- und Konsolidierungsphase gesprochen. Es ist die Zeit, in der die psychische Geburt des menschlichen Individuums geschieht.*

Nicht nur, weil ihr die Neurodermitis so viel Kummer bereitete, sondern vor allem, weil ihre Mama immer gereizter und ihr Verhalten selten vorhersagbar war, traute sich Inge keine Herausforderungen mehr zu. Sie gab die Lust am Widerstand auf und passte sich immer mehr den Aufforderungen und Verboten an. Niemand war da, der ihren Protest abfangen würde. Der Vater tat alles dafür, dass Inge sich nicht aufregt und Ranghild sich nicht ärgert. Ihm war der Familienfrieden wichtig. Bei der Oma fühlte sich Inge zwar am geborgensten, aber auch sie mochte keinen Krach. Aufgrund ihrer Erziehung duldete sie keinen Widerstand. Sobald Inge begann, mit den Füßen auf dem Boden ihr »Nein!« zu stampfen, bekam sie von der Oma einen deutlichen

Klaps auf den Popo zur Antwort und musste so lange in ihrem Zimmer bleiben, bis sie wieder brav war.

Je älter sie wurde, umso mehr verstummte ihr Mut, sich durchzusetzen und zu behaupten. Noch bevor sie in den Kindergarten kam, brachte ihre Mama die dritte Tochter auf die Welt. »Schon wieder ein Mädchen! Das gibt's doch nicht!« Und sie verhielt sich wirklich so, als wenn es das Kind nicht gäbe. Bei diesem Kind verzichtete Ranghild auf das Stillen und ihre Lehrertätigkeit unterbrach sie nur für die ersten drei Monate nach der Entbindung. Die Oma war mit den drei kleinen Kindern stark überfordert. Und zu Hause wurde die Luft immer dicker. So dick, dass dem armen Papa die Luft fast ausging. Seine asthmatischen Anfälle häuften sich. »Papa, ich helfe dir mit dem Geschirr. Ich kann es. Ich bin schon groß. Ich putze die Schuhe. Ich trage deine Tasche, Papa.« Inge gewann den Eindruck, dass sie größer als die Mama ist. »Schau, Mama, so macht man es ...« Schon wieder Funken der Allmacht! Aber o weh! Die Mama schaut nicht. Sie freut sich nicht. Als wenn sie gar nichts gehört hätte, mahnt sie lediglich mit gereizter Stimme: »Du hast schon wieder die Spülung in der Toilette vergessen, du Stinker!« Böse Mama! Und Inge kratzt und kratzt an ihrem blutigen Ausschlag. Im Kindergarten und später in der Schule leidet sie wegen ihrer unschönen Haut. Sie gewinnt zu wenig Sympathien. Wer schaut sich schon gerne ein depressives Gesicht an? Mit zwölf Jahren erkrankt Inge an Morbus Crohn. Glücklicherweise ist diese Darmkrankheit früh genug erkannt worden und in einer Klinik dank vieler medizinischer Mittel verheilt. Der krank machende Herd jedoch wirkt nach wie vor: Die nach außen nicht abgeleitete Aggressivität wendet sich in Form einer Depression nach innen. Inges Depressivität ist aber eigenartig, anders als die vielen anderen. Erst nach ihrem zweiten Selbstmordversuch erkennt ein psychosomatischer Arzt die spezifische »frühe Störung«. In seinem Bericht an den überweisenden Arzt schreibt er:

*»Borderline-Persönlichkeitsstörung, die sich bis zum Grad einer Psychose steigern kann, entsteht aufgrund der nicht gelungenen Loslösung aus der Symbiose mit der Mutter. Menschen, denen die psychische Geburt nicht gelang, sind in der früheren Übungsstufe blockiert. Anstatt sich von der Mutter loszulösen und die eigene Individuation zu entfalten, werden die Erfahrungen der Übungsphase dauerhaft konserviert und fortwährend wiederholt. Dies äußert sich typischerweise in Inges Symptomen: Sie ist stets auf der Suche nach mütterlicher Zuwendung. Die Mutter sucht sie aber auch in Männern bzw. im ganzen Team, indem sie sich einerseits symbiotisch ansaugt, andererseits aber die gefundene Bezugsperson wegen böser Absichten verdächtigt. ›Gute Mutter – böse Mutter‹ ist fortwährend ihr Thema. Sie kann sich auf keine intime Beziehung mit Vertrauen einlassen. Beide Selbstmordversuche unternahm sie aus dem gleichen Anlass. Jedes Mal war es eine unglückliche Liebe. In beiden Fällen verschreckte Inge die Männer aufgrund ihrer kleinkindhaften Aufdringlichkeit, mit der sie sich von ihnen abhängig machen wollte. Sie fühlten sich durch ihre Ängste, diese Bindung zu verlieren, überfordert. Während ihres Aufenthaltes gelang es Inge, das ganze Team der Klinik in zwei Lager zu spalten. Gleich zu Beginn ihrer Behandlung klammerte sie sich an eine Psychologin und an einen Psychotherapeuten. Als sie aber alsbald begann, jeden Einzelnen zu verdächtigen und sich mit ihrem Verdacht jedes Mal an den anderen wandte, nicht nur, um zu prüfen, sondern hauptsächlich, um die rettende Bindung zu festigen, bewirkte sie eine gegnerische Spannung zwischen den beiden. Denn bei dem einen beschwerte sie sich über den anderen, nützte jede kleinste Bemerkung, die der eine über den anderen sagte, und blies diese mit ihrer Angst auf, so dass diese monströse Umrisse bekamen, wobei sie jeden verzweifelt um Schweigen bat. Und da es sich um Probleme der Fachkompetenz handelte, wandte sich alsbald jeder von den Betroffenen an seine Verbündeten im Team. Erst ein offenes Gespräch im Team brachte die Wahrheit ans Licht: Inge K. war es, die den Keil unbeabsichtigt ins*

*Team einschlug. Es gilt unter Psychotherapeuten als ein inoffizieller, aufgrund der Erfahrungen dennoch als ein sicherer Anhaltspunkt beim Diagnostizieren der Borderline-Störung, dass der Betroffene zum häufigsten Gegenstand der Teambesprechungen wird.*

*Nach einem ähnlich fragmentierenden Schwarzweißschema geht Inge mit sich selbst um. Entweder empfindet sie sich schuldig, minderwertig, nicht liebenswert, einfach schlecht oder aber sie fühlt sich unschuldig, aufopfernd, einfach gut. Meist neigt Inge jedoch zum Negativen, denn das Positive wendet sich aufgrund ihres Misstrauens meist sowieso ins Negative nach dem Motto: ›Ich bin unschuldig, aber alle weisen mir die Schuld zu.‹ Deshalb neigt Inge mehr zu Depressionen, zur Flucht vom Leben, im Unterschied zu anderen Borderline-Patienten, die meist eher die aggressive Seite leben. Solange sie die Mitte zwischen dem Negativen und dem Positiven bei sich selbst nicht gefunden hat, fehlt ihr das innere Gleichgewicht, das sichere Bewusstsein. Ihre überwiegenden Ohnmachtsgefühle werden immer wieder durch vereinzelte Allmachtszustände aufgewirbelt. Vor allem nach ihren Selbstmordversuchen fühlt sich Inge so. Jedes Mal hatte sie sich ganz im Stillen, ohne Vorankündigung und ohne Zeugen ins Wasser geworfen, einmal in die Donau und das andere Mal ins Meer, und wurde gegen ihren Todeswunsch von zufälligen Passanten gerettet. Beide Male zeigte sich ihre Allmacht in ihrer Phantasie. Sie sah ihre Bestattung: Alle, die je zu ihr gehörten, stehen um ihren Sarg und plagen sich mit schwersten Gewissensbissen. Die Mama bricht weinend zusammen und fragt sich: ›Warum war ich so oft böse zu ihr?‹ Auch der Papa weint, der endlich, aber zu spät, begreift, wie sehr sie ihn liebte, und kaum merkte, wie sie seinen Schutz gebraucht hätte. ›Oh, mein Ingelein‹, weint ihr Partner, ›ich habe dir wehgetan und kann es nie wieder gutmachen, nie, nie …‹ So allmächtig fühlte sich Inge auch, als sie in der Klinik zusammenbrach und weglaufen wollte. Eine Psychotherapeutin, die nur für sie abgestellt wurde, fühlte sich von Inge schikaniert. Sie hatte den Eindruck,*

*Inge möchte ihr durch ihre ewigen Zweifel nachweisen, ›du nimmst mich nicht ernst, ich weiß besser als du, was ich brauche und wie die Therapie zu laufen hat‹.*

*Die verzerrte Körperwahrnehmung, die bei Inge im Kleinkindalter begann und bis ins Erwachsenenalter reicht, äußert sich vor allem bei starken affektiven Erlebnissen. Als sie während der Therapie ihre Aggression schreiend, schimpfend, mit Fäusten auf ein Kissen schlagend äußern durfte, wurde sie blass. Wie blutentleert und völlig kraftlos klagte sie, dass sie ihre Arme und ihre Füße überhaupt nicht spürte. Während sie unter therapeutischer Anleitung mit geschlossenen Augen auf der Matte liegend eine Reise in ihre Kindheit machte, verlor sie ihre Orientierung im Raum und in der Zeit vollständig. Sie konnte nicht einordnen, ob es nur Erinnerung oder gegenwärtige Wirklichkeit ist, sie spürte ihren Körper nicht mehr, sie reagierte auch nicht auf Berührungen von außen, als wäre ihre Seele aus dem Körper ausgestiegen.*

*Ein normaler sexueller Kontakt ließ sie kalt. ›Dabei könnte ich auch Illustrierte lesen‹, sagte sie. Nur ein Schmerz, ein quälender, mit Lust vermischter Schmerz, erreichte die Schwelle ihrer Wahrnehmung. Als sie das Wort Masochismus hörte, erschrak sie sehr. Aber auch im Alltag war ihre Körperwahrnehmung ungewöhnlich. Oft stimmten beispielsweise ihre Temperaturempfindungen mit den äußeren Umständen überhaupt nicht überein. In gut geheizten Zimmern fror sie oft so arg, dass sie einen Pelzmantel anzog und bei Frost lief sie in leichter Bluse über den Hof und bemerkte die Kälte nicht. Es gab Zeiten, wo sie die Haut kratzte, obwohl sie seit Jahren keine Neurodermitis mehr hatte. Sie habe sich selbst bestraft, erläuterte sie ihre Autoaggression, ein Auftakt zum Selbstmord.« So weit also der Bericht des behandelnden Psychotherapeuten.*

Inge hatte mit diesem Therapeuten Glück. Während der wiederholten Aufenthalte in der Klinik machte er ihr mit Hilfe der Transaktionsanalyse die Entstehung ihrer Störung bewusst. Zeitweise war er Tag und Nacht für sie da und hielt sie bei ihren Zusammenbrüchen fest, um ihr eine zuverlässige Bindung anzubieten, eine wichtige Stütze zum Aufbau ihrer Persönlichkeit. Inge wurde realistischer, selbstbewusster, optimistischer. Sie lernte einen netten Mann kennen, den sie heiratete und von dem sie bald darauf ein Kind erwartete.

Mit der Schwangerschaft tauchte ein Hauch der früheren Depression auf. Wie ein dunkler Schleier, verbunden mit starken Zweifeln: »Liebst du mich, Michael, oder täuschst du es nur vor?« Es war beiden klar, dass sie intensive Hilfe benötigten, um ihre Ehe nicht zu gefährden. Sie nahmen die Hilfe einer Festhaltetherapeutin an. Als Michael seine Inge auf der Matte in den Armen hielt, um sich mit ihr emotional zu konfrontieren, rechnete er damit, dass sie ihr flehentliches Bitten um Treue und um mehr Zeit für sie wiederholen würde. Und er war bereit, es abzufangen und ihr zugleich mitzuteilen, wie sehr er durch ihre Zweifel verwundet war. Denn er war überzeugt, dass er ihr sein Bestes gab. Völlig überraschend äußerte Inge aber ganz andere Dinge: »Ich halte es nicht mehr aus. Ich gehe ... ich gehe ... ich gehe weg von dir ...« Und als sie stille Tränen der Verzweiflung in seinen Augen sah, versuchte sie ihn zu beruhigen: »Oh, Michael, ich habe nichts gegen dich. Du kannst nichts dafür. Ich bin so bodenlos traurig, schon seit meiner Kindheit. Ich habe solche Angst! Lieber nicht leben.« Schon wieder die Selbstmordgedanken! Am Ende dieser Konfrontation, die zu keiner Lösung führen konnte, haben sich die beiden auf Empfehlung der Festhaltetherapeutin versprochen, zum Familienstellen mit Bert Hellinger zu kommen. Aufgrund ihrer vielen enttäuschenden Therapieerfahrungen versprach sich Inge nicht viel davon. Nur ihrem ungeborenen Kind zuliebe versuchte sie noch diese letzte Chance.

Sie konnte es zunächst gar nicht glauben, dass die erste Liebe ihrer Mutter so viel Bedeutung hatte. Sie hat doch fast nie von diesem Markus gesprochen. Allerdings stimmt es wirklich, dass die Mama emotional nicht voll anwesend war. Aufgrund der geheimen Liebe also? Der arme Papa, der seine Frau nie erreichte, die er so geliebt hat und bis heute immer noch liebt. Sie begriff auch, wie sie durch das Weggehen der Mutter in den Sog des endgültigen Abschiednehmens gezogen wurde. Wenn die Mama geht, gehe ich auch. Das Lösungsbild war für Inge vollkommen stimmig.

Kurz nach der Aufstellung schreibt Inge in ihrem Bericht: »Schon während der Aufstellung fühlte ich mich sehr erleichtert. Endlich wurde offensichtlich, was die ganze Familie so belastete. Ich spürte eine starke Liebe zu meinem Vater, und mir wurde schmerzlich bewusst, wie sehr ich in all den Jahren meiner Krankheit meine Eltern geliebt habe. In der Aufstellung des Lösungsbildes spürte ich viel Kraft und Freude. Meinen Vater hinter mir zu spüren stärkte mich sehr. Auch unmittelbar nach dem Seminar fühlte ich mich stark zu meinem Vater hingezogen. Ich empfand viel Liebe für ihn, während ich meiner Mutter gegenüber mehr Distanz spürte.«

Acht Monate nach der Aufstellung berichtet sie: »Meine Beziehung zum Vater und zur Mutter ist besser denn je. Die Serie von Krankheiten hat aufgehört. Ich fühle mich nicht mehr verantwortlich für das Wohlergehen meiner Geschwister. Nach wie vor gibt mir das Lösungsbild Kraft, und auch mein Mann fühlt sich gestärkt. Meinen Vater hinter mir zu spüren gibt mir die Erlaubnis zu sein, so zu sein, wie ich bin, und gibt mir Kraft, für meine Familie zu sorgen.«

Nach eineinhalb Jahren schreibt Inge an ihre Festhaltetherapeutin: »Heute hat sich die Ablösung von der Herkunftsfamilie verstärkt zugunsten einer deutlichen Hinwendung und Beheimatung in der Gegenwartsfamilie. Alle drei sind wir zusammen glücklich. Natürlich tauchen auch immer wieder Spannungen auf. Jedoch sind wir innerhalb unserer kleinen Familie stark genug, um diese

Konflikte aus eigener Kraft zu bewältigen. Und wenn die Spannung irgendwie unheimlich schmerzhaft ist und die Worte dafür unauffindbar sind, dann tun wir das, wozu du uns angeleitet hast: Wir halten uns fest, mein Mann und ich, um den Schmerz auszuweinen und herauszuschreien, und gehen nicht früher voneinander weg, bevor die Liebe nicht wieder fließt. Natürlich halten wir auch unseren kleinen Jonathan fest, wenn er es braucht. Das Erfreulichste und Erstaunlichste ist, dass er mit seinen knapp zwei Jahren schon selber das Verlangen nach dem Festhalten zu erspüren und auszudrücken vermag. Wenn er nicht mehr weiß, wohin mit seiner geballten Wut, läuft er mir oder seinem Papa in die Arme und schreit ›Festhalten!‹ und traut sich, den Zorn dort abzuladen, wohin er gehört. Als er beim Einkaufen ein Kind schreien hörte, rief er: ›Kind weint – festhalten!‹«

# Mörderische Familie

HELLINGER *zur Frau* Um was geht es?
FRAU Ich lebe seit drei Jahren mit meinem Sohn getrennt von meinem Mann. Ich möchte hier herausfinden, warum ich mit meiner inneren Gewalt nicht zurechtkomme.
HELLINGER Verhaust du den Jungen manchmal?
FRAU Es ist mehr als das. Es fing an ...
HELLINGER *unterbricht* Nein, ich will das nicht wissen. Wie ist dein Verhältnis zum Mann?

*Die Frau schweigt und ringt sichtlich um Worte.*

HELLINGER Was war in deiner Herkunftsfamilie?
FRAU Nach dem Tod meiner Mutter habe ich erfahren, dass zwischen meiner Halbschwester und mir noch ein toter Bruder sei, der nach der Geburt gestorben ist. Manchmal, wenn ich solche Familienaufstellungen verfolge, denke ich, da sei noch etwas, dass ich vielleicht ein Zwillingskind bin oder dass da ein Bruder bei der Geburt gestorben ist. Aber ob das stimmt, weiß ich nicht. Ich fühle mich innerlich zerrissen und finde keinen Platz.
HELLINGER Wo kommt denn die Halbschwester her?
FRAU Meine Mutter hatte einen ersten Mann, den sie nicht geheiratet hat. Die Halbschwester ist bei der Oma aufgewachsen. Meine Mutter hat dann einen zweiten Mann gehabt, von dem war der tote Bruder. Dann kam mein Vater. Der starb, als ich eindreiviertel Jahre alt war, durch einen Autounfall.
HELLINGER Wie ist der Autounfall passiert?
FRAU Mein Vater ist auf dem Heimweg mit einem Lastwagen der Firma, bei der er gearbeitet hat, mitgefahren. Dabei sind die Eisenträger ins Rutschen gekommen und haben ihm beide Beine und das Kleinhirn abgedrückt. So ist er gestorben.

*Inzwischen kommt der Sohn der Frau herein und setzt sich neben die Mutter.*

HELLINGER Wieso hat deine Mutter den ersten Mann nicht geheiratet?

FRAU Das weiß ich nicht. Meine Mutter hat gesagt, er sei im Krieg gefallen, aber irgendwann habe ich nachgerechnet und gesehen, das stimmt nicht. Meine Schwester nimmt es meiner Mutter übel, dass sie darüber nicht gesprochen hat und ihr nicht gesagt hat, wo er aufzufinden ist. Es existiert nur ein Bild, das hat mir meine Schwester nach dem Tod meiner Mutter gezeigt.
HELLINGER Wer ist aggressiv in dem System?
FRAU In dem System? In der Herkunftsfamilie?
HELLINGER Wer müsste es sein?
FRAU Ich habe immer meine Mutter als aggressiv erlebt. Zumindest mal mir gegenüber.
HELLINGER Wer müsste es sein? Wer hätte Grund?
FRAU Ja, meine Schwester nimmt mir übel, dass ich bei meiner Mutter aufgewachsen bin.
HELLINGER Dieser erste Mann hätte Grund, böse zu sein. Also, stelle das jetzt mal auf, der Reihenfolge nach, du hast ja gesehen, wie es geht.
HELLINGER *während die Frau die Stellvertreter auswählt* Der tote Bruder war vom zweiten Mann? Ist das sicher, dass da ein Kind war?
FRAU Ja, meine Schwester hat es erzählt.
HELLINGER Wie starb der?
FRAU Ich weiß es nicht, jedenfalls direkt nach der Geburt.
HELLINGER Ist er umgebracht worden?
FRAU Das weiß ich nicht.
HELLINGER Was ist dein Gefühl?
FRAU Meine Schwester hat gesagt, dass meine Mutter anscheinend wollte, dass auch sie nicht leben sollte. Meine Tante hat gesagt, das würde nicht stimmen. Sie ist die Schwester von meiner Mutter und die Einzige, die noch lebt. Aber sie lässt nichts raus.
HELLINGER Also, was heißt, dass die Mutter gewollt hat, dass deine Schwester nicht leben soll?
FRAU Meine Schwester hat zu mir gesagt, meine Mutter hätte gewollt, dass man sie in den Mülleimer wirft.
HELLINGER Das ist eine Mörderfamilie.

***Bild 1***

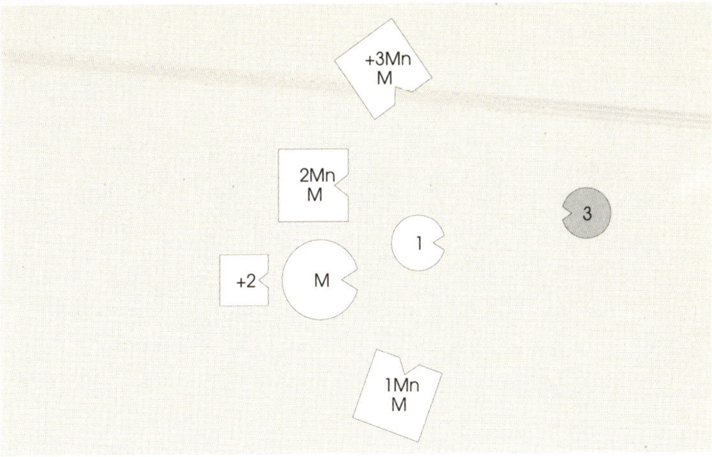


| | |
|---|---|
| 1MnM | Erster Mann der Mutter, Vater von 1 |
| 2MnM | Zweiter Mann der Mutter, Vater von 2 |
| +3MnM | Dritter Mann der Mutter, Vater von 3, starb bei einem Unfall |
| M | Mutter |
| 1 | Erstes Kind, Tochter, |
| +2 | Zweites Kind, Sohn, starb direkt nach der Geburt |
| **3** | **Drittes Kind, Tochter (= die Frau)** |

HELLINGER *zum toten Bruder der Frau* Wie geht es dir?
ZWEITES KIND† Hier ist es sehr schwer auszuhalten, mich schüttelt es.
HELLINGER Du musst hierher.

*Hellinger führt ihn neben das dritte Kind, die Stellvertreterin der Frau.*

*Bild 2*

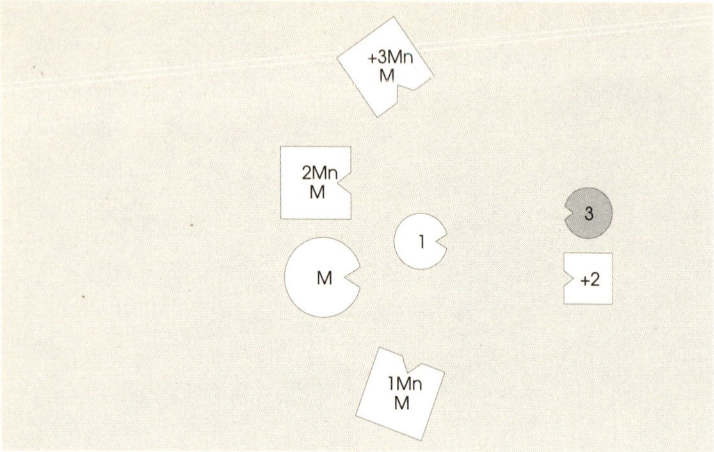


HELLINGER Wie ist das jetzt?

ZWEITES KIND† Besser. Da ist Raum. Ich werde warm.

HELLINGER *zur Frau* Alle schauen – ich sage das jetzt ganz kühn – auf das ermordete Kind. Und du stehst an seiner Stelle. Macht das Sinn für dich?

FRAU *weint* Ja.

HELLINGER Wie geht es der Mutter?

MUTTER *mit gesenktem Kopf* Ich kann da nicht hinschauen, mich interessiert gar nichts.

HELLINGER Du musst aus der Tür.

**Bild 3**

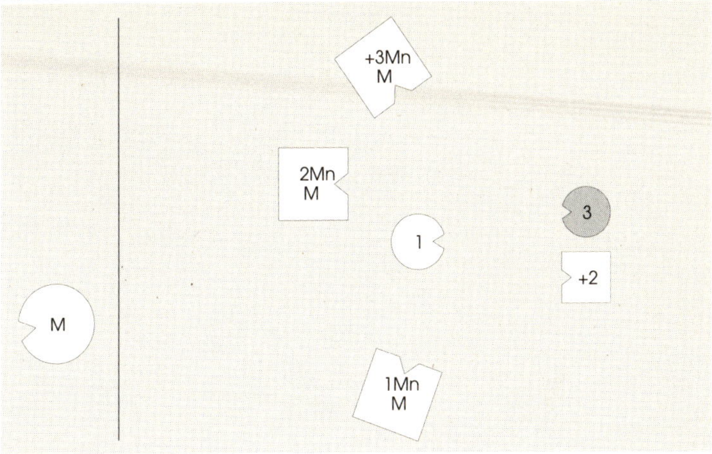


*Als die Mutter zur Tür hinausgeht und sie hinter sich schließt, schluchzt die Frau laut.*

HELLINGER *zum zweiten Kind* Ich stelle dich jetzt an deinen sicheren Platz.

*Hellinger führt ihn zu seinem Vater und lässt ihn sich mit dem Rücken an ihn anlehnen. Auch die anderen Kinder führt er zu ihren Vätern und lässt sie sich mit dem Rücken an sie anlehnen. Die Väter halten ihre Kinder bei den Schultern.*

*Bild 4*

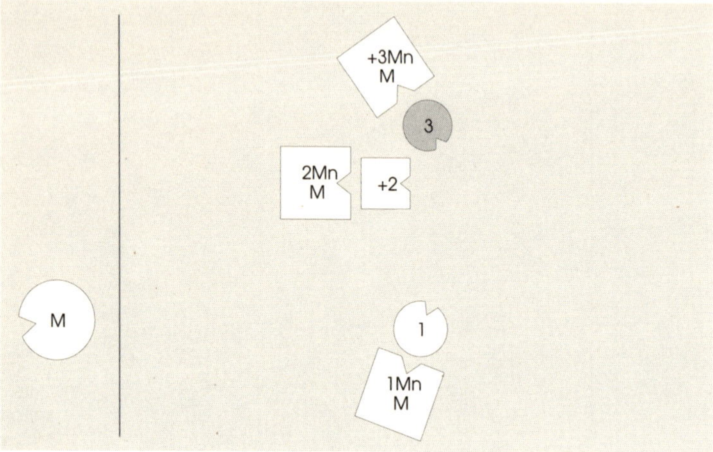


HELLINGER *zum zweiten Kind* Wie ist das?
ZWEITES KIND† Ja, da ist mir wohl.
ERSTES KIND Ich kann aufatmen. Gott sei Dank.
ERSTER MANN DER MUTTER Ich hatte lange nicht kapiert, wer mein Kind ist, jetzt weiß ich das ganz klar. Der einzige Mann, der für mich interessant und sicher war, war der dritte.
ZWEITER MANN DER MUTTER Mir geht es super.
DRITTER MANN DER MUTTER† (VATER DER FRAU) Jetzt ist es endlich gut.
DRITTES KIND (STELLVERTRETERIN DER FRAU) Jetzt geht es mir gut.
HELLINGER *zur Frau* Wie geht es denn dir? Jetzt fängst du an zu zittern.

*Die Frau stellt sich neben Hellinger, er legt den Arm um sie und lässt sie den Arm um ihn legen.*

HELLINGER *zu jemand aus dem Publikum* Jetzt hole die Mutter wieder herein.

*Hellinger hält die weinende Frau, während die Mutter den Raum betritt.*

*Bild 5*

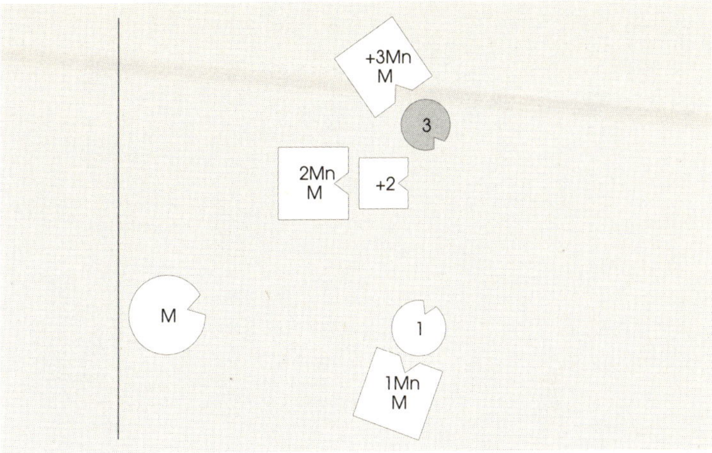


HELLINGER *zur Mutter* Bleib da an der Tür stehen. Wie ist es dir draußen gegangen?
MUTTER Sehr gut.
HELLINGER *zur Frau* Sag ihr: »Mutter, ich mute dir zu, dass du gehen musst.«
FRAU Mutter, ich mute dir zu, dass du gehen musst.
HELLINGER »Die Schuld bleibt bei dir.«
FRAU *schluchzt laut* Die Schuld bleibt bei dir.
HELLINGER Sage es ihr ganz ruhig, ohne Emotion.
FRAU Die Schuld bleibt bei dir.
HELLINGER »Die Schuld bleibt nur bei dir.«
FRAU Die Schuld bleibt nur bei dir.

*Hellinger hält die Frau fest und lässt sie den Schmerz im Weinen ausdrücken, bis sie wieder ruhig atmet.*

HELLINGER *nach einiger Zeit zur Frau* Es geht schon besser, wenn der Schmerz abfließt.
*zu den Personen in der Aufstellung* Rückt ihr jetzt ganz eng zusammen.

*Bild 6*

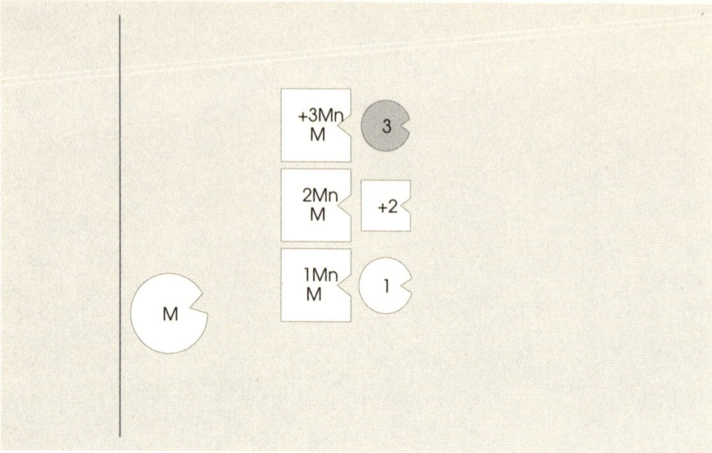


HELLINGER Ja, genau. Das ist die Lösung.

*zum Publikum* Wo es einen Mord gibt – und hier deutet nach den Reaktionen der Stellvertreter alles darauf hin –, muss der Mörder ausgeschlossen werden. Wenn er im System bleibt, übernimmt jemand anders für ihn beides, Tat und Sühne zugleich.

*zur Frau* Ist dir das klar? Du musst die Mutter gehen lassen.

*Die Frau nickt und atmet tief durch.*

HELLINGER Und jetzt gehe an deinen Platz, wo du wirklich hingehörst.

*Hellinger führt die Frau zu ihrem Vater, und sie lehnt sich an ihn an. Dann stellt er sie vor ihn. Sie steht ganz nah vor ihm, der Vater legt die Hände auf ihre Schultern.*

*Bild 7*

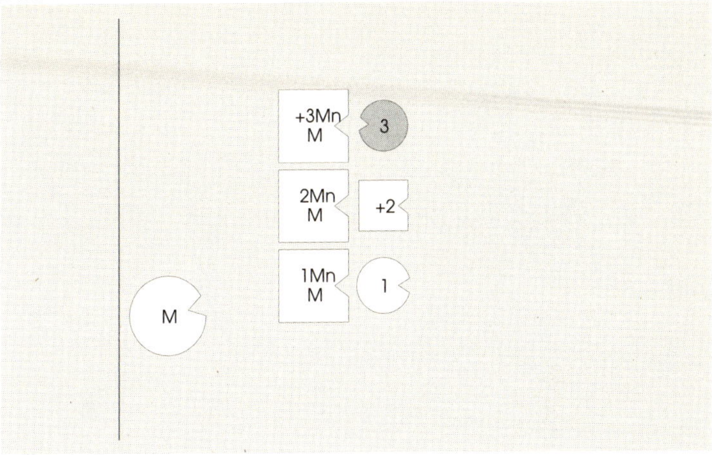


HELLINGER *zur Frau* Sag ihm: »Lieber Papa, wärest du doch da gewesen!«

*Die Frau schluchzt laut, während sie ihn festhält. Nach einer Weile atmet die Frau tief und ruhig und schaut ihren Vater an.*

FRAU Lieber Papa, wärest du doch da gewesen!

*Hellinger stellt sie mit dem Rücken zum Vater, dieser hält sie an den Schultern fest. Dann wählt Hellinger einen Stellvertreter für den Mann der Frau und stellt ihn vor die Gruppe. Den Sohn der Frau, der alles mitverfolgt hat, stellt er mit dem Rücken vor den Stellvertreter seines Vaters.*

*Bild 8*

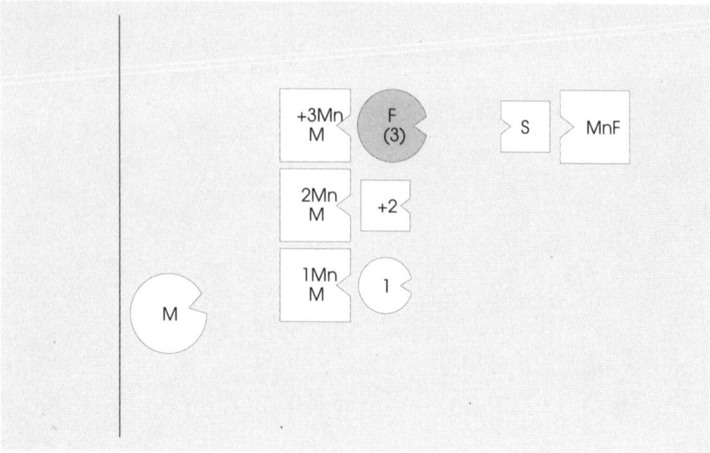


MnF Mann der Frau
**F** **Frau**
S Sohn

HELLINGER *zur Frau* Willst du deinem Mann etwas sagen?
FRAU *leise* Dass es mir leid tut.
HELLINGER Dann sage es ihm, aber ganz ruhig und schlicht.
FRAU *zu ihrem Mann* Es tut mir leid, was ich dir angetan habe.
HELLINGER »Ich vertraue dir unseren Sohn an.«
FRAU *mit fester Stimme* Ich vertraue dir den Niklas an.
HELLINGER »Bei dir ist er aufgehoben.«
FRAU Bei dir ist er aufgehoben.
HELLINGER »Und ich bleibe seine Mutter.«
FRAU Und ich bleibe seine Mutter.
HELLINGER Jetzt schau den Jungen an und sag zu ihm: »Ich vertraue dich deinem Vater an mit Liebe.«
FRAU Ich vertraue dich deinem Papa an mit Liebe.
HELLINGER »Dort ist ein guter Platz für dich.«
FRAU Dort ist ein guter Platz für dich.
HELLINGER »Und ich bleibe für immer deine Mama.«
FRAU Und ich bleibe für immer deine Mama.
HELLINGER »Du wirst dich auf mich verlassen können.«
FRAU Du wirst dich auf mich verlassen können.

*Hellinger führt nun den Sohn zur Frau.*

HELLINGER *zur Frau* Nimm ihn ganz sanft in den Arm.

*Die Frau nimmt das Kind in den Arm und streicht ihm sanft über den Kopf.*

HELLINGER *nach einer Weile* Okay, das war's dann.

Gleich nach der Aufstellung konnte sich Florence freuen, dass ihre Mordgedanken verschwanden. Sie kamen nie wieder zurück. Seither hat sie ihren Sohn Niklas auch kein einziges Mal mehr verhauen. Insgesamt wurde ihre Beziehung zu Niklas lockerer, gelassener. Dies war sicherlich auch darauf zurückzuführen, dass sie Niklas seinem Vater viel mehr anvertrauen konnte. Bis heute ereignete sich bei ihr keine Krise, die einer psychotherapeutischen Behandlung bedürfen würde.

Wenn sie das Geld, das sie in den zwölf Jahren vor der Aufstellung für die Psychotherapie ausgegeben hatte, zurückbekäme, könnte sich Florence dafür ein Haus auf Mallorca kaufen. Der mörderische Impuls war unerträglich. Das Unheimlichste daran war, dass sie es als strenges Geheimnis hüten musste. Niemandem konnte sie sich damit anvertrauen. Die Menschen hätten sie für verrückt erklärt und für gefährlich gehalten. Sie hätte doch nicht zugeben können, dass bereits der Blick auf einen Zeitungsartikel über Amokläufer, die die eigene Familie ausrotteten, ihr signalisierte: »Einmal wird auch dein Foto in dieser Zeitung stehen. Aus unerklärlichen Gründen hat Florence D., bis dahin in geordneten Verhältnissen lebend und Inhaberin eines Blumengeschäfts, ihren 6-jährigen Sohn und ihren Exmann mit mehreren Messerstichen getötet ...« Würde sich eine Freundin trauen, sie als Babysitterin für ihre Kinder zu engagieren? Welcher Mann würde mit ihr ins Bett gehen, wenn er erfahren würde, dass sie seit ihrer

Kindheit mit Mordgedanken spielt? Wüsste es der Kinderarzt, bei dem sie ihren Sohn Niklas behandeln lässt, würde er sie vielleicht anzeigen, jedenfalls dafür sorgen, dass ihr das Sorgerecht entzogen wird. Wenn Niklas Vater wüsste, dass sie gegen den Gedanken ankämpfen muss, Niklas nicht zu Tode zu prügeln oder ihn mit einem Kissen zu ersticken, während er schläft, würde er ihn sofort zu sich nehmen und ihr nicht gestatten, mit dem Kind alleine zu sein. Zu einer von der Krankenkasse genehmigten Psychotherapie konnte sie sich nicht überweisen lassen, weil sie dann den wahren Grund hätte angeben müssen. Gegebenenfalls hätte sie die Einweisung in die geschlossene Psychiatrie riskiert. Kein Psychotherapeut hatte ihr deshalb wirklich helfen können. Einige Therapeuten verharmlosten ihre Mordgedanken, andere experimentierten mit ihr, aber die Ergebnisse zeigten sich lediglich auf deren Bankkonten. Ihr Zustand war unverändert.

Ihre angestaute Wut durfte sie mit therapeutischen Mitteln herauslassen. Sie durfte auf ein Kissen mit einer dicken Peitsche einschlagen, als wäre das Kissen ihre Mutter. Ein Therapeut hat ihr in seiner Umarmung den bis dahin gehemmten Hass in voller Lautstärke ausschreien lassen, sodass sie mehrere Tage lang heiser war. In der Psychoanalyse wurden ihre Träume gedeutet. »Sie finden sich eingesperrt in einem U-Boot. Sie schlagen wild um sich herum, gegen die Wände, es fehlt Ihnen die Luft, Sie bluten. Es geht um Leben und Tod. Sie müssen um jeden Preis hinaus.« Der Psychoanalytiker schloss auf ein Geburtstrauma. Diese Lebensbedrohung habe Florence im Geburtskanal erlitten, als sie stecken geblieben war. Mit ihrem Dasein habe sie jedoch auch das Leben ihrer Mutter aufs Spiel gesetzt. Ein gegenseitiger Lebenskampf voll Schuld und Abwehr, der bis heute andauert und auf alle nahen Liebesbeziehungen übertragen wird. Jahrelang versuchte der Therapeut die Todesängste und Todeswünsche ins Bewusste zu bringen, um sie zu bewältigen. Jedoch vergebens.

Florence tötete wirklich. Auf ihrem Gewissen hatte sie drei Abtreibungen. Diese Geschichte kam ans Licht, als Florence einen Erziehungsberater aufsuchte, weil sie mit den Gewalttätigkeiten nicht mehr fertig wurde. Der Bub hatte zu häufig heftig auf sie eingeschlagen. Eine Erbanlage? Oder ein schlechtes Vorbild, weil auch sie ihn ab und zu verhauen hatte? Ein kleiner Tyrann? Der Erziehungsberater war familientherapeutisch orientiert, er wusste einiges von systemischen Zusammenhängen und wollte deshalb sehen, an welcher Stelle Niklas in seiner Familie stehe. Er forderte Florence auf, sich verschiedener Gegenstände zu bedienen, um ihre Gegenwartsfamilie darzustellen. »Aber bitte auch alle Kinder, die je durch Ihren Bauch gegangen sind, und alle ihre Väter«, präzisierte er seinen Auftrag. Der Mann hat eine gute Intuition. Sie nahm für jedes ihrer abgetriebenen Kinder einen großen krankengymnastischen Ball. In einer Reihe standen sie hier. »Warum haben Sie das erste Kind abgetrieben?«, fragte der Erziehungsberater. »Ich war erst achtzehn, und mein Geliebter war verheiratet. Für meine Eltern wäre es ein unvorstellbarer Schlag gewesen, wenn ich eine ledige Mutter geworden wäre. Besonders für meine Mutter. Ich war ihr ganzer Stolz. Sie hätte mich vielleicht getötet. Sie war immer sehr streng mit mir. Dass ich sie selber töte, bevor sie es mit mir tut, war schon seit Kindesbeinen an meine Vorstellung gewesen. Als Kind meinte ich, dafür komme ich eines Tages in die Hölle. Die Abtreibung hat mich dorthin gebracht. Ich empfand es als große Sünde. Als Mord an ungeborenem Leben. Ganz schlimm war dies für mich gewesen.« »Wie war es mit der zweiten Schwangerschaft?« »Damals war ich zwanzig. Der Mann, mit dem ich damals ging, hätte mich geheiratet, vielleicht nicht ganz gerne. Aber ich wollte es nicht, weil ich keine Ausbildung geschafft hätte. Zu dem Zeitpunkt bekam ich einen traumhaften Ausbildungsplatz zur Gartenarchitektin. Das Kind musste also weg.« »Und die dritte Schwangerschaft?« »Eigentlich weiß ich nicht, warum ich es machte. Da war ich schon verheiratet. Einfach nur so.« Abgestumpft ... eine Serienmörderin geworden ... Hier standen die drei großen Gymnastikbälle als drei riesengroße Sünden. Am Ende dieser Reihe stellte Florence einen kantigen Stuhl für ihren Niklas, und ihm gegenüber einen ebenfalls kantigen Stuhl für sich selbst. Die drei Toten hinter dem Rücken von Niklas, als würde er für sie gegen ihre Mörderin kämpfen.

Angesichts dieses »Schlachtfeldes« brach Florence in Tränen aus. Tränen des Schams und der Reue. Der Erziehungsberater gab ihr den Raum, sich auszuweinen. Und da er bei einem Seminar für Familienstellen von Bert Hellinger viel gelernt hatte, empfahl er Florence, jedes einzelne der abgetriebenen Kinder ganz bewusst ins Herz zu schließen, indem sie für jedes der Kinder ein Bäumchen pflanzt, ihm einen Namen gibt und es pflegt.

Florence folgte dem Ratschlag. Die stete Gedenkstätte baute sie in ihrem Blumengeschäft auf. Drei Immergrün und die Namen Joshue, David und Sarah. Meine Kinder, die nicht leben konnten, sagte sie jedem Kunden, der sie nach der Bedeutung dieser Gedenkstätte fragte. Ja, sie ging sogar nach vielen Jahren Abstinenz von der Kirche wieder zur Beichte, wodurch eine gewisse Erleichterung eintrat. Aber der mörderische Impuls ging nicht zurück. Wie eine mächtige Flutwelle stürmte er immer wieder von Neuen gegen das Ufer und riss all die sonnigen Sandburgen und Muscheln mit sich in die Tiefe des Ozeans hinunter.

In wirkliche Gefahr begab sie sich, als sie sich von einem obskuren Heiler zur Festhaltetherapie anleiten ließ, der ein echter Scharlatan war. Dieser Mann, der sich anmaßte, für alle Therapierichtungen kompetent zu sein, also auch für die Festhaltetherapie, lockerte bedenkenlos die Ventile am Kessel der Aggression, die Florence bis dahin verschlossen hielt. Zum ersten Mal traute sie sich, dem Jungen gegenüber ihren Hass zu äußern, den sie immer spürte, wenn er gegen sie kämpfte. Sie war schockiert über das Ausmaß ihrer Aggressionen. Ohne Aufsicht des Heilers hätte sie ihren Niklas vielleicht umgebracht. So gefährlich also ist der mörderische Impuls in ihr! Seit dieser Zeit traute sie sich nicht mehr, ihren Sohn für längere Zeit in den Arm zu nehmen. Und wenn sie einer Konfrontation mit ihm nicht mehr ausweichen konnte, dann sorgte sie dafür, dass sie nach dem gegenseitigen Anschreien alsbald hinter einer zugeknallten Türe verschwand, so dass sie sich mit dem Fernsehen beschwichtigen konnte. Glücklicherweise ließ sich Niklas nicht abschrecken. Die wütende Gegenaggression war bei diesem tapferen Kind weit größer als seine Neigung zur ängstlichen Flucht. »Das machst du nicht mehr mit mir!«, sagte er der Mutter. Später wurde ihr auch von echten Festhaltetherapeuten bestätigt, dass sie unter den gegebenen Umständen für die Festhaltetherapie kontraindiziert sei.

Einer der gewissenhaften Berater meinte, dass ein zwanghafter innerer Impuls, der außerhalb von ihrer eigenen Ich-Identität zu wirken scheint und den Steuerungsmechanismen der eigenen Persönlichkeit entgleist, meist durch eine systemische Verstrickung bedingt ist. Wenn man fühlt, sich selbst entfremdet zu sein, sozusagen neben sich zu stehen, wird der Verdacht wach, dass jemand von der eigenen Sippe vertreten werden muss. Jemand, der in der Sippe seinen Platz nicht bekam. Vom Wiederbeleben eines fremden Schicksals berichtet Bert Hellinger: »Das Sippengewissen nimmt sich also des Ausgeklammerten, der Verkannten, Vergessenen, nicht Gewürdigten und der Toten an. Wird jemand, aus welchen Gründen auch immer, ausgeklammert, der dazugehört und der dazugehören muss, und wird ihm das Recht auf Zugehörigkeit verweigert, weil sie ihn verachten oder weil sie nicht anerkennen wollen, dass er für Spätere Platz gemacht hat oder was sonst sie ihm verdanken, dann wählt sich das Sippengewissen einen unschuldigen Nachgeborenen, der diesen unter dem Druck des Ausgleichsinns über *Identifizierung* nachahmt, und zwar gewissenhaft. Er hat es sich dann nicht ausgesucht, er merkt es nicht, und er kann sich nicht wehren. Er wiederbelebt also ein fremdes Schicksal, das des Ausgeschlossenen, und stellt dessen Schicksal samt Schuld und Unschuld und Unglück noch einmal dar, samt dessen Gefühlen und allem, was dazugehört. ... Die Identifizierung ist etwas wie ein systemischer Wiederholungszwang, der Früheres noch einmal inszeniert und wiederholt, aber nicht löst, ein nachträglicher Versuch, einer ausgeklammerten Person noch einmal zu ihrem Recht zu verhelfen. Ein Späterer mischt sich in die Angelegenheit eines Früheren ein, und auch wenn er ihn aus Liebe retten will, ist das gleichzeitig eine Anmaßung. Ein Nachgeordneter kann etwas nicht nachträglich für einen Vorgeordneten in Ordnung bringen, das kann nicht gelingen, dann gibt es unter dem Druck des blinden Ausgleichsinns des Bösen kein Ende.« (*Zweierlei Glück*, S. 146–147.)

Bei der Aufstellung zeigte sich, an wessen Seite Florence steht, für wen sie den Ausgleich macht. Sie steht an der Seite ihres dramatisch verstorbenen, höchstwahrscheinlich ermordeten Halbbruders. An ihn erinnert sie. Diesen Halbbruder liebt sie heimlich im Verborgenen. Von kardinaler Bedeutung ist aber ihre Verstrickung mit der Täterin, mit der gemeinsamen Mutter. Solange Florence ihre Mutter trotz aller Einwände bejaht, sich als ihr Stolz, als ihr einziges geliebtes Kind empfindet, muss sie beides für sie übernehmen: die Tat und die Sühne. Von daher fühlte sich Florence ihr ganzes Leben lang sowohl als die Schuldige, aber auch zugleich als Opfer. Nie frei, sondern verstrickt in diese zwei widersprüchlichen, sich ausgleichenden Strebungen. Ähnlich einer Fliege, die im Spinnennetz gefangen wird. Sie bebt und zittert, setzt all ihre Kräfte ein, um sich vom Spinnennetz zu befreien, aber es gelingt ihr nicht, sie verkommt elend, denn das Strickgeflecht ist stärker als die eigene Kraft der Fliege. Dieses Opfer braucht eine übergeordnete Hilfe. Ohne einen Therapeuten, der die systemischen Verstrickungen erkannt und systemische Ordnung geschaffen hat, hätte Florence ihre Befreiung nicht erreicht. Die entscheidende Lösung bestand darin, dass sich das

Kind von der schwer verschuldeten Mutter und somit auch von ihrer Schuld löst. »Mama, ich mute dir zu, dass du gehen musst. Die Schuld bleibt nur bei dir. Ich lasse dich ziehen.«

Zum Abschluss der Aufstellung wird Bert Hellinger gefragt, inwieweit diese Lösung als absolutistisch gilt. Er antwortet: »Ja, ein Mörder muss immer aus dem System ausgeschlossen werden. Das hat sonst über Generationen ganz schlimme Folgen. Ich erzähle ein Beispiel, das Schrecklichste, was ich erlebt habe: Ein Jurist in extremer Selbstmordgefährdung kam zu mir und hatte über das System herausgefunden: seine Urgroßmutter hatte geheiratet, war schwanger von dem Mann und bekam ein Kind. Daraufhin lernte sie einen anderen Mann kennen, hat sich von dem ersten getrennt und wurde von dem zweiten schwanger. Dann lernte sie einen dritten kennen, wurde schwanger und der zweite Mann starb mit 27 Jahren, am 31. Dezember. Und es besteht der Verdacht, dass er von der Urgroßmutter und ihrem neuen Mann ermordet wurde. Danach bekam der Sohn des toten Mannes nicht den Hof, obwohl der von seinem Vater kam, sondern ein anderer Sohn erbte, er bekam den Besitz. Seitdem haben sich in der Familie mindestens drei Männer mit 27 Jahren am 31. Dezember das Leben genommen. Einer seiner Cousins wurde nun gerade 27 und der 31. Dezember nahte. Weil er das schon im Blick hatte, ist er zu ihm hingefahren. Der hatte sich schon einen Revolver gekauft. Ich habe mit ihm gearbeitet und diese Urgroßmutter weggeschickt. Die Folgen ihres Handelns wurden ihr damit zugemutet. Dann erst ist in solch einem System Frieden. So geht das mit Mördern. Die müssen aus der Familie heraus und die Folgen ihrer Schuld müssen ihnen zugemutet werden. Wenn man milde ist zu den Tätern, treten Unschuldige an ihre Stelle. Der Mörder hat alle Rechte verspielt, man darf keinen Kontakt zu ihm haben.«

# Mach mein Kind heil!

Der Schreck, der sich unter dem Wort Behinderung verbirgt, schnürt Maria jedes Mal die Kehle zu. Sie kann das Wort immer noch nicht über die Lippen bringen, obwohl in den neun Jahren, seit Lena am Leben ist, immer mehr Fachleute, aber auch die Nachbarn, von ihrer Behinderung reden. Selbst das Wohnheim, in dem Lena wegen ihrer Schwererziehbarkeit die Woche über lebt und wo sie die Sonderschule besucht, ist offiziell als Einrichtung für Behinderte benannt. Im Anmeldeformular beantwortet Maria die Frage nach der Problemstellung, die sie zur Teilnahme am Seminar bewegt, indem sie ein kleines Sammelsurium von Lenas Diagnosen auflistet, wie »extreme Verhaltensstörungen, Wahrnehmungsstörungen, affektive und kognitive Blockierung der Persönlichkeitsentwicklung, hirnorganisches Psychosyndrom«. Bei solchen Diagnosen schlägt die Angst nicht den höchsten Alarm. Hier wird keine endgültige Aussage gemacht. Jedes Mal kommt ein Hauch von Vergänglichkeit dazu. Diese unheimliche Blockierung kann sich auflösen, wenn sie aufgedeckt und wegtherapiert wird.

HELLINGER Um was geht es?
FRAU Es geht in der Hauptsache um unsere Tochter Lena. Die ist sehr auffällig und es wurde so schwierig, dass der Arzt schon letztes Jahr gemeint hat, sie muss ins Heim kommen.
HELLINGER Was ist die Auffälligkeit?
FRAU Das ist ein sehr breites Spektrum. Es fing an mit Entwicklungsverzögerungen. Sie ist praktisch nicht erziehbar, sie hat nicht reagiert auf mich, wie ich es von den anderen Kindern gewohnt war.
HELLINGER Sie ist das wie vielte Kind?
FRAU Das Dritte.
HELLINGER Ist etwas bei der Geburt passiert?

FRAU Es war ein Kaiserschnitt wie bei den beiden anderen auch. Wir haben schon lange und viel nach Ursachen gesucht. Es kommen ein paar Dinge in Betracht. So hatte ich in der Schwangerschaft seit dem fünften Monat Wehen. Bei der Geburt selbst ist nichts passiert. Sie hatte Neugeborenengelbsucht und einen Herzfehler. Sie musste gleich in die Kinderklinik. Aufregungen waren da von Anfang an genug, man sprach von Herzoperation. Dann habe ich sie gegen den Willen der Ärzte wieder zu mir geholt, weil ich noch länger liegen musste. Die Ärzte wollten sie wegen der Gelbsucht noch dort behalten. Als wir dann entlassen waren, ging es zu Hause weiter, weil sie nicht richtig trinken konnte, bis wir merkten, dass es am Sauger lag. Die zweite Aufregung war in der ersten Woche, weil die Schwester gesagt hatte, wenn sie nicht zunimmt, müssten wir sie wieder in die Klinik bringen. Sie hat nicht zugenommen, bis wir entdeckt haben, das die Waage nicht richtig ging. Lauter dumme Zufälle, aber ich habe es als Zeichen genommen, dass mit dem Kind etwas nicht stimmt. Ich hatte immer Angst, sie könnte sterben oder irgendetwas könnte sein mit ihr, ohne dass dafür ein konkreter Anlass war.

HELLINGER Wie alt ist sie jetzt?

FRAU Zehn Jahre alt.

HELLINGER Wie viele Kinder hast du insgesamt?

FRAU Drei. Vor Lena war eine Fehlgeburt.

HELLINGER In welchem Monat?

FRAU Nach genau zwölf Wochen.

HELLINGER Gab es ein tot geborenes Kind?

FRAU Bei mir? Nein.

HELLINGER War jemand vorher in fester Bindung, du oder dein Mann?

FRAU Nein, wir haben uns sehr jung kennen gelernt.

HELLINGER Wir stellen jetzt das Gegenwartssystem auf, also deinen Mann, dich und die drei Kinder.

*Bild 1a*

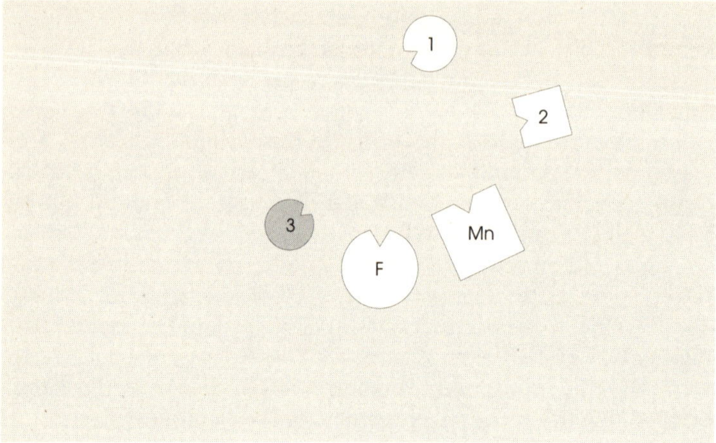


| | |
|---|---|
| Mn | Mann |
| F | Frau |
| 1 | Erstes Kind, Tochter |
| 2 | Zweites Kind, Sohn |
| **3** | **Drittes Kind, Tochter (= Lena)** |

HELLINGER Wie geht es dem Mann?

STELLVERTRETER DES MANNES Ich will weg hier, die gehen mich nichts an.

STELLVERTRETERIN DER FRAU Mir geht es auch nicht gut. Ich würde gerne da rübergehen zwischen den Sohn und die älteste Tochter.

HELLINGER Wie geht es der ältesten Tochter?

ERSTES KIND Ich schaue die ganze Sache aus der Entfernung an und mache mir meine Gedanken.

HELLINGER Wie geht es dem Sohn?

ZWEITES KIND Ich bin sehr aufgeregt. Ich spüre mein Herz sehr, kriege ansonsten wenig mit, bin sehr für mich.

HELLINGER Wie geht es der Jüngsten?

DRITTES KIND (STELLVERTRETERIN VON LENA) Ich stehe unter Strom. Ich habe Herzrasen und Unruhe in den Beinen.

HELLINGER *zum Publikum* Das ist das, was das wirkliche Kind fühlt.

*Lena läuft die ganze Zeit unruhig hin und her.*

HELLINGER *zum Mann* Wie würdest du es aufstellen?

***Bild 1b***

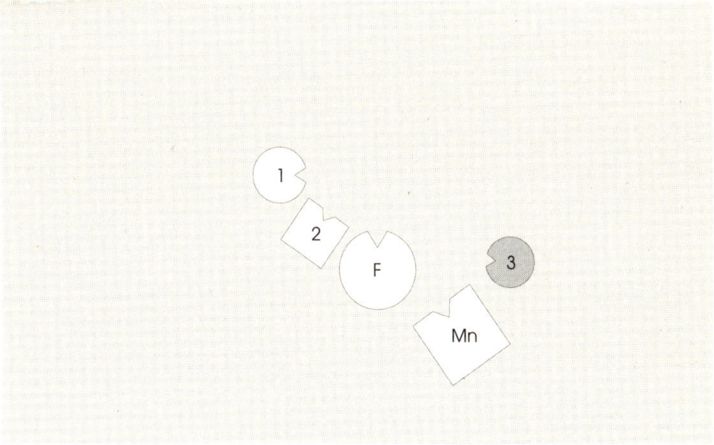


HELLINGER *zu den Stellvertretern* Was ist anders jetzt?
STELLVERTRETER DES MANNES Ich bin noch aufgeregter und will weg.
STELLVERTRETERIN DER FRAU Ich fühle mich nicht wohl hier. Ich will immer noch weg.
ERSTES KIND So fühle ich mich wohler, weil alle zusammen sind.
ZWEITES KIND Ich fühle mich sicherer. Ich habe sehr engen Bezug zur älteren Schwester.
DRITTES KIND (STELLVERTRETERIN VON LENA) Ich fühle mich unverändert, nur kommt jetzt noch Trauer hinzu.
HELLINGER *zum Mann* Was ist in deiner Herkunftsfamilie passiert?
MANN Meine Mutter hatte eine Totgeburt und zwei Kinder sind gestorben.
HELLINGER Du bist das wie vielte Kind?
MANN Ich bin das dritte Kind.
HELLINGER Was war vorher alles passiert?

MANN Mein älterer Bruder, der das zweite Kind war, hat sich mit Kaffee verbrüht und ist dann an Wundstarrkrampf gestorben. Die älteste Schwester ist tot geboren. Die jüngste Schwester ist in einen Eimer gefallen und war dann tot.
HELLINGER Das ist natürlich massiv. Wir stellen jetzt die drei Toten auf, die älteste Schwester, den älteren Bruder und die jüngste Schwester.
HELLINGER *zum Publikum* Also bei dem, was wir bisher gesehen haben, kann man wohl davon ausgehen, dass die Störung bei dem Kind systemisch mitbedingt ist. Es fühlt das ganz genau und hat eine besondere Funktion da drin.

***Bild 2***

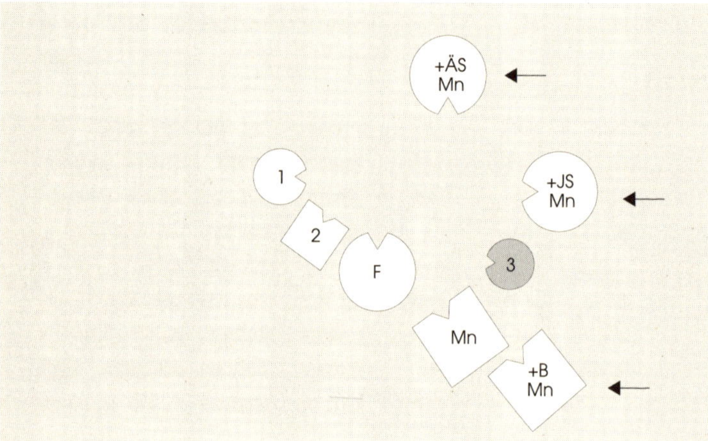


+ÄSMn Älteste Schwester des Mannes, tot geboren
+BMn Bruder des Mannes, hat sich als Kind verbrüht
+JSMn Jüngste Schwester des Mannes, früh gestorben

HELLINGER *zum Stellvertreter des Mannes* Was hat sich verändert?
STELLVERTRETER DES MANNES Zu denen will ich hin. Aus dem Blick der ältesten Schwester kann ich mich nicht lösen und zu meinem Bruder fall ich hin. *Er lässt sich in Richtung des älteren Bruders fallen.*
HELLINGER *zum dritten Kind* Was ist mit dir jetzt?

DRITTES KIND (STELLVERTRETERIN VON LENA) Mir ist jetzt wärmer und ruhiger. Auf der linken Seite bin ich noch unruhig.
HELLINGER *zum Publikum* Der Vater will zu seinen toten Geschwistern.
*zum Mann* Hast du schon mal einen Selbstmordversuch gemacht?
MANN Nein.
HELLINGER Mal daran gedacht?
MANN Nein. Na ja, vielleicht als Jugendlicher in der Pubertät, aber seither nicht mehr.
HELLINGER *zum Publikum* Das Bild sagt uns etwas mehr, was hier abläuft. Der Mann will raus. Ich mache mal ein Experiment.
*zum Stellvertreter des Mannes* Geh mal aus der Tür und mache sie hinter dir zu.

***Bild 3***

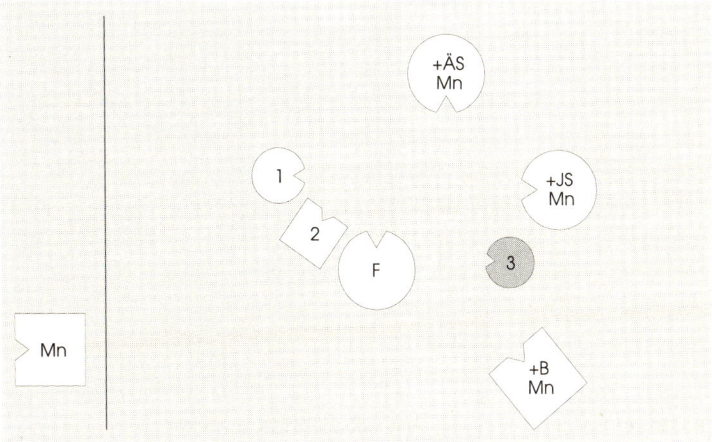


HELLINGER *zum dritten Kind* Was ist verändert?
DRITTES KIND (STELLVERTRETERIN VON LENA) Ich bin etwas ruhiger, aber noch nicht angekommen.
HELLINGER *zur Stellvertreterin der Frau* Ist es besser oder schlechter?
STELLVERTRETERIN DER FRAU Etwas besser. Ich zittere nicht mehr so, bin aber immer noch unruhig, als hätte ich keine Beine.
ZWEITES KIND Mehr Unruhe jetzt, vor allem in den Beinen.

ERSTES KIND Ich habe das Gefühl, dass zwei Fronten entstanden sind. Es ist keine Gruppe mehr, das Verbindungsglied fehlt.

*Hellinger stellt die Geschwister links neben der Mutter in der Altersreihenfolge auf.*

***Bild 4***

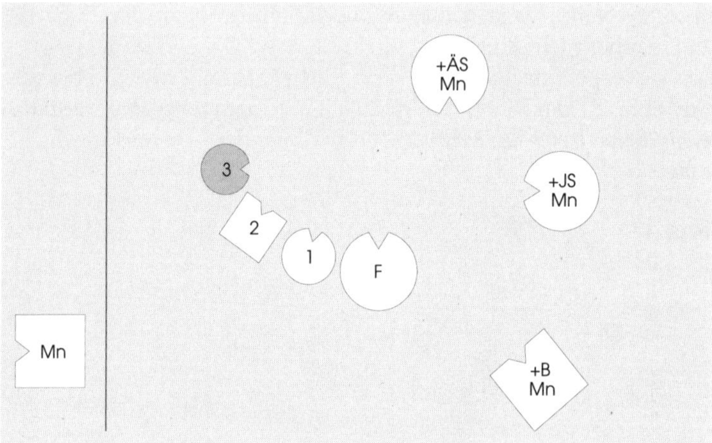


HELLINGER *zum dritten Kind* Wie ist das?
DRITTES KIND (STELLVERTRETERIN VON LENA) Besser.
HELLINGER *zum Ehepaar gewandt* Das dritte Kind hält den Vater auf, dass er nicht stirbt.

*Stille. Beide schauen fragend.*

HELLINGER *zum Mann* Macht das Sinn für dich?
MANN *zuckt mit den Schultern und schüttelt den Kopf* Also im Prinzip nicht. Ich bin eigentlich ein positiver Mensch. Ich bin nicht depressiv oder so.
HELLINGER Ich habe dein Gesicht gesehen, du hast mir das Signal gegeben.
MANN Ja?
HELLINGER Du hast ganz leicht genickt, als ich das gesagt habe. *zur Frau* Macht es Sinn für dich?

FRAU Für mich ja. Ich verstehe jetzt manches besser, was ich bisher nicht richtig kapiert hab. Er war nicht richtig da, ich muss immer alles sagen: Denk an dies, mach das. Er vergisst wichtige Dinge, ganz wichtige Dinge für die Familie, die mich erschrecken. Immer will er weg. Das mit dem Sterben direkt macht mir nicht so viel Sinn, aber eine gewisse Vorstufe könnte es sein.
*zum Mann gewandt* Du wirst mir verzeihen, dass ich das hier sage, dass er oft zu viel trinkt. Er betrinkt sich zu oft, viel zu oft.
HELLINGER Das geht alles in diese Richtung.
*zu jemand aus dem Publikum* Jetzt holt den Mann wieder herein.

*Der Stellvertreter des Mannes kommt wieder herein und Hellinger stellt ihn wieder an seinen Platz.*

***Bild 5***

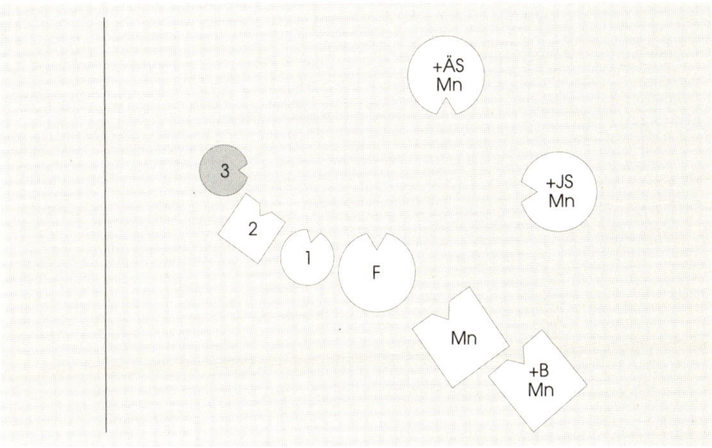


HELLINGER *zum Stellvertreter des Mannes* Wie ist es dir draußen gegangen?
STELLVERTRETER DES MANNES Gut.
HELLINGER *zum Publikum* Genau, der will sterben.
*zum Mann* Was ist denn mit deinem Vater?
MANN Mein Vater ist vor drei Jahren gestorben.
FRAU *spricht leise vor sich hin* O Gott, o Gott.
HELLINGER Was heißt: O Gott, o Gott?

FRAU Jetzt muss ich es mal brutal sagen. Ich bin froh, dass er tot ist. Es ist eine große Erleichterung. Wir haben so viele Sorgen und Probleme, und bei ihm musste man immer Angst haben, dass er uns noch mehr Probleme macht. Er war kein gutes Beispiel für meinen Mann.

HELLINGER Was heißt das?

FRAU Ich denke, manche Verhaltensweisen, bei denen ich Schwierigkeiten mit ihm habe, hat er von seinem Vater abgeschaut. So das Ausflippen oder das Zornigsein.

HELLINGER *zum Mann* Dein Vater ist der Verachtete in der Familie. Verachtest du ihn auch?

MANN So kann man es nicht sagen. Als er gestorben ist, war ich wirklich traurig und dachte, im Prinzip könnte er ja jetzt noch etwas von seinem Lebensabend haben, wo er doch auch ein schweres Leben gehabt hat.

HELLINGER Was heißt schweres Leben?

MANN Vertreibung, Krieg. Der hat das mit dem Krieg nicht richtig verarbeitet, er war Nazi bis zum Schluss.

HELLINGER War er in irgendeiner Naziorganisation?

MANN Er war in der NSDAP, aber nicht in der SS oder SA oder so, nur bei der Wehrmacht.

HELLINGER Ein Amt hatte er nicht?

MANN Nein.

HELLINGER *zum Mann* Ich stelle dich jetzt gleich mal an deinen Platz. Komm mal hierher.

*Hellinger stellt die Familie um. Die toten Geschwister des Mannes stellt er in die Altersreihenfolge und den Mann links neben sie.*

*Bild 6*

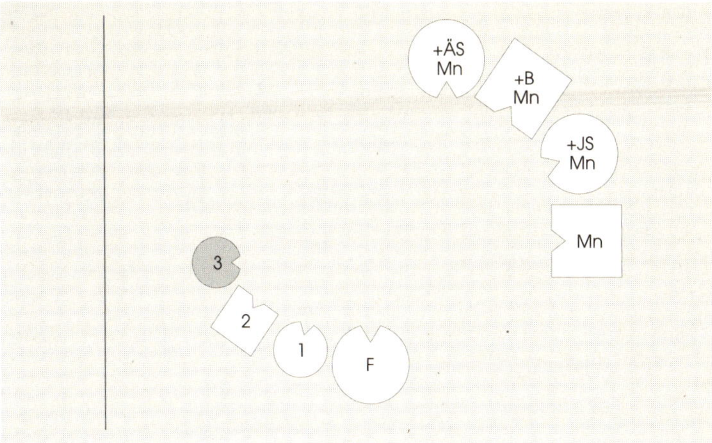


HELLINGER *zum Mann* Wie geht es dir?
MANN Ich muss sagen, ich fühle mich nicht besser oder schlechter als vorher auch.
HELLINGER *zum Publikum* Ich muss doch den Stellvertreter nehmen, das ist mir zu unsicher hier.
*zum Mann* Ich nehme dich nachher wieder herein.

*Hellinger stellt wieder den Stellvertreter in die Aufstellung. Er lässt ihn zunächst neben der Frau stehen und von dort zu seinen Geschwistern gehen.*

HELLINGER Wie geht es dir da?
STELLVERTRETER DES MANNES Ziemlich gut. Ich möchte mich anlehnen.
HELLINGER *zur älteren Schwester des Mannes* Wie geht es dir?
ÄLTERE SCHWESTER DES MANNES† Gut.
BRUDER DES MANNES† Gut.
JÜNGERE SCHWESTER DES MANNES† Jetzt geht es mir besser.
HELLINGER *zur Stellvertreterin der Frau* Wie geht es dir jetzt, wenn er dort steht?
STELLVERTRETERIN DER FRAU Schlecht, ganz schlecht.
HELLINGER *zur Frau* Was ist in deiner Herkunftsfamilie passiert?

FRAU Da sind auch ziemliche Belastungen. Wir sind sieben Kinder, davon sind vier gesund. Das fünfte Kind, mein Bruder, hatte in der Pubertät eine Psychose. Das sechste Kind ist seit dem vierzehnten Lebensjahr psychisch erkrankt, es hat eine manisch-depressive Psychose. Sie gilt bis heute als krank, muss immer Medikamente nehmen und ist immer in Gefahr, dass es wieder aktiv wird. Das siebte Kind ist mongoloid, es waren Zwillinge, und das achte Kind ist mit vier Wochen gestorben.
HELLINGER Du bist das wie vielte Kind?
FRAU Ich bin die Vierte.

*Während die Mutter redet, ist Lena sehr unruhig, zieht an der Hand der Mutter, um sie zum Aufstehen zu bewegen.*

HELLINGER *zur Frau* Jetzt stelle alle diese Kranken und Toten auf. Wähle sie aus und stelle sie auf.

*Die Frau wählt Stellvertreter für ihre jüngeren Geschwister aus. Hellinger stellt die Familie um.*

***Bild 7***

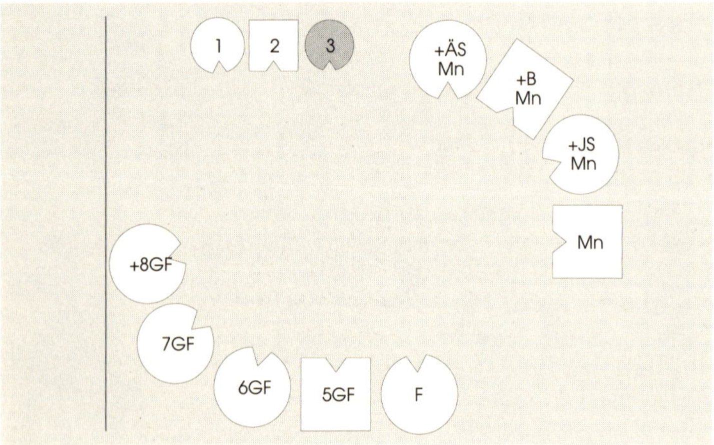


5GF Fünftes Geschwister der Frau, Bruder, hatte eine Psychose
6GF Sechstes Geschwister der Frau, Schwester, manisch-depressiv
7GF Siebtes Geschwister der Frau, Schwester, Zwilling, mongoloid

+8GF Achtes Geschwister der Frau, Schwester, Zwilling, mit vier Wochen gestorben

HELLINGER *zur Stellvertreterin der Frau* Was ist jetzt bei dir?
STELLVERTRETERIN DER FRAU Ich spüre eine Sehnsucht nach meiner jüngsten Tochter.

*Hellinger stellt die Frau links neben ihre jüngste Schwester.*

***Bild 8***

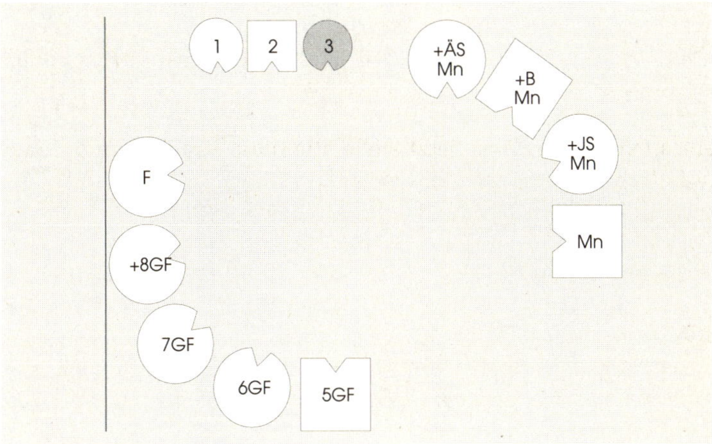


HELLINGER Wie ist das?
STELLVERTRETERIN DER FRAU Besser, ich spüre meine Beine wieder und werde ruhig.
HELLINGER *zum ersten Kind* Was ist bei dir?
ERSTES KIND Ich spüre jetzt das Kribbeln in den Beinen, das die Mutter verloren hat. Ich fühle mich unwohl.
ZWEITES KIND Es ist jetzt klarer, aber ich bin sehr traurig.
DRITTES KIND (STELLVERTRETERIN VON LENA) Ich bin auch sehr traurig und am Wanken.
HELLINGER *zum dritten Kind* Ich stelle dich jetzt mit dem Rücken vor die verschiedenen Geschwister deiner Mutter und du sagst mir, wo du dich am besten gefühlt hast.

*Hellinger führt das dritte Kind zuerst zum 5. Geschwister der Frau, lässt sie sich mit dem Rücken leicht anlehnen und beobachtet die Bewegung. Anschließend führt er sie zum 6. Geschwister der Frau. Die Stellvertreterin des Kindes bricht dort unmittelbar in Tränen aus. Auch beim Stehen vor den 7. und 8. Geschwistern sieht man die Bewegung.*

HELLINGER Wo war das stärkste Gefühl?
DRITTES KIND (STELLVERTRETERIN VON LENA) *deutet auf das 8. Geschwister der Mutter* Da war das stärkste Gefühl. Beim siebten Geschwister war Ruhe, beim achten mehr Kraft.
HELLINGER Stell dich wieder zurück.
*zum Stellvertreter des Mannes* Ist bei dir inzwischen etwas verändert?
STELLVERTRETER DES MANNES Ich spüre ein starkes Kribbeln am ganzen Körper und fühle mich durcheinander. Ich habe mich auch stark zu meiner jüngsten Tochter hingezogen gefühlt. Das ist aber jetzt dem Durcheinander gewichen.

*Hellinger führt nun auch das dritte Kind vor die toten Geschwister des Vaters und lässt es die Bewegung spüren. Bei den beiden älteren Geschwistern spürt sie Ruhe. Bei der jüngeren Schwester des Vaters spürt sie ein Gefühl im Nacken. Am stärksten bleibt bei ihr jedoch die Wirkung der jüngsten Schwester der Mutter. Danach stellt Hellinger die Familie um.*

*Bild 9*

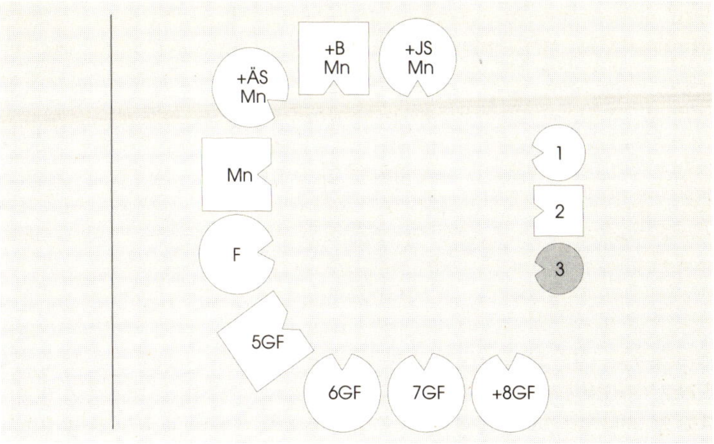


*Hellinger lässt nun die Stellvertreterin der Frau das dritte Kind bei der Hand nehmen und sich mit ihm vor ihren kranken Geschwistern verneigen.*
HELLINGER *zur Stellvertreterin der Frau, nachdem sie sich mit dem Kind vor ihrem sechsten Geschwister verneigt hat* Sag dieser Schwester: »Bitte sei freundlich, wenn sie gesund ist.«
STELLVERTRETERIN DER FRAU Bitte sei freundlich, wenn sie gesund ist.

*Während sie das sagt, ist die Stellvertreterin des dritten Kindes sehr bewegt und weint.*

HELLINGER *zum dritten Kind* Sag ihr: »Bitte sei freundlich, wenn ich bei meiner Mama bleibe.«
DRITTES KIND (STELLVERTRETERIN VON LENA) *weint* Bitte sei freundlich, wenn ich bei meiner Mama bleibe.
HELLINGER *zum sechsten Geschwister der Frau* Wie ist das?
SECHSTES GESCHWISTER DER FRAU Ich habe das Gefühl, als müsste ich ihr ganz viel Liebe schicken.
HELLINGER *zum dritten Kind* Geh zu ihr hin.
*zum sechsten Geschwister der Frau* Drücke sie ganz fest.
HELLINGER *nach einer Weile zum dritten Kind* Jetzt gehe wieder zurück. Wie geht es dir jetzt?

DRITTES KIND (STELLVERTRETERIN VON LENA) Besser.

*Hellinger lässt die Stellvertreterin der Frau und des dritten Kindes sich auch vor den siebten und achten Geschwistern verneigen. Als Lena dazukommt, sagt er ihr, dass sie mit ihrer Stellvertreterin mitgehen und sich mit ihr verneigen kann. Bevor sie sich jeweils verneigt, erklärt Hellinger dem Kind, wen es vor sich hat, zum Beispiel: »Das ist die kranke Schwester deiner Mutter, ein Zwilling« und »Das ist die tote Zwillingsschwester«. Dann sagt er zu Lena, dass sie sich auch vor dem sechsten Geschwister seiner Mutter verneigen darf. Die Stellvertreterinnen der Frau und des dritten Kindes nehmen sie in die Mitte und verneigen sich mit ihr vor dieser Tante. Dann lässt Hellinger die Stellvertreterinnen mit Lena nochmals zu der jüngeren Schwester der Frau gehen. Lena ist während dieser Zeit ruhig und gesammelt.*

HELLINGER *zu Lena (drittes Kind)* Geh zu ihr, wenn du möchtest.
*Lena geht zu dieser Tante und lässt sich von ihr in die Arme schließen.*

HELLINGER *zu Lena (drittes Kind)* Sag ihr: »Liebe Tante.«
LENA (DRITTES KIND) Liebe Tante.

*Die Stellvertreterinnen der Frau und des dritten Kindes gehen wieder an ihre Plätze zurück. Lena setzt sich neben ihre Eltern.*

HELLINGER *zu den Kindern* Wie geht es euch inzwischen?
ERSTES KIND Das hat mich alles sehr mitgenommen. Jetzt werde ich etwas ruhiger.
ZWEITES KIND Mir ist ganz warm geworden. Ich könnte jetzt weinen, aber mehr aus Erleichterung.
DRITTES KIND (STELLVERTRETERIN VON LENA) Ich fühle mich auch besser. Ich bin mehr da und wacher.
HELLINGER *zum Stellvertreter des Mannes* Jetzt nimmst du dieses Kind bei der Hand und verneigst dich mit ihr vor deinen toten Geschwistern.

*Der Stellvertreter des Mannes verneigt sich mit dem dritten Kind vor seinen toten Geschwistern. Als er sich mit ihr vor seinem toten Bruder verneigt, ist er sehr bewegt.*

HELLINGER Sag ihm: »Bitte sei freundlich, wenn ich bleibe.«
STELLVERTRETER DES MANNES Bitte sei freundlich, wenn ich bleibe.
HELLINGER »Bei meiner Frau und meinen Kindern.«
STELLVERTRETER DES MANNES Bei meiner Frau und meinen Kindern.
BRUDER DES MANNES† Ja, das werde ich tun.
HELLINGER *nach der Verneigung vor der jüngeren Schwester zum Stellvertreter des Mannes* Wie geht es dir?
STELLVERTRETER DES MANNES Ich spüre Freude.
DRITTES KIND (STELLVERTRETERIN VON LENA) Es ist gut.

*Hellinger schickt die Stellvertreter des Mannes und des dritten Kindes wieder an ihre Plätze. Dann wählt er einen Stellvertreter für den Vater des Mannes und stellt diesen hinter ihn. Inzwischen geht Lena zielstrebig nach draußen. Man hat den Eindruck, dass das für sie Wichtige vorbei ist.*

***Bild 10***

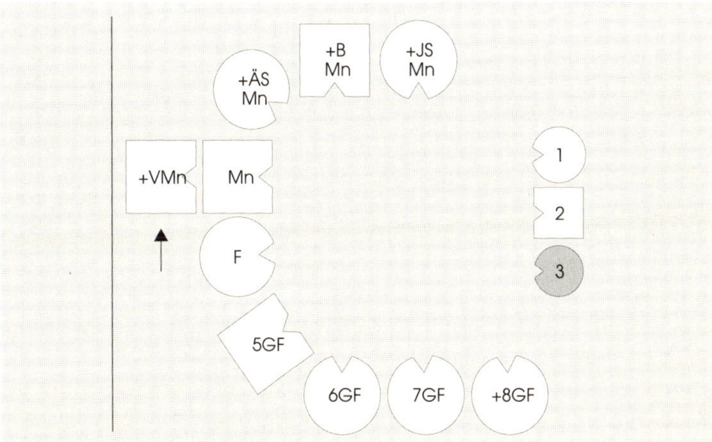


+VMn Vater des Mannes, vor kurzem verstorben

HELLINGER *zum Stellvertreter des Mannes* Wie ist das für dich?
STELLVERTRETER DES MANNES Gut.
HELLINGER *zur Stellvertreterin der Frau* Und wie geht es dir jetzt?

STELLVERTRETERIN DER FRAU Auch gut.
HELLINGER *zum Ehepaar* Was sagt ihr dazu?
MANN Ich kann nichts sagen.
HELLINGER Ich sehe, du bist bewegt. Das ist gut. Das ist heilend.
*zur Frau* Wie geht es dir?
FRAU Ich bin freudig aufgeregt, als wäre jetzt etwas in Bewegung geraten und ich könnte Hoffnung schöpfen.
HELLINGER *zu beiden* Stellt euch jetzt an eure Plätze.

*Beide nehmen ihren Platz in der Aufstellung ein. Dann lässt Hellinger den Mann sich seinem Vater gegenüberstellen.*

***Bild 11***

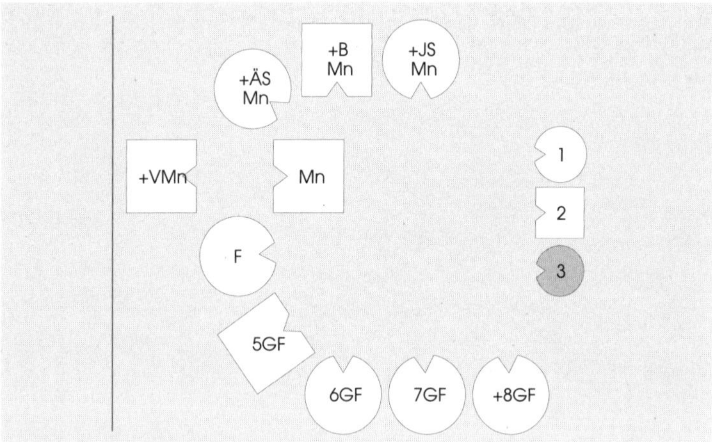


HELLINGER *zum Mann* Sag deinem Vater: »Ich gebe dir die Ehre.«
MANN Ich gebe dir die Ehre.
HELLINGER »Du bist mein Vater und ich bin dein Sohn.«
MANN Du bist mein Vater und ich dein Sohn.
HELLINGER Wie ist das für den Vater?
VATER DES MANNES† Schön.

*Der Mann stellt sich wieder an seinen Platz, mit dem Rücken zu seinem Vater. Hellinger stellt nun die Frau ihren Geschwistern gegenüber.*

***Bild 12***

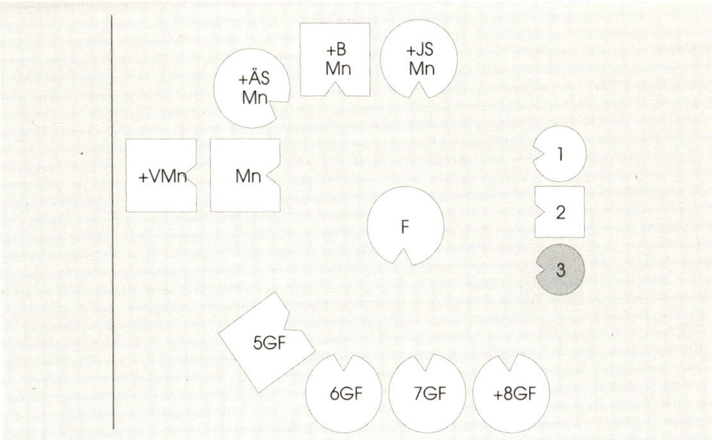


HELLINGER *zur Frau* Schau sie alle an und sag: »Ich bin eure große Schwester.«
FRAU Ich bin eure große Schwester.
HELLINGER »Bitte seid freundlich, wenn es meinen Kindern gut geht.«
FRAU Bitte seid freundlich, wenn es meinen Kindern gut geht.
HELLINGER »Und wenn ich bei meinem Mann bleibe und meinen Kindern.«
FRAU Und wenn ich bei meinem Mann bleibe und meinen Kindern.
HELLINGER *zur Frau* Wie ist das für dich?
FRAU Das ist mir besonders wichtig gegenüber meinem Bruder. Er hat auch eine besondere Beziehung zu meinen Kindern.
HELLINGER Sag deinen Geschwistern: »Seid freundlich zu meinen Kindern.«
FRAU Seid freundlich zu meinen Kindern.
HELLINGER »Dass es ihnen gut geht.«
FRAU Dass es ihnen gut geht.

HELLINGER »Ich achte euch als meine Geschwister, was immer euer Schicksal ist.«
FRAU Ich achte euch als meine Geschwister, was immer euer Schicksal ist.
HELLINGER Jetzt stelle dich wieder zurück an deinen Platz.

***Bild 13***

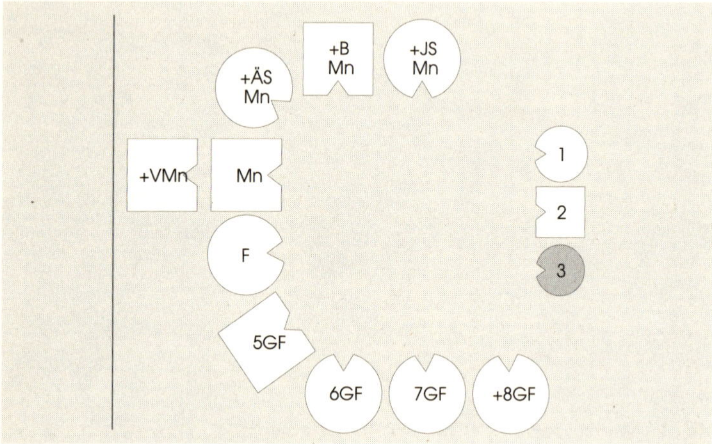


HELLINGER *zum dritten Kind* Wie geht es dir?
DRITTES KIND (STELLVERTRETERIN VON LENA) Besser. Ich merke auch, dass der Opa wichtig ist.

*Hellinger führt das Kind vor die Eltern, lässt es sich mit dem Rücken an sie anlehnen. Beide Eltern legen leicht die Arme auf seine Schultern.*

*Bild 14*

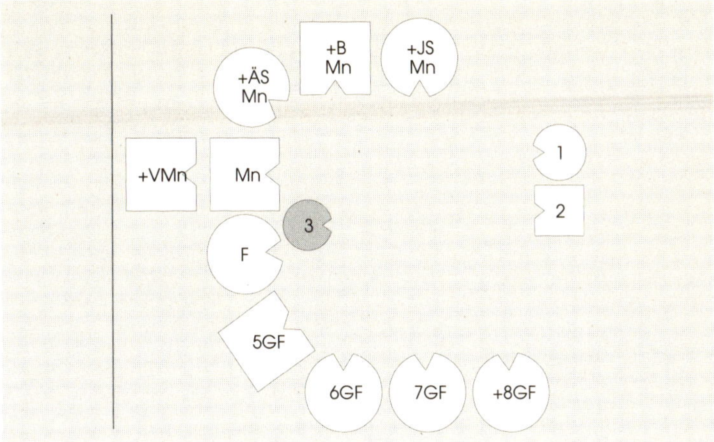


HELLINGER *zum Mann* Sag ihr: »Ich bin dein Vater.«
MANN Ich bin dein Vater.
HELLINGER »Ich bleibe.«
MANN Ich bleibe.
HELLINGER »Und ich freue mich, wenn du bleibst.«
MANN *sehr bewegt* Und ich freue mich, wenn du bleibst.
HELLINGER *zur Frau* Sag ihr: »Ich bin deine Mutter.«
FRAU *weinend und sehr bewegt* Ich bin deine Mutter.
HELLINGER »Ich bleibe.«
FRAU Ich bleibe.
HELLINGER »Und ich freue mich, wenn du bleibst.«
FRAU Und ich freue mich, wenn du bleibst.
HELLINGER »Mein liebes Kind.«
FRAU Mein liebes Kind.
HELLINGER Nun nimm sie fest in den Arm.

*Die Frau nimmt das Kind in den Arm. Beide weinen und sind tief bewegt. Auch der Mann weint.*

HELLINGER *nach einer Weile zum Kind* Wie geht es dir?
DRITTES KIND (STELLVERTRETERIN VON LENA) Gut.
HELLINGER Jetzt stelle dich wieder neben die Geschwister.

*Bild 15*

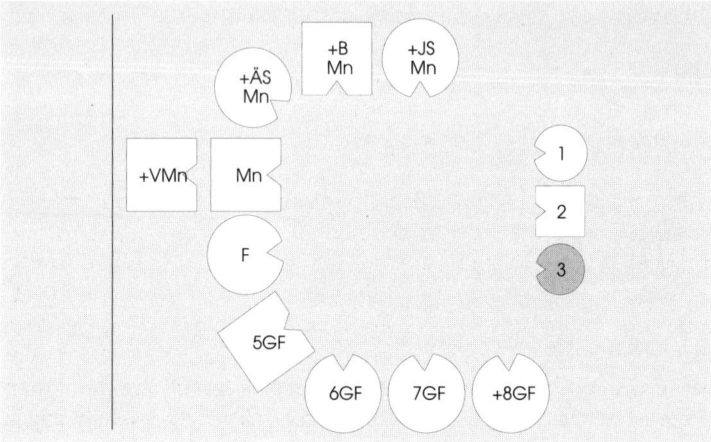


HELLINGER *zu den Eltern* Okay, das war's dann.
*zur Stellvertreterin des dritten Kindes* Du hast sehr gut mitgemacht, wirklich sehr gut.

HELLINGER *nach einer Pause* Hier konnte man sehen, wie ein Kind stellvertretend etwas auf sich nimmt. Das kann in Ordnung kommen, wenn die Toten und die, die ein schweres Schicksal haben, in den Blick kommen. Wenn man sie freundlich anschaut und wenn sie freundlich schauen dürfen.
*zu den Eltern* Im Herzen müsst ihr denen eure Kinder vorstellen und sie ihnen anvertrauen. Dann sind die Kinder frei.
FRAU Dann hat die Lena eine Chance, meinen Sie, dass sie noch mal normal wird?
MANN Das muss man jetzt abwarten.
HELLINGER Genau.
*zur Frau* Diese Art von Denken hindert eher, statt dass sie hilft. Wenn sich etwas verändert, dann ist es eine Gnade. Man muss es nehmen wie eine Gnade, demütig und darauf warten.
*zur Frau* Dir ist es schwer gefallen zu sagen: »Ich bleibe.« Solange du nicht dazu entschlossen bist, ist das Kind gefährdet. Die Gefährdung kommt eher aus deiner Familie als aus der Familie des Mannes. Daher wäre das Kind beim Mann sicherer.

*zum Mann* Ich will dir noch etwas zum Trinken sagen. Das tritt auf, wenn der Vater verachtet war. Der Sohn macht dann etwas, für das auch er verachtet wird. Das ist wie eine stille Liebe zum Vater. Wenn der Vater in den Blick kommt und geachtet wird, kann man das Trinken lassen. Sozusagen um ihn zu ehren, damit er sieht: Jetzt kann es gut werden.

FRAU Sie haben gemeint, das Hauptproblem kommt von meiner Familienseite, durch meine problematische Geschwisterentwicklung oder weil ich sie falsch sehe? Ich blicke da nicht ganz durch.
HELLINGER Hinter deiner Frage steckt eine bestimmte Denkweise. Man sucht nach einer vermeintlichen Ursache, und wenn man die Ursache hat, hat man auch die Lösung. Als sei das in den guten Willen eines Menschen gelegt. Wenn er nur den guten Willen hat, dann wird es wieder besser. Aber hier sehen wir ja etwas völlig anderes. Hier sind die Einzelnen verstrickt, ohne dass sie es wissen. Der Mann war ja nicht böse, oder du bist ja nicht böse. Es ist eine Verstrickung und die wirkt, ohne dass sie einer beeinflussen kann, solange sie im Dunkeln bleibt. Jetzt ist sie am Licht. Jetzt muss man das sich entwickeln lassen. Hast du schon mal von dem Gärtner gehört, der, nachdem er etwas gepflanzt hat, alle fünf Minuten die Pflanzen wieder rausgezogen und nachgeschaut hat, ob sie schon wachsen?
FRAU Okay. *Lacht.*
HELLINGER Verstanden?
FRAU Ja.

Wen liebt Lena? Wen liebt sie heimlich? Was ist das Geheimnis ihrer Liebe? Was ist der geheime Sinn ihrer Behinderung?

Im unmittelbaren Anschluss an die Aufstellung stellt Maria wiederholt die verzweifelte Frage: »Meinen Sie, dass die Lena eine Chance hat, dass sie noch mal normal wird?«

Bert Hellinger antwortet: »Diese Art von Denken hindert, statt dass sie hilft. Wenn sich etwas verändert, dann ist es eine Gnade. Man muss es nehmen wie eine Gnade, demütig, und darauf warten. Dir ist schwer gefallen zu sagen, ich bleibe. Und solange du nicht entschlossen bist, ist das Kind gefährdet. Die Gefährdung kommt eher aus der Familie der Mutter als aus der Familie des Vaters.«

Er dreht sich zu Marias Mann: »Ich will dir etwas zum Trinken sagen. Die Trinksucht tritt auf, wenn der Vater verachtet war. Nicht vom Sohn, sondern von der Frau, die ihren Mann nicht achtet. Die Sucht wird ausgelöst durch das Verhalten der Mutter, indem sie ihren Mann verachtet. Sie sagt: ›Was vom Vater kommt, ist schlecht, nimm nur von mir.‹ Das ist die subtile Form der Verachtung: ›Ich halte mich für besser, du sollst nur von mir nehmen.‹ Dann rächt sich das Kind und nimmt von der Mutter so viel, dass es ihm schadet. Das ist die Sucht. Mit dieser Kraft der Sucht macht dann der Sohn etwas, für das er auch verachtet wird. Das ist wie eine stille Liebe zum Vater. Die Heilung der Sucht beginnt also damit, dass der Vater geachtet wird und das Kind der Mutter zumutet, dass es den Vater liebt und achtet. Wenn der Vater in den Blick kommt und geachtet wird, dann kann man das Trinken auch lassen.« Marias Mann hört zu. Es ist außerordentlich still in ihm. Die Stürme brausen nicht mehr. Jedes Wort nimmt er wie eine Hostie auf. Ja, er hat seinen Vater tief im Herzen. In Achtung seines schweren Schicksals. Wenn seine Mutter hier wäre, würde er ihr sagen: »Liebe Mutti, er ist mein einziger Vater und ich bin sein Sohn, ich liebe und ehre ihn, auch wenn es dir nicht gefällt. Es ist mein Recht. Doch auch dich liebe und achte ich, trotz allem, denn auch du hattest es schwer ...« Er ist satt. Er hat kein Bedürfnis mehr nach einem Getränk. Nicht mehr. Als ich eineinhalb Jahre nach dem Aufstellungsseminar fragte, wie es ihm geht, erfuhr ich, dass er nur noch selten trinkt, dass weder er sich selbst noch die anderen ihn als Trinker sehen.

Marias Verzweiflung und Entsetzen aber steigern sich. Was soll die Achtung vor dem Schwiegervater, der ihr das

Leben unter einem Dach mit seinem zwanghaften Putzfimmel, Sammeltrieb und Geiz zur Hölle machte? Der sie nie als Tochter aufgenommen hat, obwohl sie selbst mit ihren letzten Kräften noch alles dafür getan hatte, die Schwiegereltern über Wasser zu halten. Als wäre das Fass mit Leid und Schmerz nicht voll, hat dieser Schwiegervater noch eins darauf gesetzt. Und ihr Mann hat sie vor seinem Vater nie in Schutz genommen. Eine andere würde zusammenbrechen und davonlaufen. »O Gott, o Gott ...«, schreit und stöhnt es in ihrem Bauch.

Ein Schrei, den sie schluckt und schluckt, der sich jeden Tag von neuem anstaut, der immer wieder auszubrechen droht, aber sie weiß, wie leicht der Damm brechen kann und dass sie die kostbaren Reste, ihre zwei noch gesunden Kinder, nicht riskieren darf. Nur nicht zusammenbrechen! Gerade stehen! Auch wenn der ganze Nacken wehtut. Sie schluckt und stöhnt. Ein Seufzer, den sie bei der Aufstellung nicht zurückhalten konnte. Was heißt »O Gott, o Gott ...?«, fragte Bert Hellinger. Und genauso brutal, wie sie es ihm sagen musste, so steht sie immer noch dazu, dass sie sich über den Tod des Schwiegervaters freut, freuen muss, weil er für sie und ihre Familie eine brutale, unerträgliche Last und sein Tod eine echte Entlastung für sie war. Nein, den Schwiegervater kann sie nicht achten. Er hat es nicht verdient. Daran kann auch der Tod nichts ändern. Und doch bohrt Bert Hellinger so gut wie nicht in der Sippe des Schwiegervaters, sondern in ihrer Sippe. Wie in einem Alptraum kommt sie sich vor. Irrt der Meister oder sie? Wer spinnt denn da von uns beiden? Sie kam doch hierher, um ihrer gefährdeten Tochter Lena eine Chance zur Heilung zu erschließen, und nun wird der Fehler in ihren Geschwisterbeziehungen gesucht! Wo ist die Logik? »Ich blicke da jetzt nicht ganz durch. Meinen Sie, dass das Hauptproblem von meiner Familienseite kommt, durch meine problematische Geschwisterentwicklung, oder weil ich sie falsch sehe?«

Bert Hellinger antwortet: »Hinter deiner Frage steckt schon wieder eine Denkweise. Da sucht man eine Ursache und wenn man die Ursache hat, hat man auch die Lösung, meint man. Als sei das in den guten Willen eines Menschen gelegt, und wenn er guten Willen hat, dann wird es wieder besser. Aber hier sehen wir ja etwas völlig anderes. Hier sind die Einzelnen verstrickt, ohne dass sie es wissen. Das konnte man gut sehen, der Mann war ja nicht böse und Sie sind ja auch nicht böse. Die Verstrickung wirkt, ohne dass das einer beeinflussen kann, solange es im Dunkeln bleibt. Jetzt ist es am Licht. Das muss man sich entwickeln lassen. Im Vertrauen an die heilenden Kräfte, die wir hier ans Licht gebracht haben. Die heilenden Kräfte liegen bei denen, die ein schlimmes Schicksal hatten. Die brauchen nur anerkannt zu werden, damit sie einen Platz haben, und dann schauen sie freundlich. Darauf vertraut man jetzt. Wenn man noch einmal zurückgeht und fragt, was war schuld, dann zerstört man diese gute Wirkung. Man muss immer mitschwingen mit dem, was heilt, nicht mit dem, was krank macht.«

Maria möchte so gerne an das Lichtlein glauben, das ihr aus der Ferne verkündet wird. Möge dieser Meister Recht haben! Hoffentlich stimmt es, was er sagt. Aber wie lange soll sie noch auf die Erlösung warten?

Als wenn er in ihren Augen lesen könnte, schaut sie Bert Hellinger warmherzig an. Seine sonst scharfsinnig prüfenden Augen werden gütig und er sagt: »Hast du schon mal von dem Gärtner gehört, der da gepflanzt hat? Der hat dann alle fünf Minuten nachgeschaut, rausgezogen, ob es schon wächst ... So bist du, wenn du prüfst.«

Maria lacht.

Hellinger: »Verstanden?«

Maria: »Ja.«

Ja, sie versteht. Den Witz versteht sie. Für den Augenblick lässt sie sich gerne mit Humor betäuben. Ihren Zustand versteht sie aber immer noch nicht. Ihr Schmerz ist weit größer als alle diese feinen Gedanken. Der Blick in die Zukunft zündet eine panische Angst. Wie ein Rennpferd kann sie weder nach rechts noch nach links schauen. Sie braucht Scheuklappen zum Überleben. Nichts anderes als stur nach vorne blicken. Wie ein Mensch, der aus einem brennenden Haus flüchtet. Er sucht den nächsten, kürzesten Ausgang, ohne sich Gedanken darüber zu machen, dass ebendieser Weg der gefährlichste ist. Obwohl die nächste Tür sich nur nach innen aufmachen lässt, kann der Flüchtende in seiner Panik diese Bewegung zurück, dahin, wo die Flammen drohen, nicht machen. Mit seiner ganzen Kraft versucht er verzweifelt die Türscheibe nach außen zu öffnen. Oder er stürzt sich aus dem obersten Stock herunter, um sich vor dem Feuer zu retten.

Durch ihre maßlose Angst vor Behinderung und Psychosen wird Maria in Panik versetzt. Wie ein unheimliches, mehrköpfiges Gespenst spukt diese Angst in ihrer ganzen Kindheit herum. Nach ihr und ihren drei älteren Geschwistern überkam die Familie ein Unheil. Warum durfte ausgerechnet nach ihr sich keines der nachfolgenden Kinder mehr normal entwickeln? Sie war die Letzte, die bei gesundem Verstand blieb, bleiben durfte und bleiben musste. Sorgen musste sie für alle: für die Geschwister, für die Mutter, für den Vater. Stets musste sie beobachten und unterscheiden, wer spinnt und wer noch normal ist. Das Unheil schlich sich auf eine zunächst nicht ersichtliche Weise ein. Gleich nach der Geburt der letzten Kinder war auf den ersten Blick zu merken, dass eine der Zwillingsschwestern mongoloid war. Der Schock war für die Mutter schwer zu ertragen und es war kein Trost für sie, dass immerhin die sieben übrigen Kinder gesund waren. Vielleicht stirbt das Kind, dieser Gedanke schoss Maria durch den Kopf. Aber nach vier Wochen kam der zweite, absolut unerklärliche Schlag. Nicht das »Mongölchen«, sondern die gesunde Zwillingsschwester starb. Warum? War es die Strafe für den Todesgedanken? So ungerecht kann doch der liebe Gott nicht sein. Sie wollte die Erleichterung nicht für sich, sondern für die Mutter! Und dann ging es Schlag auf Schlag. Eigenartigerweise betraf das Unheil ihre jüngeren Geschwister, die älteren blieben verschont. Die Seuche hieß Psychose. Den jüngeren Bruder überfiel sie in der Pubertät, glücklicherweise nur vorübergehend. Die Schwester erwischte die manisch-depressive Psychose schwerer. Bis heute bekommt sie schwere Schübe. Immer wieder fragt sich Maria, ob ihre Schwester es war, die bestraft werden musste. Unzählige Male aber fragt sie sich auch, wer mehr bestraft wird, ihre Schwester oder sie selbst, die sich das ganze Leben lang für ihre Schwester sorgt, ohne jegliche Aussicht auf Heilung und ohne je erfahren zu können, was eigentlich los ist. Es ist schwer für sie, immer wieder eine Einlieferung in das psychiatrische Krankenhaus in die Wege leiten zu müssen und dort die vielen Patienten mit erloschenem Gesichtsausdruck zu sehen. Was muss Maria mit ihr und für sie büßen? Wie könnte sie das schwere Schicksal ihrer Schwester achten – ein Satz, den sie so oft von Bert Hellinger hört und in seinen Schriften liest –, wenn doch ihre Schwester die gleichen Voraussetzungen wie Maria zum normalen Leben hatte. Aber sie hat ihre Intelligenz vertan, hat sich dem Leben nicht gestellt, sich nicht überwinden können, sich immer auf Maria verlassen. »Ich selbst bin die Leidtragende«, weiß Maria, »bei mir bleibt die Sorge, die Verantwortung und das unerträgliche Schamgefühl.« Sie hat nicht einmal Bert Hellingers Frage nach den schweren Ereignissen in ihrer Herkunftsfamilie wahrheitsgemäß beantworten können, sondern eine verharmlosende Antwort gegeben, »da sind auch ziemliche Belastungen«. Als wäre es nur ein schlimmes Leid, was ihr als vollkommene Hölle vorkommt. »O Gott, wie soll ich es sagen, wenn mich die Leute fragen? ›Ich komme von einer ziemlich normalen Geschwistergruppe: zwei Psychotiker, ein mongoloides Kind, ein Krippentod ...‹ Und ich kann davor nicht flüchten, auf meinen Schultern liegt die Last. Als wäre alles meine Schuld.«

Noch unverheiratet erhoffte sich Maria, der familiären Last durch ihre Ehe entgehen zu können. Einem Mann aus einer intakten Familie hätte sich Maria allerdings nicht zumuten können. Ein solcher hätte auf sie ganz sicher herabgeschaut. Sie suchte einen Ebenbürtigen. Also heiratete sie einen Mann, der sich ähnlich entwertet fühlte wie sie. Sie konnte sich stark fühlen, ja stärker, belastbarer als ihr Mann. Immerhin hat sie zwei gesunde Kinder, ein Mädchen und einen Jungen, in die Welt gesetzt. Hübsche, begabte Kinder. Eine Erlösung. Freisprechung von jeglicher Schuld. Ein Gottesgeschenk. Gott schaut wieder freundlich auf seine Tochter Maria und gönnt ihr Glück auf dieser Erde.

*Gott hat seinem eigenen Sohn kein irdisches Glück gegeben, er hat ihm den Weg des Kreuzes zugemutet, auf dem die Frage festgenagelt war: WOZU? Nicht warum, wie es in den Schriften fälschlicherweise aus dem Hebräischen übersetzt wird. Den tiefen göttlichen Kern der Menschlichkeit kann der Mensch nicht durch seinen Intellekt erreichen. Solange er sich bemüht, aufgrund seines logischen Verstandes seinen dreidimensionalen Lebensraum präzise zu analysieren, indem er die einzelnen, materiell fassbaren Elemente naturwissenschaftlich errechnet, sortiert, nebeneinander ansammelt und bei der Deutung dieser Zusammenhänge seine so genannte gesunde Skepsis und den Sinn für die Realität bewahrt, bleibt er im Dreidimensionalen. Auf dieser Ebene bleibt die Frage nach dem Sinn der Behinderung des irdischen Wohles völlig unbeantwortet. Solange der Betroffene die Schuldfrage prüft, kann er sich vor dem Schicksal nicht verbeugen und dieses annehmen, sagt Bert Hellinger. Auch die Forscherinnen Kübler-Ross und Schuchard, die sich besonders mit unausweichlichen Lebenskrisen befasst haben, haben das Gleiche erfasst: Das stete Grübeln, die Frage »Muss es sein?« und »Warum gerade ich?«, das Verhandeln, diesem Schicksalsschlag zu entkommen, hält den Betroffenen in der grauen Zone, in der keine klare Entscheidung getroffen werden kann und in der es keine Quelle für die wahre Lebenskraft gibt. Diesen qualvollen Zustand zwischen*

*Schwarz und Weiß, wo es weder Ja noch Nein gibt, diese Tragödie des zweifelnden Intellektuellen stellte Shakespeare durch Hamlets stete, unbeantwortete und letztlich lebensvernichtende Frage »to be or not to be« dar. Die höhere Wahrheit ist also nicht im Intellekt, nicht im Hochmut der Vernunft zu suchen. Lediglich aus der Sicht des demütigen Herzens eines Menschen, der klein geblieben, ja klein geworden ist, wird der höhere Sinn nachvollziehbar. Das Wesentliche ist nicht mit den Augen, sondern nur mit dem Herzen fassbar, wusste Saint-Exupéry. Weder den großen Nobelpreisträgern noch den tüchtigen Bankdirektoren hat Gott das Himmelreich versprochen, sondern den Kindern. Den Kindern, die nicht nachfragen können, wieso und warum, sondern die sich einfach im Vertrauen auf eine höhere Weisheit hingeben.*

*Zur Sicht des Herzens führt jedoch kein bequemer Weg. Keine breite, bequeme, mit Rasthäusern umgebene Autobahn für Luxusautos, sondern ein sehr schmaler Weg voller Angst und Schmerz. Der einzige Wegweiser, der in die Mitte des weisen Herzens führt, ist ausschließlich die LIEBE. Sie muss aber zunächst tiefst verletzt werden, damit ihr höchster Wert bewusst wird. So, wie der Mensch erst dann das Licht einer kleinen Kerze schätzt, wenn er sich vorher mit der Dunkelheit plagte. Ein Mensch, dem das Hochwasser alles nahm, was er sich je in seinem Leben anschaffte – sein Häuschen, sein Auto, seine Fotosammlungen –, kann sich in seiner plötzlichen Verarmung meist nicht mögen. In dieser Not aber lernt er seinen Nachbarn aus der oberen Etage schätzen, der ihm sein trockenes Bett anbietet. Bis dahin hatte er ihn wegen seiner lauten Musik verachtet, ihn ignoriert, aber in der plötzlichen Verelendung bittet er ihn nun um etwas und ist ihm dankbar dafür, denn er hat in ihm den Freund gefunden. Eine solche Krise ist jedoch unter Umständen überwindbar. Wer weiß, von welcher Seite das Glück lachen wird? Es mag sein, dass die Versicherung doch zahlt, dass eine internationale Spende zufließt, sodass sich der Mensch sein Häuschen nochmals und vielleicht noch moderner aufbaut. Je aussichtsreicher die Hilfe von außen ist, umso mehr richtet sich der Blick dorthin und umso matter wird die Sicht nach innen. Völlig anders ist es, wenn der Verlust endgültig ist, wenn alle Hilfen von außen versagen. So etwa bei Erblindung, bei einer Querschnittslähmung oder bei unheilbarem Krebs, wenn kein Spezialist der Erde mehr helfen kann und alle Hoffnung auf ein Ausweichen geschwunden ist. Auf dieser Stufe der unausweichbaren Krise bricht allerdings auch mancher Mensch vollkommen zusammen, er gibt seine letzte Kraft auf und verzichtet auf das Leben. Nimmt er aber den Schicksalsschlag mit aller Grausamkeit der realen Gefährdung an und erträgt er die Niederlage, kann sich auf diesem schmalen, steinigen Pfad in sanfter Stille eine neue Sicht des Herzens eröffnen. Das Glück von einer anderen Welt. Das himmlische Zuhause. Der tiefste Punkt der unausweichbaren Krise stellt die Weichen dafür, ob man alles verliert oder das Höchste gewinnt. Eine Lösung dazwischen gibt es nicht.*

Aber genau das Dazwischen wünschte sich Maria seit ihrer Kindheit. Bloß keine Abnormitäten! Von denen gab es bereits mehr als genug. Sie will nichts anderes als eine ganz normale Ehe mit einem durchschnittlich intelligenten, durchschnittlich verdienenden Ehemann, der einen mittelständischen Beruf hat. Sie braucht weder einen Bungalow noch eine Waldhütte. Ein kleines Standardfertighaus genügt ihr. Ihre Kinder müssen nicht hoch begabt sein und auch keine Musterkinder, mittelmäßige Intelligenz und ein guter Charakter reichen ihr vollkommen.

*Wäre ich der Schutzengel von Maria und in Sorge um ihre Seele, die durch das Mittelmaß darin behindert wird, die Werte zu erkennen, müsste ich wohl eine Meldung an meinen höchsten Chef richten. »O Gott, du liebst doch meinen jüngsten Schützling, Maria. So gut hat alles in ihrer schwer geprüften Ursprungsfamilie begonnen. Sie war auf dem besten Wege, die Werte des Zusammenhalts und der Liebe zu erkennen. Es stimmt zwar, dass sie noch nicht so weit kam. Sie schämte sich oft für ihre mongoloide Schwester und mit ihrer psychotischen Schwester hatte sie wegen ihrer manisch-depressiven Stimmung wenig Geduld. Ich gebe zu, sie hätte mehr Chancen nützen sollen, Zivilcourage und Demut zu üben. Stattdessen flüchtete sie durch ihre Heirat und hockt jetzt wie eine gut gefütterte Gans mit zugeschnittenen Flügeln in ihrem Fertighäuschen und hat an der Bequemlichkeit großen Gefallen gefunden. Alsbald wird sie nicht mehr wissen, was es bedeutet, nach unten zu fallen und nach oben zu fliegen. Bitte, tue für sie dein Bewährtestes und suche sie mit deinem Kreuz heim! So, wie du es schon für deinen Hiob getan hast.«*

*»Ich weiß es bestens, wie schwer es ist, das Kreuz zu tragen«, wird Gott verständnisvoll nickend dem Schutzengel von Maria antworten. »Ich schaue Maria mit besonderer Liebe an und mute ihr mein Kreuz zu. Ihr Reifeprozess ist mir sehr wichtig. Sie soll noch Wichtiges in ihrem Leben ausfüllen. Du, Engel, wirst sie gut beschützen. Du wirst ihre Begegnungen mit bedeutsamen Menschen in die Wege leiten, damit sie ihre Erkenntnisse alsbald erreicht. Als meinen Boten sende ich ein behindertes Kind namens Lena zu ihr. Eben durch dieses Kind bekommt Maria eine besondere Chance, ihre Liebe zu prüfen und die wahren Werte zu erreichen. Sie wird aus der Durchschnittsebene aussteigen müssen. Sie wird ihre Liebesfähigkeit entdecken, die ihr ermöglicht, dieses Kind trotz all seiner Unzulänglichkeiten zu lieben. Sie wird auch ihren Mann anders schätzen lernen, dessen Liebe ebenfalls geprüft wird. Die materiellen Werte werden für sie immer weniger bedeuten, dafür wird sie den zwischenmenschlichen Zusammenhalt schätzen lernen. Sie wird sich immer mehr trennen müssen von ihrem ehrgeizigen intellektuellen Grübeln. Denn damit sie ihr behindertes Kind verstehen kann, wird sie sich stets in seine naive kindliche Art des Denkens und Fühlens hineinfühlen müssen. So wird sie immer mehr zum Kind. Zu meinem Kind. Sie wird Eingang in meine Welt finden können, die vielen anderen Menschen verschlossen ist.«*

Die dritte Schwangerschaft war Maria durchaus willkommen. Sie hat dadurch noch länger bei den Kindern zu Hause bleiben und den Kindersegen genießen können. Auf ihre berufliche Selbstverwirklichung konnte sie zunächst gut verzichten. Schließlich sollte ihr Mann wissen, dass die Verantwortung für die Familie bei ihm liegt und ihm wichtiger als eine Bierflasche sein sollte. Keine einzige dramatische Schwierigkeit kündigte ein großes Unheil an. Nur eine Reihe kleiner Probleme wurde zum Vorzeichen des schweren Schicksals: seit dem fünften Monat Wehen, die Neugeborenengelbsucht, der Herzfehler, wegen dem eine Hospitalisierung und Trennung von der Mutter notwendig war, die Trinkprobleme, die nicht funktionierende Körpergewichtswaage. Jeder Schritt war problematisch, dennoch schien alles immer wieder besiegbar zu sein. Dies lag wohl an dem ganz besonderen Kind. Die kleine Lena fiel mit ihren edlen Gesichtszügen auf, sobald sie nach dem Kaiserschnitt herausgeholt wurde. Sie wirkte so weise und selig wie von einer anderen Welt, sodass eine der Geburtshelferinnen meinte, das Kind sollte schnell getauft werden, bevor es in die andere Welt zurückkehrt. Vor dem Transport in die Intensivstation wurde Lena ihrer Mama zum ersten Mal gezeigt. Keins von ihren beiden Kindern hat sie so bewusst, mit großen Augen angeschaut wie dieses eigenartige Mädchen:

*»So siehst du also aus. Zu dir bin ich gesandt worden. Dich habe ich als Mutter gewählt. Hier bin ich. Durch mich wirst du Wichtiges erfahren.«*

Als das Kind auf Drängen von Maria, gegen den Willen des Chefarztes, früher aus der Intensivstation entlassen und zu ihr ins Bett gelegt wurde, prüfte Maria, ob sie im Blickkontakt des Kindes Zeichen möglicher Entfremdung sehen würde. Lena schaute aber seine Mutter wiederholt so tief an wie beim ersten Mal. Wie ein Siegel einer festen

Bindung vermeinte sie zu spüren, was die Kleine ihr sagen wollte:

*»Hab keine Angst, Mama, wir beide sind stark. Wir gehen nicht unter. Auch Schlimmeres überwinden wir zusammen. Nimm das Zeichen meiner Treue wahr!«*

Trotz der anfänglichen Pechsträhne entwickelte sich Lena in den ersten zwei Jahren durchaus unauffällig. Alle Entwicklungsschritte schienen der Norm zu entsprechen. Sitzen mit sechs Monaten, Krabbeln und die ersten Doppelsilben »mama«, »papa«, »lala« mit neun Monaten, selbständiges Gehen mit 13 Monaten. Die ersten sprachlichen Wunschäußerungen wie »trinken«, »herunter« tauchten etwa mit eineinhalb Jahren auf, und auch die Sauberkeit hat Lena tagsüber gesteuert, wenn man sie regelmäßig aufs Töpfchen setzte. Aber irgendetwas stimmte nicht so ganz, witterte Maria als erfahrene Mutter. Sie ließ sich durch die verharmlosenden Kommentare ihres Mannes, »du spinnst schon wieder, Maria, schon wieder verdirbst du alles mit deinen Zweifeln«, und des Kinderarztes, »liebe Frau, nicht jedes Kind kann ein Einstein werden«, nicht verwirren. Sie merkte erste Entwicklungsrückstände. Das Kind stellte keine Fragen wie »Wo ist Papa?«, es fing nicht an, sein »Ich« und »Mein« zu behaupten und zu trotzen. Beim Spielen beschränkte es sich auf einfache Manipulationen wie Auseinanderreißen, Wegwerfen, Blättern in Katalogen, ohne an einer bestimmten Abbildung interessiert zu sein, und auch für Kritzeln hatte es kein Verständnis. Ihre beiden älteren Kinder waren in diesem Lebensalter schon weiter gewesen. Das Einzige, was Lena bestens beherrschte – aber darin konnte Maria keinen Vorteil sehen –, war das Kleben an ihr. Stets kletterte Lena auf Mamas Schoß, drehte mit einer Hand ihre Haare und den Daumen der anderen Hand steckte sie in den Mund. Zu einem Spiel war sie so gut wie nicht zu motivieren. Auf die Frage »Wo ist ...?« gab sie keine Antwort mit selbständigem Zeigen oder gar mit einem Wort, sondern führte Mamas Hand dorthin.

*»Mama, lieb mich ... Mama, nimm mich wahr ... . Ich habe eine außerordentliche Bedeutung für dich ...«*

Ein seltsames Kind! Unlängst überraschte es mit einer tollen Leistung. Als Marias jüngere Schwester aus Italien zu Besuch kam und mit überschäumendem Temperament »bon giorno, bon giorno, amore mio« lallte, wiederholte Lena wie ein Echo diese Worte. Gut artikuliert. Maria meinte, dass sie träume. Aber auch andere haben es gehört. Danach hat niemand mehr etwas Ähnliches von Lena gehört. Ist sie genial oder besonders begabt? Oder ist sie behindert und kann nur wie ein Papagei sinnlos etwas nachplappern? Ist ihr Blick verträumt, halluziniert sie vielleicht stillschweigend, so, wie es Marias Schwester während ihrer psychotischen Schübe in unerträglicher Lautstärke tut? Oder ist der Blick so leer und stumpf, wie ihn Maria von ihrer mongoloiden Schwester her kennt?

*»Dein prüfender Blick tut weh, Mama. Wenn ich in deinen Augen den Zweifel lese, ob du mich lieben willst oder nicht lieben kannst, falls ich nicht normal entwickelt bin, bricht bei mir ein unerträglich großer Schmerz aus, sodass ich dich nicht anschauen kann. Ich höre dir lieber gar nicht zu. Ich muss mich von dir zurückziehen – aber ich muss zugleich umso intensiver hin zu dir. Ich liebe dich doch. Und ich kann dich nicht verlieren. Also binde ich mich, so gut es geht, an dich.*

*Ich ziehe dich an den Haaren, ich ziehe mich an deinen Jeans hoch, wenn du telefonierst, ich zerre dich Händchen haltend in eine völlig andere Richtung in der Einkaufsstraße als die, welche du einschlagen willst, und schreie entsetzlich, wenn du nicht mitgehst.«*

Warum führt sich das Kind denn so auf? Haben wir es vielleicht verwöhnt? Wer von uns hat einen Fehler gemacht? Ist das Kind unbeaufsichtigterweise auf den Kopf gefallen? Vielleicht meinem Mann, als er zu tief ins Glas schaute? Oder einem der Geschwister? Hat eine Zecke es mit einem Virus angesteckt?

*»Mama, liebe Mama, du stellst mich immer mehr in Frage. Du distanzierst dich von mir. Die Bindung zwischen uns beiden wird immer dünner. Ich will, nein ich muss selbst für unsere Bindung sorgen. Jedoch nicht durch Sehen und Hören. Deine zweifelnden Blicke, deine Fragen und Aufforderungen, denen ich nicht nachgehen kann, sind viel zu schmerzhaft. Ich muss die Bindung mit dir spüren und fühlen. Also setze ich meinen Tastsinn ein. In der Tat und tatkräftig will ich erfahren, dass du mir gehörst, dass du mir entgegenkommst, dass du voraussagbar bist.«*

Typisch für Autisten! Verweigerung des Blickkontakts, scheinbar taub, das Kind manipuliert Menschen, als wären es Gegenstände. Ja, genauso fühlt sich Maria von Lena traktiert. Die Entwicklung stagniert gegen das zweite Lebensjahr, noch bevor das Bewusstsein der Ich-Identität eintritt. Ein schrecklicher Verdacht schießt durch Marias Kopf und Herz. Wie die meisten Experten behaupten, bedeutet Lenas autistische Störung eine unheilbare Behinderung. Maria rennt von Fachmann zu Fachmann, von Klinik zu Klinik. Nun nehmen auch die Kinderärzte und Psychiater Marias Sorgen ernst. Niemand zweifelt mehr an Lenas Behinderung.

*»Was bedeute ich nun für dich? Du schaust mich über die EEG-Kurven an, über die verschiedenen Entwicklungstests, du beobachtest mich immer genauer, was ich kann und was ich nicht kann, was ich könnte, wenn ich es nicht verweigern würde, du traust mir immer weniger. Ich verzichte immer mehr auf den*

*Blickkontakt und quäle dich mit meinen spürbaren Aktionen. Eine Plage für uns beide.«*

Trotz der vielen apparativen Untersuchungen kann kein ursächlicher Befund ermittelt werden. Die Gefährdung wird immer unheimlicher. Geht es um eine noch unerforschte Störung der Hirnfunktionen, wie es die Fachleute für Autismus behaupten? Ist die Störung der Wahrnehmung die primäre Ursache oder eher die Folge einer emotionalen Störung in der Mutter-Kind-Beziehung, wie es die Tiefenpsychologen deuten? Handelt es sich überhaupt um Autismus? Einige Experten haben es nämlich bezweifelt. Spukt hier schon wieder eine Psychose herum, so wie es bei Marias Schwester der Fall war, jedoch mit dem kleinen Unterschied, dass jetzt nicht das manisch-depressive, sondern das autistische Verhalten zum Vorschein kommt? Fragen über Fragen.

*»Du fragst und bekommst keine Antwort. Ich kam zu dir als Kind, das diese Antwort nicht geben kann. Ich bin lediglich der Träger deiner Fragen, ihre Verleiblichung. Erst wenn du mich ganz lieben kannst, mit meinem ganzen Leib und meiner Seele, so, wie ich bin, mit allen meinen Unzulänglichkeiten, wirst du die Antwort enträtseln können.«*

So wie in ihrem Elternhaus fällt Maria schon wieder auf. Schon wieder muss sie die spionierenden Blicke und Fragen der Nachbarn und Verwandten ertragen. »Ah, deine Lena geht noch nicht in den Kindergarten? Warum denn nicht? Ist sie vielleicht noch nicht sauber?« (»Wenn du nur wüsstest, was alles in ihrer Entwicklung unsauber ist!«) »Warum hält das Auto der Lebenshilfe jeden Mittwoch vor eurem Haus, Maria?« Als Schwester einer Behinderten konnte sie solchen Fragen ausweichen. Die frontalen Angriffe mussten ihre Eltern abfangen. Jetzt ist sie selber dran. Wie soll Maria erklären, warum sich die Frühförderinnen bei Lena bemühen? Wie soll sie dazu stehen, dass bei den Sozialpädagoginnen alles besser klappt als bei ihr? Dass Lena mit den jungen Frauen konzentrierter spielen kann als mit ihr? Dass Lena ausschließlich in ihrer Gegenwart äußerst unruhig, tyrannisch und destruktiv ist? Alle merken es, dass Maria als Mutter total versagt. Niemand bezweifelt ihre gestörte Beziehung zur Behinderung. »Was bist du für ein eiskalter Mensch, Maria, der für den Kleinsten kein freies Herz hat?« Schlimmer kann sie nicht abgestempelt sein. Ihr Mann bemüht sich, sie zu beruhigen. »Du und ich, Maria, jeder von uns hat schon so viel ertragen können. Auch dieses Kreuzchen ertragen wir noch zusammen. Zusammen sind wir doch stark.« »O Mann, ich pfeife auf ein Miteinander, welches uns durch die Behinderung aufgezwungen wird.« Und er säuft umso mehr. Auch die großen Kinder können sie nicht begreifen. »Lena kann doch nichts dafür, Mama. Sei nicht so böse.«

*Du fühlst dich alleine und verlassen, Maria. Allein gegen alle. Als ein verzweifelter Einzelgänger wehrst du dich gegen das Schicksal. Gegen Lena. Und diese kämpft auf ihre verrückte Weise auch. Sie wird immer schwieriger, je weniger sie sich angenommen fühlt. Ein Kreuz.*

»Warum gerade ich?«

*Und warum nicht gerade du? Warum solltest nicht ausgerechnet du, Maria, die Gnade des schweren Erkenntnisweges bekommen? Solange du dich jedoch mit dem Warum plagst, findest du keine Antwort. Möchtest du lieber nicht die Wozu-Frage stellen?*

Aber Maria will und kann die Frage nach dem Sinn ihres Leidens noch nicht stellen. Sie versucht noch dem Rutsch in das tiefste Loch auszuweichen. Nachdem sie bei konventionellen Psychologen und Heilpädagogen scheiterte, sucht sie für Lenas Heilung Hilfe bei Alternativmedizinern. Sie lässt Lena und sich selbst von Kinesiologen testen und zu Übungen anleiten, sie probiert es mit Bachblüten, Bioresonanz und mit Fußreflexzonenmassagen, sie lässt das Haus von einem Rutengänger auf Wasseradern untersuchen und stellt dementsprechend Lenas Bett um. Im tiefsten Allgäu sucht sie eine uralte Wunderheilerin auf, die Lena durch Auflegen der Hände helfen soll. Bei Lena aber ändert sich nichts zum Besseren.

*Ein Pfarrer, von dem sie sich eine Teufelsaustreibung erhoffte, widersprach ihr. Er meinte, Lena habe eine besondere Seele, sie sei Überbringerin einer Gnade. Solche Behinderte seien in Indien als Heilige verehrt worden. Auch Jesus habe solche Geistesarmen selig gesprochen. »Hast du einmal die Bergpredigt gelesen, Maria? Hast du die Weisheiten im ›Steppenwolf‹ gelesen, die Hermann Hesse ›nur den Verrückten‹ widmen konnte? Durch dieses Kind wirst du völlig andere Werte erkennen lernen als die, die der normale Mensch schätzt. Das Kind weist dir den Weg nach innen. Zu deinem göttlichen Kern.«*

Religiöse Spinnerei, meint Maria. »Ich pfeife auf eine gnadenvolle Besonderheit. Ich bin der Behinderten und der Verrückten in meinem Leben schon mehr als satt. Ich bleibe lieber ein ganz normaler Mensch. Gib mir, lieber Gott, wenn es dich überhaupt gibt, eine normale Lena!« So hadert Maria mit Gott. Sie versucht mit ihm ein Tauschgeschäft abzuschließen. »Wenn du meine Lena heilst, dann steige ich kniend die Treppen zu unserer Wallfahrtskirche hoch. Dann kannst du mich zehn Jahre kürzer leben lassen. Bitte, tu es doch für mich.« Als wüsste sie besser als Gott, was für ihr wahres Wohl gut ist. Sie ist sich ihrer allergrößten Plage bitter bewusst: Es gibt nichts Schlimmeres als die Behinderung des eigenen Kindes, denn die Verantwortung hört nie auf. Wenn sie ganz realistisch denkt, dürfte sie eigentlich nicht früher als das unselbständige, hilfsbedürftige Kind sterben. Wer wird Lena mütterlicher versorgen, als Mama es tut? Wer wird sie mehr lieben? Bis zu ihrem Tode und wohl auch über den Tod hinaus muss sich Maria mit der verdammten Behinderung plagen.

*»Gib nicht auf, Mama. Ich weiß, dass du mich liebst und dass sich dein Ekel nur gegen meine Behinderung richtet. Tu etwas dafür, dass du mich mit meiner Behinderung ganz lieben kannst. Halte mich in Liebe fest, so wie ich bin.«*

Von der Festhaltetherapie verspricht sich Maria, dass die Bindung zwischen ihr und Lena rehabilitiert wird und Lena leichter steuerbar wird. Dann wird sie auch motivierter zum Lernen sein und die Behinderung wird schwinden. Die zuständige Therapeutin meint jedoch, dass die besondere Stelle, die Lena in ihrem familiären System hat, zunächst beleuchtet werden müsste. Marias Hoffnung steigt. Bert Hellinger ist ihre letzte Hoffnung.

*Sobald sich die Familienaufstellung zu formen beginnt, spürt Lena das besondere Kraftfeld, in das sie sich hineinbegibt. Durch ein sehr feines Navigationssystem erkennt sie den Kurs für die zu verankernden Schiffe. Sobald bestimmte Menschen und bestimmte Geschehnisse genannt sind, wird Lena innerlich stark bewegt und wach. Bestimmte Signalworte wiederholt sie. Sie tut es laut. Bewegt durch die Nennung ihrer Tanten mütterlicherseits läuft sie unruhig hin und her.*

Wegen ihrer Überbesorgtheit entgeht Maria das Wesentliche von der Aufstellung. Es entgeht ihr sogar, was Bert Hellinger über Lenas Wahrnehmungsgabe denkt:

*»Man kann wohl davon ausgehen, dass die Störung bei dem Kind systemisch mitbedingt ist. Es fühlt ganz genau und hat eine besondere Funktion da drin.«*

Ja, Lena liebt ihre Tante, die psychotisch gewordene Schwester ihrer Mutter. An sie möchte sie erinnern. Sie sorgt für die Schwesternliebe ihrer Mutter.

Maria hat Ohren und hört nicht. Sie hat Augen und sieht nicht. Sie nimmt nur ihre Sorge um die Normalität wahr.

*Ähnlich wie eine der beiden Schwestern, die Jesus besuchte. Sie hieß Martha. Sie sorgte und sorgte, schaffte und schaffte, damit alles picobello ist. Dennoch meinte Jesus, die andere (ausgerechnet Maria hat sie geheißen) habe Besseres getan. Sie hat nichts anderes gemacht, als dass sie den Gast wahrgenommen hat.*

Doch erreichten die mächtigen Schwingungen, welche durch die Aufstellung in Kraft gesetzt wurden, auch Maria. Wie die einzelnen Saiten einer Gitarre, die in Schwingung versetzt werden. Nach und nach ertönen sie, genauso, wie wenn ein scheuer Laie die Tasten eines Klaviers zum ersten Mal berührt. Ah, mit welch erstaunlicher Aufmerksamkeit lässt sich Lena leiten, um sich vor ihren Tanten zu verbeugen! Wie außerordentlich gesammelt ist sie dabei! Mit welch inniger Herzlichkeit spricht sie die Stellvertreterin ihrer Tante an! »Liebe Tante!«, sagt sie. Sie wirkt ganz normal, als wäre sie normal, als sie sich von den Vertreterinnen ihrer Tanten in den Arm nehmen lässt. Wie schwer fällt es Maria, das Vorgesagte nachzusprechen. »Ich bin deine Mutter ...« »O Gott, wie gerne wäre ich Mutter von einem ganz normalen Kind gewesen!« Aber sie sagt es doch. Und als sie die Worte nachsagt: »... ich bleibe und ich freue mich, wenn du bleibst ... mein liebes Kind ...«, hält sie auf Hinweis von Bert Hellinger ihre Lena ganz fest im Arm und atmet tief durch.

*Sie hat das Gefühl, dass sich mit ihr die Erde verkehrt herum dreht. Als würde sie nicht mehr auf der Erde stehen. Ausgesetzt auf einem anderen wunderschönen Stern. Fern von allen Sorgen schwebt er tanzend und leuchtend durch das All. Eine Reihe von Regenbögen. Unzählige Formationen von Engeln. Die Süße der Gnade. Mit Lena im Arm lässt sie sich auf den Flügeln der Engel tragen. Alles, was wahr ist, wird gut. Wenigstens für kurze Zeit erfährt Maria die »andere Seite des Teppichs«. Das Wunder der bedingungslosen Liebe.*

Alsbald kommt die Ernüchterung. »Meister, machst du meine Tochter frei von der Behinderung?« Nachher erlebt sie in einem weiteren Seminar die Anleitung zum Festhalten und wird nochmals verwirrt. Lena ist genauso behindert, wie sie war. Keine Wende zur Normalität. Was hat die ganze Mühe gebracht? Die letzte Hoffnung platzte wie ein Luftballon. »Oh, Lena, ich will dich lieben, aber ohne deine Behinderung.«

*Die gleiche Ambivalenz spürt auch Lena und kann sich nicht liebend hingeben. Der Hafen ist viel zu unsicher, als dass man hier ankern kann. Der Bote kann das Ufer nicht betreten. »Du bist meine Herausforderung ...«, versucht Maria nachzusprechen, was ihr die Festhaltetherapeutin vorsagt. Sie spürt, dass in dem Begriff die Wahrheit wohnt. Die gleiche weise Gelassenheit, von der sie schon eine Kostprobe auf der anderen Seite des Teppichs machte.*

*Wie steht es mit dem Teppich? Ein schönes Bild vom heiligen Augustinus. Er vergleicht das schwere Leben mit einem Teppich. Er hat eine linke, sprich eine untere Seite, und eine rechte, sprich eine obere Seite. Was ist das für ein Gewirr von Fäden und Knoten, wenn du den Teppich von unten anschaust! Sobald du durch den Teppich nach oben kommst und ihn von oben anschaust, merkst du die Schönheit des gleichen Teppichs. Von dieser rechten Seite gesehen hat jeder Faden und jeder Knoten seine Bedeutung im schönen Muster. Keine Verknotung ist umsonst.*

Maria ist dort noch nicht gelandet. Aber sie weiß, dass ihr Weg dorthin gehen kann und gehen muss. Denn sie hat den tiefsten Punkt des Ekels erreicht: So kann sie weder sich selbst noch die anderen lieben. Jede Hoffnung auf ein Wunder ist dahin. Die Sehnsucht nach Erlösung wird ihr zum Zubringer, der sie auf die Startlinie stellt. Maria braucht noch Zeit. Das Lösungsbild von der Aufstellung braucht noch lange, bis es wirkt. Auch die Weinrebe benötigt eine gewisse Zeit, bis ihre Trauben groß und süß sind und die Gärung durchgestanden ist. Erst dann schmeckt der Wein, den du mit Freunden genießt.

Ich frage Maria nach eineinhalb Jahren, wie es ihr geht. Alles beim Alten, meint sie. Lena sei nach wie vor behindert, die jüngere Schwester spinne noch immer, wenn ihre Zeit kommt. Nun ja, ihr Mann trinke fast nicht mehr. Ob sie durch die Behinderung von Lena anders ist? Ja, ja, wie soll es sonst sein? Unter diesen Umständen kann man doch nicht die gleiche Person bleiben, die man war.

*Du machst eine Verwandlung durch, Maria.*

Ja, sie könne heute viel besser als vorher das Wichtige vom Unwichtigen unterscheiden, erzählt Maria. Das Materielle sei ihr nicht mehr so wichtig. Einen Sinn für Kleinigkeiten habe sie durch Lena bekommen. Als Lena in einem Haufen Herbstblätter leidenschaftlich ein sonderbar verfärbtes Ahornblatt suchte, entdeckte auch Maria dessen Schönheit. Wie der Tautropfen auf einem Grashalm die aufgehende Sonne glitzernd widerspiegelt, entdeckte Maria erst durch Lenas Faszination. Auch der Freundeskreis hat sich gewandelt. Viele alte Freunde und Verwandte wandten sich ab. Einige aus Hilflosigkeit, da sie nicht wussten, wie sie mit Marias Qual umgehen sollen. Mitleidig? Tröstend? Oder sollte man so tun, als wisse man von nichts? Das jedoch ist bei gemeinsamen Unternehmungen nicht machbar. So blieben diese Freunde aus. Dafür aber fanden sich neue Freunde. Diese Freunde nehmen Lena so, wie sie ist. Sie scheuen ein offenes Gespräch nicht, sie täuschen nichts vor. Ohne weiteres zeigen sie sich mit Lena in der Öffentlichkeit. Unter ihnen sind nicht nur professionelle Erzieher, Zivis und andere betroffene Eltern, sondern auch ganz normale Menschen, die bis dahin unbekannten Nachbarn oder Mitbenutzer des Hallenbads. Lenas Behinderung wirkt wie ein Filter, um die wahre Mitmenschlichkeit zu testen. Durch sie sei auch ihre Einstellung zu ihrem Mann anders geworden. Sie hätte nie gedacht, dass er überall so selbstverständlich zu Lena steht. »›Durch sie sind wir alle sozialer geworden, alle: die Großen und die Kleinen‹, sagte er unlängst, als wir unsere Nachbarn zum Grillfest eingeladen haben. ›Sie hat uns mehr gelehrt, als es eine Fachhochschule für Soziales in vielen Semestern schaffen würde.‹«

*»Bleibe, Lena, ich freue mich, wenn du bleibst ... Ich bin dein Vater und ich bleibe ... Ich bin deine Mutter und ich bleibe ... Ich achte auch euch, meine Geschwister, was immer euer Schicksal war und ist ...« Die Lösungsworte von der Aufstellung bringen die tief verborgenen Saiten ins Schwingen. »Bleibe, Lena, durch dich werden wir anders. Durch dich erfahren wir Gnade.«*

»Woher nimmst du die Kraft, Maria, um die Besonderheiten von Lena zu ertragen, um den Ausstieg aus der Normalität zu schaffen, um klein zu sein? Wo ist deine Quelle?«, frage ich sie. Und sie antwortet schlicht: »Lediglich die Liebe zu Lena gibt mir die Kraft. Nur die Liebe ist es.«

*Die Liebe ist das Größte.*

# Wer sonst soll Papa lieben?

HELLINGER *zur Frau* Was gibt es bei euch?
FRAU Ich komme mit meiner Tochter. Sie ist die Mittlere von drei Kindern und wir beide haben starke Probleme miteinander. Seit ihrem dritten Lebensjahr habe ich keinen Kontakt mehr zu ihr. Im Allgemeinen sind wir ganz harmonisch, aber irgendwo knistert es immer.
HELLINGER Was war mit deiner Mutter?
FRAU Da ist es genauso.
HELLINGER *zum Publikum* Das ist eine Parentifizierung, das Kind muss für sie die Mutter vertreten. Mit dem Kind hat das gar nichts zu tun.
*zur Frau* Also wir stellen mal dich auf und deine Mutter.

***Bild 1***

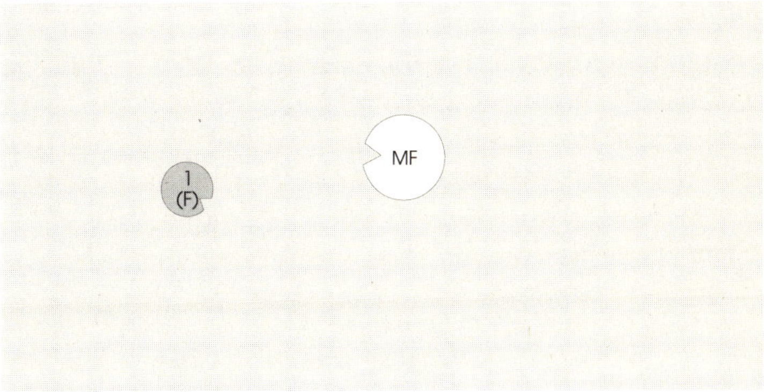


MF Mutter der Frau
**1 Erstes Kind, Tochter (= Frau)**

HELLINGER *zur Frau* Was ist in deiner Herkunftsfamilie passiert?
FRAU Da ist mir nichts bekannt, was besonders auffällig wäre.
HELLINGER Wie viele Geschwister hast du?
FRAU Ich habe noch zwei Brüder, die jünger sind. Ich bin die Älteste.

HELLINGER Was ist mit deinem Vater?
FRAU *zögernd* Was soll damit sein?
HELLINGER Ich frage, ist da etwas Besonderes?
FRAU Also, ich bin missbraucht von ihm, zumindest habe ich das Empfinden, und ich weiß auch einige Dinge, aber sonst ...
HELLINGER Bist du missbraucht worden oder hast du nur die Empfindung?
FRAU Ich bin.
HELLINGER In welchem Alter?
FRAU Bewusst ist es mir ab zwölf.
HELLINGER Weißt du die Grundkonstellation bei Missbrauch?
FRAU Ja.
HELLINGER Was ist die Grundkonstellation?
FRAU Es entsteht eine Beziehung zwischen Vater und Tochter.
HELLINGER Nein, nein. Stelle jetzt noch deinen Vater und die beiden Brüder auf.

***Bild 2***

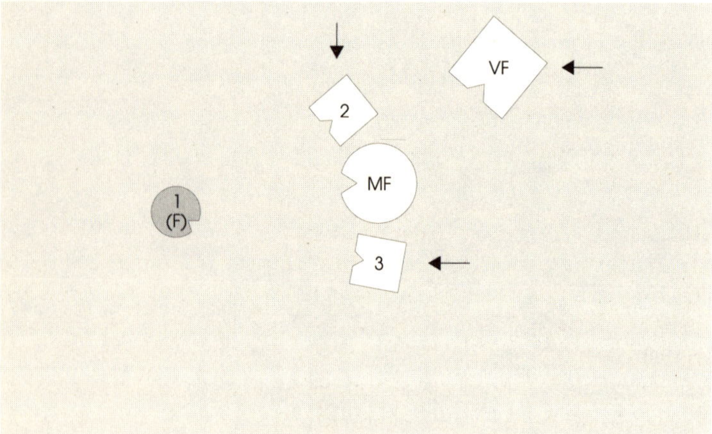


VF Vater der Frau
2 Zweites Kind, Sohn
3 Drittes Kind, Sohn

HELLINGER *zur Frau* Was ist in der Herkunftsfamilie deiner Mutter passiert?

FRAU Das waren zwei Mädchen. Mein Opa ist im Krieg gefallen.
HELLINGER Wie alt war da deine Mutter?
FRAU Sechs war sie da, glaube ich. Da war noch mein Uropa und eine Urtante mit in der Familie. Die lebten zusammen, der eine Mann und viele Frauen.
HELLINGER Stelle jetzt auch noch den Vater der Mutter auf.

***Bild 3***

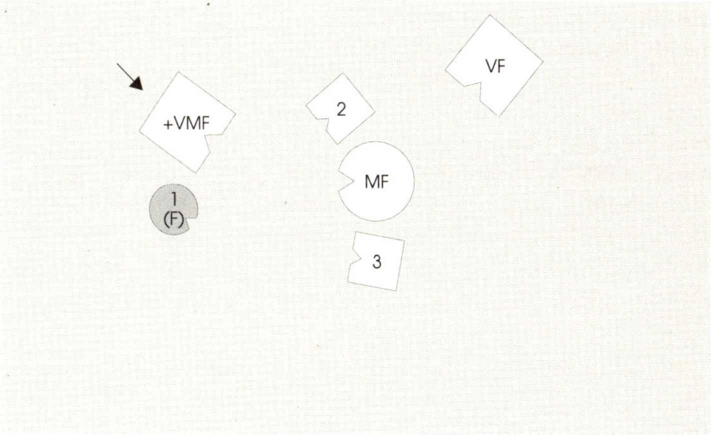


+VMF Vater der Mutter der Frau, im Krieg gefallen

HELLINGER Wie geht es der Mutter?
MUTTER DER FRAU Ich denke nur, warum ist meine Tochter so traurig? Warum schaut sie mich nicht an und warum komme ich nicht an sie heran? Ich möchte sie trösten, aber ich bin ja gefesselt irgendwie.
VATER DER FRAU Ich habe momentan nichts damit zu tun.
ERSTES KIND (STELLVERTRETERIN DER FRAU) *die vorher immer auf den Boden geschaut hat* Ich habe links so eine Wand gespürt, und ich komme mir vor, als wäre hier eine Verschwörung gegen mich. Erst seit der Vater der Mutter hier ist, fühle ich mich etwas wohler, aber vorher war es, als tut sich da Unwahrscheinliches auf. Links von mir ist eine riesengroße Wand, ein Berg, irgendetwas Großes.

ZWEITES KIND Auf meiner linken Seite ist eigentlich alles in Ordnung. Seit der Opa dazugekommen ist, ist auch die rechte Seite abgedeckt. Nur von hinten habe ich ein drückendes, forderndes Gefühl.
DRITTES KIND Ich hatte zum Vater keinerlei Gefühle und auch zur Mutter nicht. Ich möchte eigentlich nur meine Schwester trösten und sie in den Arm nehmen.
HELLINGER *zum Großvater* Wie geht es dir?
VATER DER MUTTER DER FRAU† Ich bin traurig. Ich habe nicht viel mit der Enkelin zu tun, aber ich merke, irgendwie geht es ihr nicht gut. Das macht mich traurig.
HELLINGER *zum Publikum* Wenn jemand so eingerahmt ist wie die Mutter in diesem Bild, dann wird sie festgehalten, damit sie nicht geht.

*Hellinger stellt nun den Vater der Mutter abgewandt abseits und stellt die Mutter hinter ihn.*

**Bild 4**

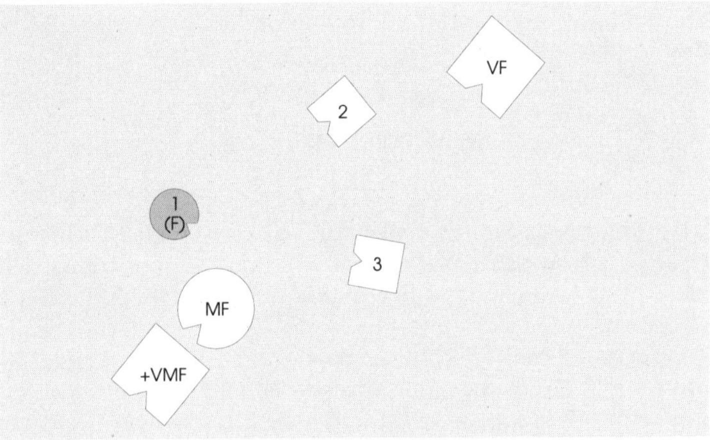


HELLINGER *zur Mutter der Frau* Wie geht es dir da?
MUTTER DER FRAU Ich atme jetzt durch, aber glücklich oder frei fühle ich mich doch noch nicht. Jetzt komme ich mir auch alleine vor.

HELLINGER *zur Stellvertreterin der Frau* Was hat sich bei dir verändert?
ERSTES KIND (STELLVERTRETERIN DER FRAU) Mir geht es besser, seit die Mutter weg ist. Das Herzrasen ist weg, das Zittern ist besser.
VATER DER FRAU *deutet auf seine Tochter* Ich habe sie jetzt mehr wahrgenommen. Sie tut mir leid.
ZWEITES KIND Das Geborgene von links und rechts, das fehlt mir jetzt. Aber das Gefühl, dass ich von hinten bedrängt werde und da was abwehren muss, ist stärker geworden. Mir fehlt die Kraft von beiden Seiten.
DRITTES KIND Mir geht es wesentlich besser, vor allem, seit der Opa weg ist.
HELLINGER *zur Mutter der Frau* Stelle dich wieder zurück, genau an den Platz, wo du warst.

*Die Mutter der Frau stellt sich an ihre alte Position zwischen den Söhnen. Hellinger führt die Stellvertreterin der Frau an die linke Seite des Vaters.*

**Bild 5**

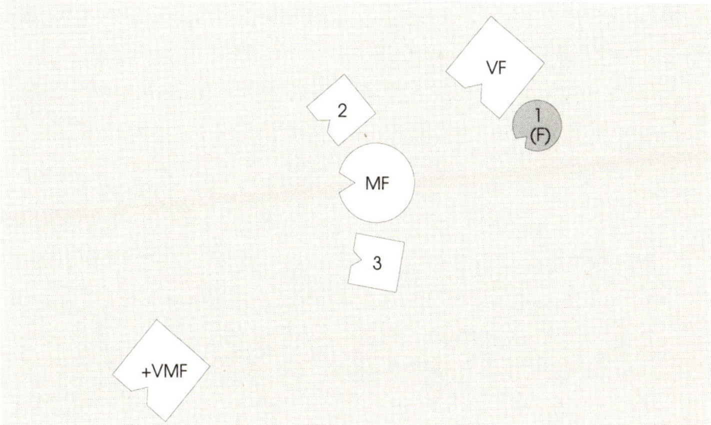


HELLINGER *zur Mutter der Frau* Was hat sich bei dir verändert?
MUTTER DER FRAU *schaut sich nach der Tochter um* Sie fehlt mir. Jetzt mache ich mir Sorgen, was mit ihr ist.

HELLINGER Ist es besser oder schlechter, seit sie weg ist?
MUTTER DER FRAU Für mich ist es schlechter, ich fühle mich unsicherer.
HELLINGER *zum Vater der Frau* Ist es bei dir besser oder schlechter?
VATER DER FRAU Es hat sich etwas verändert, aber ich kann es nicht ausdrücken.
ERSTES KIND (STELLVERTRETERIN DER FRAU) Ich fühle mich zwar nicht wohl hier, aber mir geht es hinter der Mutter besser als vor der Mutter.
HELLINGER *zur beobachtenden Frau* Die normale Konstellation bei Missbrauch ist, dass die Mutter gehen will, und damit sie gehen kann, gibt sie eine Tochter dem Mann. Macht das für dich Sinn?
FRAU Ja, das macht Sinn.
HELLINGER Wer ist dann der Böse?
FRAU *weint* Die Mutter.
HELLINGER Genau. Von ihr geht die Dynamik aus. Ich stelle dich jetzt an deinen Platz.

*Hellinger führt die Frau an ihren Platz in der Aufstellung. Den Vater der Mutter dreht er um und stellt die Mutter der Frau links neben ihn. Die beiden Brüder stellt er zusammen weiter zurück.*

***Bild 6***

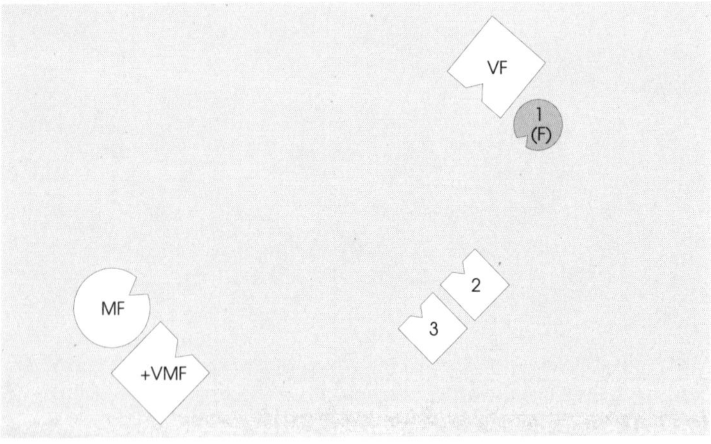

HELLINGER *zur Mutter der Frau* Was ist jetzt bei dir?
MUTTER DER FRAU Ich war jetzt erst mal glücklich, den Blick auf meine Tochter zu haben. Ich fühle mich nicht mehr so traurig wie vorher, ich komme mehr in Kontakt mit ihr.
VATER DER MUTTER DER FRAU† Ich fühle mich viel besser. Ich habe mehr Kontakt zu meiner Tochter als eben in der Gegenüberstellung.
FRAU (ERSTES KIND) Ich bin total unruhig und will hier weg. Ich fühle mich hier nicht wohl.
VATER DER FRAU Ich bin schon die ganze Zeit von einer gewissen Gleichgültigkeit befallen. So richtig geht es nicht an mich.

*Hellinger stellt die Brüder der Frau noch weiter zurück und führt die Frau vor ihre Mutter.*

**Bild 7**

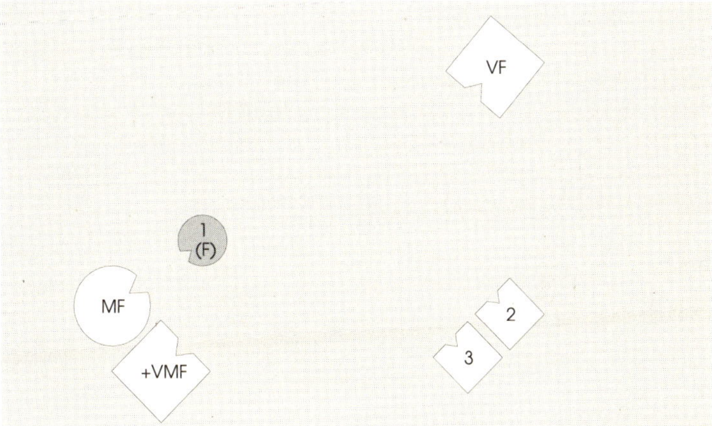


HELLINGER *zur Frau* Sag deiner Mutter: »Mama, ich ziehe mich von dir zurück.«
FRAU (ERSTES KIND) Mama, ich ziehe mich von dir zurück.
HELLINGER Tu es.

*Die Frau geht langsam rückwärts, die Mutter im Blick. Zwischen dem Vater und den Brüdern bleibt sie stehen.*

*Bild 8*

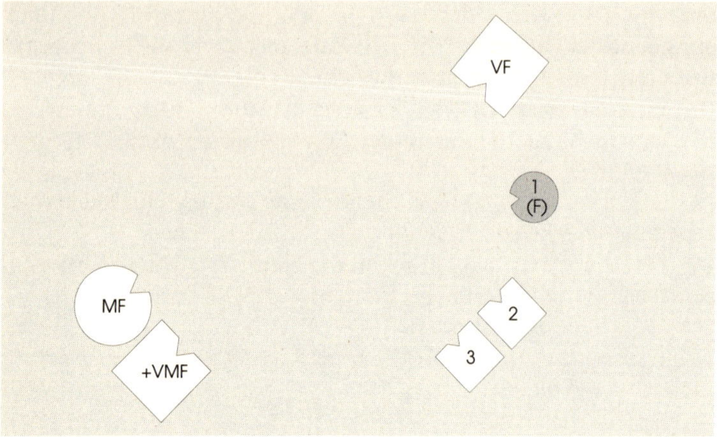


HELLINGER Wie ist das?

FRAU (ERSTES KIND) Viel besser, besser als da neben dem Vater.

HELLINGER Jetzt sag ihr: »Ich lasse die Schuld bei dir.«

FRAU (ERSTES KIND) Ich lasse die Schuld bei dir.

HELLINGER »Und ich ziehe mich jetzt von dir zurück.«

FRAU (ERSTES KIND) Und ich ziehe mich jetzt von dir zurück.

HELLINGER Jetzt wende dich dem Vater zu.

*Bild 9*

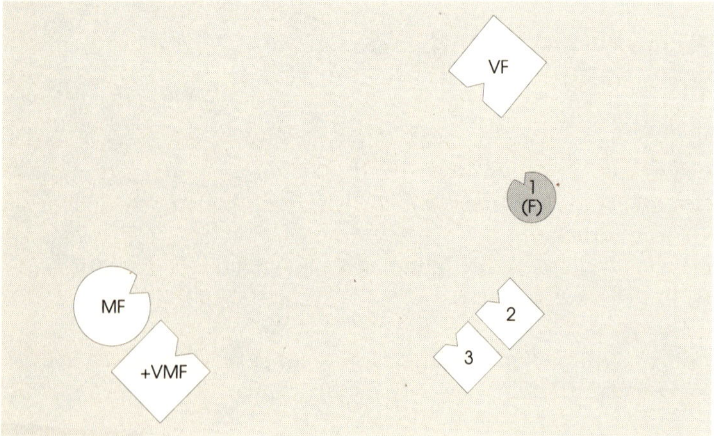

HELLINGER Schau ihn an und sag ihm: »Papa, ich ziehe mich jetzt von dir zurück.«
FRAU (ERSTES KIND) Papa, ich ziehe mich jetzt von dir zurück.
HELLINGER »Und ich lasse die Schuld bei dir.«
FRAU (ERSTES KIND) Und ich lasse die Schuld bei dir.
HELLINGER Wie ist das für dich?
FRAU (ERSTES KIND) Gut.
HELLINGER Jetzt gehe ein paar Schritte zurück und stelle dich neben deine Brüder.

***Bild 10***

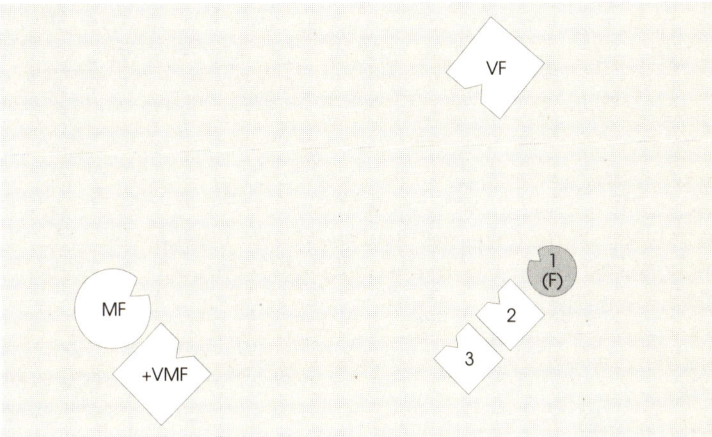


HELLINGER *zur Frau* Wie ist das für dich?
FRAU (ERSTES KIND) Etwas zittrig, aber ich fühle mich hier wohl.

*Hellinger bittet die beobachtende Tochter der Frau, sich mit dem Rücken vor die Mutter zu stellen.*

*Bild 11*

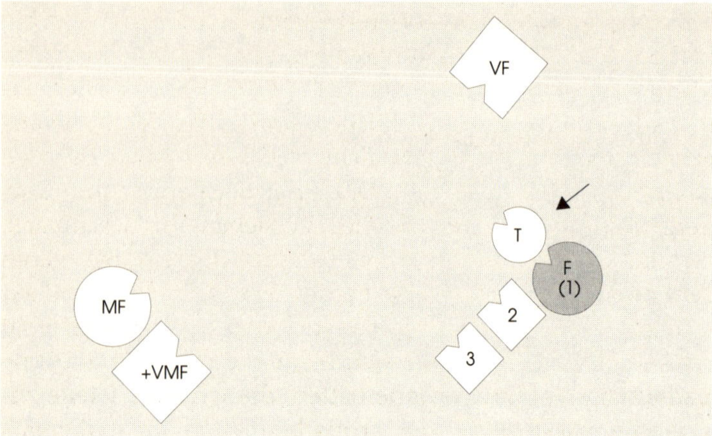


T Tochter der Frau

HELLINGER *zur Frau* Sag deiner Tochter: »Das ist meine Mutter und du bist meine Tochter. Das ist mein Vater und du bist meine liebe Tochter.«

FRAU (ERSTES KIND *zu ihrer Tochter* Das ist meine Mutter und du bist meine Tochter. Das ist mein Vater und du bist meine liebe Tochter.

HELLINGER Na, wie geht es dir?

FRAU (ERSTES KIND) *lacht* Gut.

HELLINGER Gut, das war's dann.

*Die Frau geht an ihren Platz zurück. Das Kind sitzt auf ihrem Schoß und lehnt sich an sie an.*

HELLINGER *als er das sieht* Genau, das ist es jetzt.

*zum Publikum* Ich habe von der bösen Mutter gesprochen. Aber sie ist verstrickt. Da ist nichts Böses. Von ihr kommt die Dynamik, aber man kann ihr keinen Vorwurf machen, weil das ein völlig unbewusster Vorgang ist, der da abläuft. Die Mutter folgt ihrem Vater nach.

Zunächst schien die Familie wie aus einem Bilderbuch zu sein. Aus großer Liebe hatten die beiden geheiratet und bekamen zunächst einen Jungen namens Markus und nach idealem Abstand von zweieinhalb Jahren ein Mädchen namens Josephine. Eine glückliche Familie. Sie stammten aus guten Familien der Mittelschicht, in denen es angeblich nie einen verlorenen Sohn gab. Das Alter der beiden, ihre Körpergröße, Hobbys, individuellen Vorlieben, ihr Geschmack, ihre Lebenspläne stimmten vollständig überein. Sie waren sich auch darin einig, erst in der Ehe sexuellen Kontakt miteinander zu haben. Beiden fiel diese Abstinenz nicht schwer. Erst später stellte sich heraus, dass beide ähnliche pathologische Hintergründe hatten, die wie Puzzleteile zueinander passten, die der erotischen Liebe nicht dienlich waren. Silvia hatte ihre Inzestgeschichte mit ihrem Vater hinter sich und Johannes hatte sich zunächst dem Zölibat verschrieben, denn er wollte Priester werden. Er war bereits im Priesterseminar, als er sich in Silvia verliebte. Der Funke sprang schon beim ersten Blick über und auch das Feuer der Sinnlichkeit flammte bei ihm auf. Es wurde ihm bewusst, dass die Liebe zu Silvia weit größer ist als die Angst, seine Mutter und Gott zu enttäuschen. So entschied er sich für die Ehe. Aber die Würmer des Zweifels und der Schuld fraßen sich in den süßen Apfel hinein und verdarben letzten Endes die Lust, nach ihm zu verlangen. Es war aber auch keine vollblutige Eva da, die zum Zugreifen nach dem Paradiesapfel verführt hätte, sondern nur noch ihr Schatten. Diesen warf Silvias Vater über ihre Weiblichkeit. Verführen lernte sie bei ihm nie. Ganz im Gegenteil. Mit einem dritten Kind erhoffte sich Silvia, die Ehe zu retten. Aber weit gefehlt! Die sexuellen Probleme und die Distanz in der Ehebeziehung wurden immer größer. Johannes empfand sich als ein totaler Versager, er wurde weder Priester noch Ehemann und konnte weder sich selbst noch andere lieben. Und als dann die jüngste Tochter Jacqueline sechs Wochen alt war, machte er seiner Frau die schockierende Mitteilung, dass er sich von der Familie trennen werde. So blieb Silvia mit den drei Kindern alleine. Immerhin sorgte sie dafür, dass die Kinder mit ihrem Vater eine gute Beziehung pflegen.

Zur Herausforderung wurde unerwarteterweise Josephine, obwohl sie zunächst ein so problemloses Kind war. Schon durch ihre leichte Geburt machte sie ihrer Mutter ein Geschenk. Und alles, was ihr die Mama gab, nahm sie dankbar an. Sie konnte sehr früh sprechen und mit zwei Jahren war sie bereits sauber. Beim Spielen war sie lustvoll und ausdauernd. Nie war sie wütend, immer ausgeglichen, angepasst. Erst im vierten Lebensjahr überraschte sie ihre Umwelt mit ihren ersten Tobsuchtsanfällen. Ihre Aggressionen richtete sie ausschließlich gegen ihre Mama. Sie schrie sie an und versuchte sogar, auf sie einzuschlagen. Silvia meinte, dass es sich dabei um die verspätete Trotzphase handelte. Sie ließ aber auch die Möglichkeit zu, dass Josephine mit ihrem feinen Gespür das werdende Geschwisterchen erahnte und sich vor den Veränderungen fürchtete. Um sie seelisch zu beruhigen und ihr rechtzeitig zu mehr Belastbarkeit zu verhelfen, besuchte die damals noch komplette Familie ein festhaltetherapeutisches Seminar. Für die Ehe konnte hier zwar keine Rettung gefunden werden, aber Josephine schien ihren inneren Frieden zurückerobert zu haben. Unter dem Festhalten zeigte sich eindeutig, dass sie keine Trotzphase nachholt, sondern dass sie zum einen Angst hat, nicht mehr klein sein zu dürfen, und dass sie außerdem eine noch weit größere Angst hat, nämlich die vor dem Alleinsein. Es war für sie wie Balsam, sich am Herzen ihrer Mutter auszuweinen, von ihr verstanden zu werden und die Bindung mit ihr hautnah zu fühlen. Auch war sie glücklich, ihren Papa an Mamas Seite zu sehen – ein Bild, welches sie zu Hause immer seltener wahrnehmen konnte.

Unterschwellig aber blieb die Angst um den Verlust dieses Bildes ... Eine unheimliche, bedrohliche Angst. Wie ein riesengroßer Drache, der sich in einer Höhle versteckt. Vor dem dunklen Eingang gab es aber noch ein sonniges Plätzchen. Davor konnte man noch sorglos spielen, mal mit der Mama, mal mit dem Papa kuscheln und tun, als wäre kein Ungeheuer da. Aber dann marschierte es mit donnernden Schritten heraus. Mit seinen feurigen Zungen erstickte es alles, was bis dahin Freude war. Plötzlich verschwand die Mama und als sie zurückkam, fehlte ihr der große kugelrunde Bauch. Dafür brachte sie wie angekündigt ein winziges Baby mit nach Hause. Es war schon süß, wie Mama sagte, ja – aber ... ! Ärgerlich war, dass es dauernd an der Mama angesaugt war und diese immer weniger für Josephine da war. Dafür hat sich der Papa umso mehr Zeit für sie genommen. Er zog sogar aus dem Ehebett aus und zog mit einer Luftmatratze ins Kinderzimmer zu Josephine und Markus ein. Damit die Mama mit dem Baby ungestört ist, sagte er. Josephine freute sich, den Papa ganz alleine für sich zu haben, sodass sie wie gewohnt mit ihm Kissenschlachten veranstalten und mit ihm kuscheln konnte. Das tat sie sowieso lieber als Markus. Aber der Papa war wie verhext. Als hätte er den ganzen Spaß vergessen! Oder war vielleicht die Mama böse zu ihm? »Genauso, wie sie manchmal zu mir böse ist«, meinte Josephine, »eigentlich ist sie immer häufiger böse. Wir halten zusammen, mein lieber Papa, ich bin für dich da. Und ich zeige es der Mama, wie traurig und wie wütend ich bin. Für uns beide. Das Schlimmste dabei ist, dass ich es überhaupt nicht sagen kann. Die Worte fehlen mir. Ab und zu nimmt mich die Mama noch in den Arm, hält mich fest und will, dass ich meinen Ärger herausschreie. Aber verflixt noch mal, sie versteht überhaupt nicht, was mich ärgert. Ich kann das nicht sagen. Da trampelt der Drache um uns herum und spuckt giftigen Speichel aus. ›Blablablabla‹, spuckt mein Mund die Wut aus und dann verstumme ich, damit mich die Mama loslässt. Aber in Wirklichkeit verstumme ich nicht. Sobald sie mich zum Aufräumen meines

Spielzeugs oder zum Zähneputzen auffordert, schreie ich und heule. Endlos. Unfassbar bin ich für sie. Immer öfters sagt sie mir, dein ewiges Heulen, deine Aggressionen kann ich nicht ertragen. Verschwinde in dein Zimmer! Dorthin gehe ich gerne. Dort riecht es nach meinem Papa. Dort lege ich meinen Kopf in Papas Pyjama. Er fängt meine Tränen ab. Alles wird noch schlimmer, als Papa an einem Abend seinen Kleiderschrank ausräumt und in den Koffer auch noch seinen Pyjama legt und sagt, dass er ab heute nicht mehr bei uns wohnen wird. »Wir werden uns nur noch besuchen. Jedes zweite Wochenende dürft ihr drei Kinder mit eurem Papa zusammen sein. Nicht wegen euch Kindern ziehe ich aus. Das ist eine Sache zwischen eurer Mama und mir.« Also doch wegen der Mama! »Papa, nimm mich mit!« Aber er hört es nicht, er hat jedem Kind den Kopf gestreichelt, ihm ein Küsschen gegeben, sich dann umgedreht und ist in die schwarze Nacht gegangen. Der aufgerissene Rachen des Drachen hat ihn verschluckt. Was übrig bleibt, sind Traurigkeit und Zorn.

Josephine konnte Mamas wahren Kummer nicht kennen. Sie konnte nicht wissen, was sie ihrer Mama eigentlich bedeutet. Dass die Mama sie liebt wie sich selbst, aber dass sie sie genauso auch hasst. Dass die Mama in ihr das eigene Spiegelbild sieht: die kleine Silvia mit ihrer mimosenhaften Empfindsamkeit, ihrer Verwundbarkeit und ihrer Verbissenheit. Das zarte Mädchen, das am liebsten kein Mädchen wäre. Der großen Ähnlichkeit mit ihrer Tochter war sich die große Silvia bewusst. Viel weniger jedoch konnte sie die erschreckende Ähnlichkeit der beiden Schicksale zulassen. Einigermaßen klar war ihr noch, dass sie, ähnlich wie Josephine, die stille Traurigkeit ihrer Mutter nicht mochte. Sie hasste die Mutter, wenn sie verstummte, weil sie nicht wusste, warum sie schwieg. An wem liegt es? »Habe ich ihr etwas angetan? Oder der Papa, mit dem sie noch weniger spricht als mit mir?« Unverständlich erschien ihr die Mutter. Diese erstarrte Maske!

Am liebsten hätte sie ihr ins Gesicht geschrien. Ja, genau wie es Josephine ihr gegenüber tut. Aber das traute sich Silvia damals nicht. Ganz im Gegenteil! Sie tat nichts, was die dicke Luft in der Familie noch verdichtet hätte, sondern versuchte zu retten, was noch zu retten war. Da spukte nämlich die stete Angst herum, dass ihre Eltern auseinander gehen. Entweder tut sich die Mutter etwas Schreckliches an oder der Vater hält es nicht mehr aus und geht weg. Sie wusste schließlich, dass die Mutter ihren Mann, aber auch das ganze Leben nicht lieben konnte. Keiner von den beiden schafft es, am wenigsten die Mutter, erkannte sie schon als Kind. Sie spürt ja nicht einmal, wie es dem anderen geht! Sie ist wie ein Stein, ein Tropfstein, der sich hängen lässt und von dem nur ab und zu die Tränen heruntertropfen. Auch der Vater schafft es nicht. Er wird einmal weggehen, wenn ihm die Mama immer wieder sagt: »Geh doch, such dir ein anderes Weib ...« Aber Gott sei Dank geht er nicht weg. Noch nicht! »Was soll ich machen, damit er bleibt, damit er es schön hat, damit auch die Mama bleibt ...«, fragt sich die kleine Silvia. Und weil sie ein tapferes Kind ist, setzt sie sich selbst ein. Ohne Rücksicht auf Verluste. Das Kind gibt dem Papa die Liebe, die ihm die Frau verweigert. Dadurch jedoch kann es kein Kind mehr bleiben. Durch seinen Opfergang macht es sich zu einem Erwachsenen, denn es muss ja die Mutter vertreten. Umso mehr aber verliert es sie. Und auch der Vater ist nun kein Vater mehr. Immerhin bleiben alle Menschen hier, aber irgendwie nur halb. Wie Schatten. Ein Schattentheater, in dem alle schweigend herumschleichen. Als wüssten sie von nichts. Wenn der Vater beim Fernsehen seine Hand um Silvias Schulter legt, schaut die Mama weg. Und wenn der Vater Silvias Kinderzimmer in der Nacht betritt, kommt die Mama nie herein. Silvia meint, nur sie wisse darum und sie müsse darüber schweigen, genauso, wie die anderen schweigen. Eine seltsame Geheimnisträgerin. Sie verschweigt das Erlebte sogar sich selbst gegenüber. Sie spürt es nicht. Sie schaut ihre knospenden Brüste nie an, als gäbe es sie nicht, sie denkt über nichts nach, schon gar nicht an den Schmerz und an die Schuld, denn wessen Schuld wäre es, wenn nicht die des Kindes, das alles auf sich selbst bezieht? Von heute auf morgen, nur um zu überleben, wie einer, der sich im Urwald verirrt hat. Auch er spürt die Moskitostiche nicht und traut sich nicht zu rufen, um keine wilden Tiere auf sich aufmerksam zu machen.

Das Vergessenmüssen hielt Silvia auch noch in der Ehe ein. Sie tat, als hätte ihr Körper keine Erotik, war froh, dass ihr Mann sexuell bescheiden war und freute sich über ihre Weiblichkeit nur, wenn sie schwanger war und wenn sie stillte. Sie war gerne Mutter. Ausgerechnet aber im Reich ihrer mütterlichen Freude, in der Tiefe ihres weiblichen Unterbewusstseins, entpuppte sich aus den jahrelang schlafenden Larven ein Wurm nach dem anderen. Die Würmer des Zweifels bohrten dunkle Verbindungskanäle zwischen der Oberfläche der gegenwärtigen Erlebnisse und dem Verschütteten. Immer wieder und immer häufiger bemerkte sie etwas, was ihr schon irgendwie vertraut war. Als wären es Fragmente aus früheren Leben oder aus Horrorfilmen. Die Wut, die Josephine ihr gegenüber äußert, kennt sie von irgendwoher. Als wenn sie sich von außen betrachten würde, bemerkt sie an sich selbst eine mütterliche Hilflosigkeit, der sie schon einmal begegnet war. Wie unverschämt der verschworene Blickaustausch zwischen Vater und Tochter in Gegenwart der Mutter ist! »Was habt ihr?« »Nichts«, antworten die beiden gleichzeitig wie verabredet. Die Mutter ist die Dumme, die Böse. Wenn Josephine beim Fernsehen ihrem Vater genussvoll auf den Schoß klettert, ihn an seinem Bart streichelt und sich ihren Rücken reiben lässt, entzündet sich in Silvias Bauch ein Feuer. Wie kann sich eine Tochter ihrem Vater so intim nähern? Und wie kann er es zulassen? Eine chaotische Mischung von Entsetzen und Schuld, von Wut und

Trauer stieg aus dem Früheren empor. Meist hat es Silvia geschluckt und nochmals zu verdrängen versucht, manchmal aber brach der Schmerz aus ihr heraus, um die vermeintlichen Schuldigen anzugreifen.

Ihr Mann und sein Töchterchen fühlten sich aber nicht schuldig. Vielmehr waren sie entsetzt. Er beantwortete die Angriffe mit Schweigen und letzten Endes ging er weg. Josephine nahm er aber nicht mit. Sie musste bleiben. Und sie blieb. Wie ein treuer Soldat kämpfte sie für die beiden. Das einzig verfügbare Arsenal war ihr Verhalten. So wurde sie immer lauter und frecher. Der Krieg zwischen der Mutter und der Tochter wurde immer verwirrender, zumal jede von den beiden nicht nur Wut, sondern sehr viel Bedürfnis nach der gegenseitigen Liebe hatte. Zum Muttertag zeichnete Josephine für die Mama ein großes, mit vielen zarten Blümchen verziertes Herz. Bei der Übergabe flog sie mit offenen Armen auf ihre Mama zu. Noch bevor sie die Freudentränen ihrer Mama wahrnehmen konnte, gab sie ihr hastig ein Küsschen auf den Mund und in der gleichen Sekunde streckte sie ihr die Zunge raus. »Blöder Quatsch!«, schaffte sie noch auszurufen, bevor sie die Türe hinter sich zuknallte. So endete jeder Annäherungsversuch von beiden Seiten mit einem verletzenden Zurückstoßen. Ein steter Krieg ohne Waffenstillstand.

Verstandesmäßig konnte Silvia dies nicht einordnen. Unter dem Panzer des immer noch bestehenden Geheimnisses spukten einzelne Erinnerungsfragmente. Wie in einem schrecklichen Traum bekamen Kleinigkeiten monströse Umrisse. Das Weglaufen der schweigenden Mutter kam ihr verdammt bekannt vor. Wenn der Mund wagen würde zu sprechen, wäre dies, als würde ein Damm durchbrechen, und käme einer Sintflut gleich. Welten brächen zusammen. Und sie wäre einzig und allein schuld daran. »Hinter einem schwarzen Tor lauert das höllische Feuer auf mich. Eigentlich könnte mich nur die Mama vor dieser Katastrophe schützen. Nur in ihren Armen könnte ich mich verstecken. Aber ihre Brust ekelt mich, sie stößt mich ab. Ausgerechnet diese Mama versteht nichts von meinen unheimlichen Ängsten. Gar nichts. Sie schaut vor sich hin ins Unbekannte. Und eigentlich ist es gut so, sonst könnte sie mich durchschauen. Nichts als Schweigen! So oft liegt mir auf der Zunge: ›Scher dich zum Teufel, Josephine ...‹ O Gott, was bin ich für eine böse Mutter, dass ich mein eigenes Kind in die Hölle schicken will! Ich hasse mich selber, wenn ich deinen verbissenen Gesichtsausdruck sehe.«

Die Unerträglichkeit dieser quälenden Ambivalenz zwischen Hass und Liebe brachte Silvia dazu, nach Hilfen zu suchen. Ein Psychologe riet ihr, das System ihrer Familie aufzustellen. Die Reise zum Seminar schien nicht nur wegen der Entfernung und der ungünstigen Zugverbindung anstrengend, sondern auch wegen Josephine. Silvia befürchtete, dass sie unterwegs Theater machen und die Mutter als schlechte Erzieherin entblößen würde. Ausladen aber konnte man sie nicht, weil die Teilnahme der Kinder an diesem Seminar ausgesprochen erwünscht war. Josephine wusste davon und bestand auch mit außerordentlicher Hartnäckigkeit darauf mitzufahren, als ginge es um ihr Leben. Gegen alle Befürchtungen störte Josephine überhaupt nicht. Im Zugabteil saß sie schweigend neben ihrer Mutter. Ihre Stille war dabei nicht provozierend und auch nicht autistisch, eher ernst und bedächtig. Sie schien irgendetwas vorauszuahnen. (Etwa so wie Kinder das Kommen von Nikolaus und Ruprecht oder die erste Kommunion erwarten.) Die Aufstellung beobachtete sie von der ersten Sekunde des Vorgesprächs zwischen ihrer Mama und dem alten Mann bis zum erlösenden Bild, in das sie aufgenommen wurde, fasziniert. Es fiel ihr überhaupt nicht ein, sich mit einem einzigen impulsiven Wort einzumischen. Das mögliche geschehende Wunder darf man nicht stören, sonst könnte es verschwinden. Endlich ist hier jemand, der weiß, aus welchen Höhlen die Drachen steigen, und der sie endgültig vertreiben kann. Der weißhaarige Mann macht meine Mama frei und jetzt kann ich bei ihr als ihr Kind landen.

Ähnlich nahm auch Silvia die Situation wahr. (In diesem Zusammenhang ist es interessant, einmal das Wort Wahrnehmung zu verstehen, nämlich das Nehmen des Wahren.) Es erinnerte sie an ein Kaleidoskop, bei dem sich die einzelnen Glasstücke zu einem klaren Muster zusammensetzen, in dem nun jedes bis dahin sinnentleerte Steinchen seine Bedeutung bekommt. Oder als wenn ein Felsbrocken in einen Teich fällt, die Wassermassen von oben nach unten aufwirbelt und sich dadurch die Schichten von unten nach oben neu ordnen. Die schweren Steine ganz unten, die leichteren oben und der Matsch und der Sand sinken herunter, bis sich das Wasser klärt und immer sauberer und heller wird. Ein Spiegel für den blauen Himmel und die leuchtende Sonne. Während der Aufstellung ordnete sich so das Gestrige zum Gestern und das Gegenwärtige zur Gegenwart. Ihre Mutter mit ihrer sehnsuchtsvollen Treue zu ihrem gestorbenen Vater und ihren eigenen Vater, der einsam und bedürftig nach zärtlicher Liebe war, konnte sie der Vergangenheit zuordnen. Dorthin gehörte auch die Angst, Liebe zuzulassen, und dorthin gehörten auch der Zorn und die Trauer. Diese Gefühle gehören zu ihrer eigenen Vorgeschichte und haben nichts mit Josephine in der Gegenwart zu tun. Sie kann es jetzt klar voneinander trennen. »Du bist frei von meinen Übertragungen, Josephine, ich bin deine Mama und du bist meine liebe Tochter.«

Bei beiden, Mutter und Tochter, konnte nun die Liebe zugelassen werden. Und als sich die beiden einige Stunden später unter der Anleitung ihrer Festhaltetherapeutin auf der Matte in den Arm genommen hatten, breitete sich das kleine Flämmchen rasch zu einem großen Feuer aus. Josephine konnte ihre Tränen wegen der Trennung ihrer Eltern fließen lassen, sie erfuhr aber auch neues Glück, als sie von ihrer Mama hörte, wie sehr sie sich über Josephines treue

Liebe zu ihrem Vater freut. »Alles, was du von deinem Papa hast, liebe ich an dir. Die Farbe deiner Augen hast du vom Papa bekommen. Ich liebe deine Augen. Wie bei deinem Papa bilden sich auch auf deiner Stirn diese beiden Falten, wenn du verlegen bist. Ich freue mich, dass du bist wie er, Josephine.« Da glitzerten in Josephines Augen kleine Freudentränen wie zwei aus der Meerestiefe aufgetauchte Perlen. »Du bist die beste Mama. Ich mag dich so!«

Nach eineinhalb Jahren berichtete uns die Mutter, dass die Liebe zwischen ihr und Josephine weiterhin wächst. Sie kann Josephine gut sowohl bei ihrem Vater als auch bei ihren Eltern lassen. Unstimmigkeiten tauchen zwar wie in jeder anderen Beziehung auch immer mal wieder auf, aber sie führen nicht mehr zu einer feindlichen Funkstille. Keine von den beiden braucht etwas zu verschweigen. Jede traut sich, offen zur Wahrheit zu stehen. Dementsprechend gewann Josephine auch ein ihr bis dahin unbekanntes Selbstwertgefühl. Als sie unlängst von einer Mitschülerin wegen ihrer Kleidung gehänselt wurde, erwiderte die achtjährige Josephine ganz ruhig: »Mir gefallen meine Kleider. Du bist nicht ich.« Es war ihr wichtig, ihrer Mama davon zu erzählen und von ihr zu hören, ob die Reaktion richtig war. »Hättest du es auch so gesagt, Mama? Weißt du, wenn ich groß bin, möchte ich so sein wie du.«

# Du musst hyperaktiv bleiben!

HELLINGER *zu den Eltern* Was ist bei euch?
MANN Wir haben zwei Kinder, und unser Raphael ist als hyperaktiv diagnostiziert. Wir haben da Mordsprobleme in der Schule.
HELLINGER Er ist der Älteste?
MANN Nein, er ist der Jüngste.
FRAU Wir haben zwei Kinder, Thomas ist dreizehn, er ist der Zweitgeborene. Als Erstes hatte ich eine Totgeburt.
HELLINGER Du hattest als Erstes eine Totgeburt? Das Kind zählt dazu. Ihr habt also drei Kinder.
FRAU *mit tränenerstickter Stimme* Das habe ich die ganze Zeit nicht so gesehen.
HELLINGER Dann wird es höchste Zeit, dass wir das korrigieren. *Die Frau verbirgt ihr Gesicht.*
HELLINGER *zur Frau* Na, schau doch mal her, wir meinen es ja gut.
FRAU Das ist gut. *Jetzt etwas gefasster* Diese Totgeburt war Ende siebter, Anfang achter Monat. Anschließend hatte ich noch eine Fehlgeburt im dritten Monat.
HELLINGER Das zählt nicht.
FRAU Für mich hat bisher beides nicht gezählt. Ich habe das alles total verdrängt.
HELLINGER Das erste Kind zählt. *Die Frau schaut Hellinger eine Weile fragend an* War jemand von euch vorher in einer festen Bindung?
MANN Nein.
FRAU Nein.
HELLINGER Ist sonst etwas Besonderes passiert?
FRAU Wir haben geheiratet. Nach fünf Jahren wollten wir ein Kind, und das ist halt schief gegangen. Dann hieß es, ihr müsst ein Jahr warten, und dann haben wir es noch mal probiert, trotz allem etwas früher. Die Schwangerschaft war schwierig. Ich hatte ab dem fünften Monat Wehen. Man hat mir die Gebärmutter verschlossen. Dann musste ich ein Vierteljahr im Krankenhaus liegen. Oh, das habe ich jetzt durcheinander gebracht, das war ja beim Letztgeborenen, der jetzt so hibbelig ist. Da habe ich also

mit dem Kopf nach unten drei Monate gelegen, damit da ja nichts passiert, bis dann irgendein Arzt sechs bis sieben Wochen vor der Geburt festgestellt hat, dass es dem Kind schlecht geht. Während der Wehen würde es ihm besser gehen, weil er schlecht durchblutet sei. Dann hat man einen Kaiserschnitt gemacht. Er kam zur Welt, natürlich zu leicht. Er war dann drei bis vier Wochen in der Kinderklinik und lag eine Woche im Brutkasten. Ich habe das Kind eine Woche lang nicht gesehen, das war schlimm für mich. Einige Tage war da auch die Angst, dass dem Kind auch etwas passiert, dass es auch stirbt, dass ich es auch verliere wie das erste. Ich habe dann versucht, alles besonders gut zu machen und auf alles zu achten. *Sie weint.* Es übersteigt meine Kräfte.

HELLINGER Und was ist mit dem älteren Kind?

FRAU Das läuft eigentlich so nebenher, das muss alles ertragen, was die Eltern fabrizieren und was der Jüngere verursacht.

HELLINGER Ach Gott, die armen Eltern! Wenn die sich immer Vorwürfe machen, tun die mir richtig leid. Was sollen die denn anderes machen? Habt ihr schon Festhaltetherapie gemacht mit dem Jüngsten?

FRAU Ich habe es selbst versucht, nachdem ich das Buch von Jirina Prekop gelesen habe. Da habe ich es ausprobiert. Dann hat man mir gesagt, dass man das nicht ohne Begleitung machen soll. Man soll sich erst mal beraten lassen und es soll jemand dabei sein. Also haben wir uns an Frau W. gewandt und die hat uns den Tipp gegeben, als erstes mal hierher zu kommen. Wir haben bei ihr schon mit Puppen aufgestellt.

HELLINGER Okay, ich mache das mit euch. Es ist besser, wenn die Kinder da sind. Holt sie herein.

HELLINGER *zur Frau, während der Vater die Kinder holen geht* Ist etwas Besonderes in deiner Herkunftsfamilie?

FRAU Nein. Ich bin die Älteste von drei Geschwistern, wobei meine Geschwister zehn Jahre jünger sind. Ich war immer die Glucke, die große Schwester, aber sonst ist da nichts.

HELLINGER Ist etwas Besonderes in der Herkunftsfamilie deines Mannes?

FRAU Mein Mann ist Einzelkind und hat viel ältere Eltern gehabt als ich. Sein Vater wurde im Krieg verwundet und ist schwer behindert, er hat einen Splitter im Gehirn. Das äußert sich nicht weiter, er muss aber Tabletten nehmen. Mehr weiß ich darüber auch nicht. Das war eine totgeschwiegene Sache, über die nie geredet wurde. Meine Schwiegermutter ist gestorben in dem Jahr, als wir geheiratet haben, vor knapp achtzehn Jahren. Ich habe sie nicht lange gekannt, ich kenne mehr oder weniger nur den Schwiegervater.

HELLINGER Gut, dann stellen wir jetzt das Gegenwartssystem auf: dich, deinen Mann und die Kinder.

FRAU Alle drei?

HELLINGER Nein, erst einmal nur die lebenden. Das tote Kind nehme ich später, damit man sieht, was die Wirkung ist, wenn es dazu kommt.

*Der Mann kommt mit den Kindern und die Frau beginnt mit der Auswahl der Stellvertreter.*

***Bild 1a***

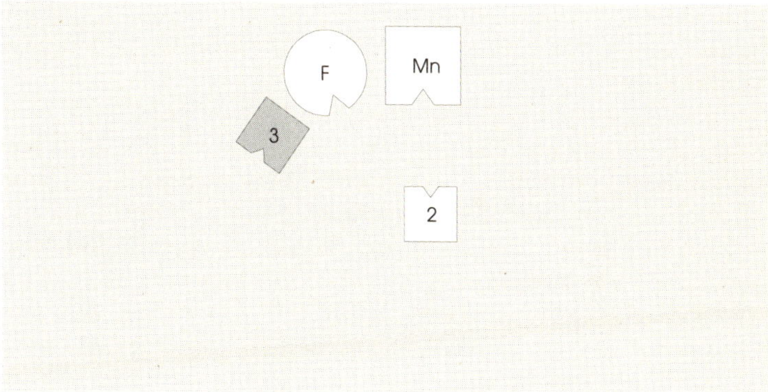


| | |
|---|---|
| Mn | Mann |
| F | Frau |
| 2 | Zweites Kind, Sohn |
| **3** | **Drittes Kind, Sohn (= Raphael)** |

HELLINGER *zum Mann* Jetzt stell du noch auf, nach deinem Gefühl.

*Bild 1b*

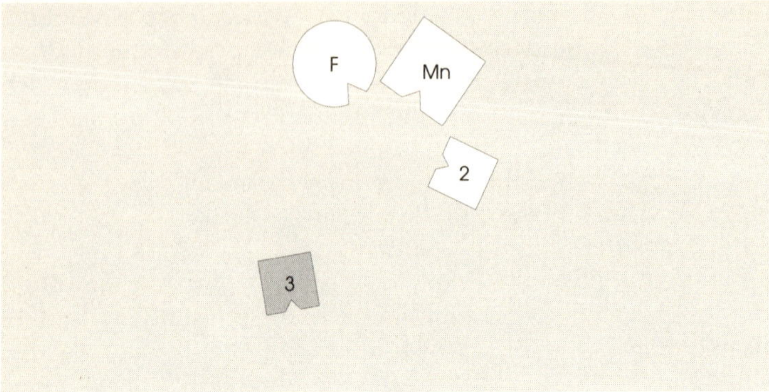


HELLINGER *zum Mann* Hat deine Frau schon einmal Selbstmordgedanken geäußert?
MANN Nein, mir gegenüber nicht.
HELLINGER Was ist dein Gefühl?
MANN Nein, das glaube ich nicht, sie steht mit beiden Beinen auf der Erde.
HELLINGER *zur Frau* Wie ist das mit Selbstmordgedanken?
FRAU Nein, so weit habe ich noch nie gedacht. Ich fühle nur Hilflosigkeit und weiß oft nicht weiter. Aber an Selbstmord habe ich noch nicht gedacht. *Sie weint und ihre Stimme versagt.*
HELLINGER *zum Mann* Ist irgendetwas Besonderes in der Herkunftsfamilie deiner Frau?
MANN Nicht dass ich wüsste. Sie ist die Älteste von drei Geschwistern mit zehn Jahren Abstand zu ihrer jüngeren Schwester und elf Jahren zum Bruder.
HELLINGER War jemand von ihren Eltern vorher verheiratet oder verlobt?
MANN Nein, die haben sich jung kennen gelernt.
HELLINGER Gibt es ein uneheliches Kind?
MANN Weiß ich nicht.
HELLINGER *zur Frau* Gibt es eines?
FRAU Nein, kein uneheliches, aber meine Mutter hatte auch eine Totgeburt, und zwar nach mir. Da weiß ich aber nicht, wann das war, ich habe das Kind nicht gekannt, es war ein Junge. Mehr weiß ich da nicht.

*Hellinger stellt den tot geborenen Bruder der Frau in das Bild neben die Frau.*

**Bild 2**

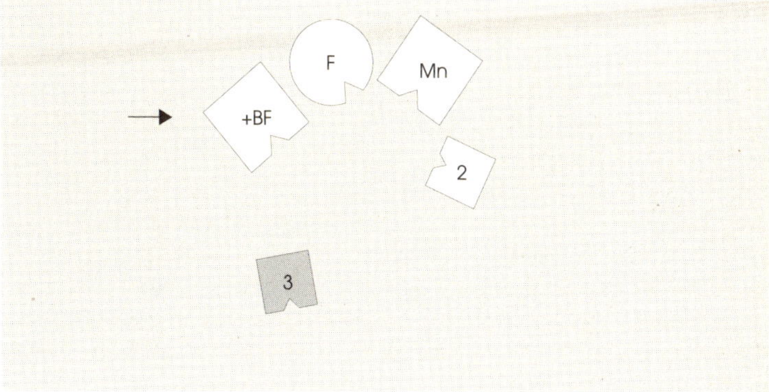


+BF Bruder der Frau, tot geboren

HELLINGER *zur Stellvertreterin der Frau* Wie ist das?
STELLVERTRETERIN DER FRAU Das tut gut, das beruhigt. Vorher hatte ich, wie sie das selbst ausgedrückt hat, ein sehr hilfloses, ängstliches Gefühl. Das beruhigt sehr.
HELLINGER *zum Stellvertreter des Mannes* Wie geht es dir?
STELLVERTRETER DES MANNES Mir geht es zur Zeit nicht gut, weil der eine Sohn so nah neben mir steht. Vorher, so wie die Frau es zuerst gestellt hat, war es besser. Ich habe es sogar richtig am Herz, merke ich. Es drückt ein bisschen.
HELLINGER *zum zweiten Kind* Wie geht es dir?
ZWEITES KIND Ich habe mich zuerst auch wohler gefühlt. Dem Vater gegenüberzustehen hat mir Kraft gegeben. Ich habe mich mehr am Vater orientiert, die Mutter war immer im Nebel. Seit ihr tot geborener Bruder da ist, ist es besser.
HELLINGER *zum dritten Kind* Wie geht es dir?
DRITTES KIND Es hat sich viel verändert, als der tot geborene Bruder der Mutter dazukam. Vorher habe ich nur eine Weite vor mir gesehen. Jetzt kommt so langsam ein Gefühl, dass da hinter mir etwas ist. Vorher hatte ich eine Bindung zur Mutter hinter mir. Das hat nachgelassen, als der tote Onkel dazukam. Ich komme so langsam wieder zurück.

HELLINGER *zum Mann* Gab es wegen eurem tot geborenen Kind zwischen den Eltern einen Konflikt oder einen Vorwurf?

MANN Von meiner Seite nicht. Wir haben auch in letzter Zeit darüber geredet. Ich habe das Kind gesehen, es war alles dran. Ich habe es kurz gesehen und dann war es wieder weg.

HELLINGER *zur Frau* Gibt es einen Vorwurf wegen der Totgeburt?

FRAU Einen Vorwurf nicht, aber zum damaligen Zeitpunkt durfte das Kind nicht beerdigt werden, weil es nicht gelebt hat. Das empfand ich als schlimm. *Sie weint.*

HELLINGER Ja, das ist es auch.

*zum Publikum* Da gibt es einen berühmten Moraltheologen, Bernhard Häring, der hat dicke Bücher über Moraltheologie geschrieben. Der ist aus folgendem Grund Moraltheologe geworden: Seine Schwester bekam Zwillinge. Davon ist eines lebend geboren, das andere tot. Das Lebende ist auch gestorben, aber es wurde noch getauft. Das Tote konnte nicht mehr getauft werden. Dann durfte das Getaufte begraben werden, das Ungetaufte nicht. Das hat ihn so empört, dass er Moraltheologe geworden ist, um gegen diese Ungerechtigkeit anzugehen.

*zur Frau* Das ist etwas ganz Schlimmes, was da passiert ist. War dein tot geborenes Kind ein Junge?

FRAU Ja.

*Hellinger wählt einen Stellvertreter für das tote Kind aus und stellt die Familie um. Das tote Kind lässt er zu Füßen der Eltern am Boden sitzen. Beide Eltern legen ihm die Hand auf den Kopf.*

**Bild 3**

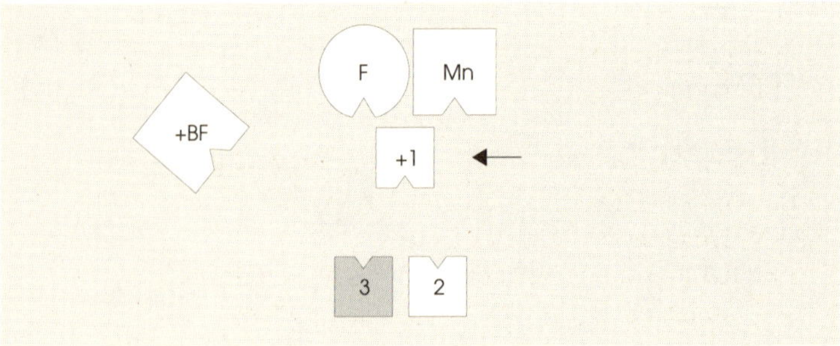


+1 Erstes Kind, Sohn, tot geboren

HELLINGER *zum toten Kind* Wie ist das für dich?

ERSTES KIND† Ich bin nicht richtig da, aber ich fühle mich geborgen. Ich gehöre nicht richtig dazu, ich habe das Gefühl, dass ich nur so halb da bin.

HELLINGER *zu den Eltern* Kommt ihr selber an den Platz und stellt euch da hin. Wechselt dabei die Position.

*Die Frau stellt sich links neben den Mann. Der tot geborene Bruder der Frau wechselt mit ihr auf die andere Seite.*

HELLINGER *zu den Eltern* Rückt ganz eng zusammen, damit er euch spüren kann, und legt eine Hand auf den Kopf des Kindes.

***Bild 4***

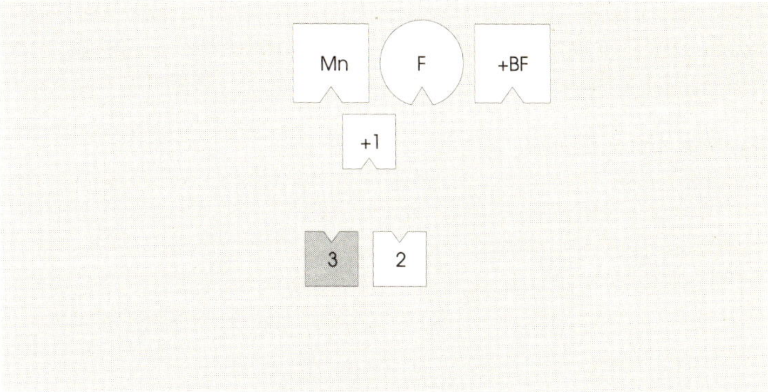


HELLINGER *zum toten Kind* Wie ist das jetzt?

ERSTES KIND† Sehr gut. Durch den Druck der Hände spüre ich so richtig, dass ich dazugehöre.

HELLINGER *zum Mann* Sag ihm: »Für uns bist du unser liebes Kind.«

MANN *sehr bewegt* Für uns bist du unser liebes Kind.

HELLINGER »Unser erstgeborenes Kind.«

MANN Unser erstgeborenes Kind.

HELLINGER »In unserem Herzen hast du einen Platz.«

MANN In unserem Herzen hast du einen Platz.

HELLINGER *zur Frau* Sag ihm das auch: »Mein liebes Kind.«

FRAU *weint* Mein liebes Kind.

HELLINGER »Du bist unser erstgeborenes Kind.«
FRAU Du bist unser erstgeborenes Kind.
HELLINGER »Wir nehmen dich als unser erstes Kind.«
FRAU Wir nehmen dich als unser erstes Kind.
HELLINGER »In unserem Herzen hast du einen Platz.«
FRAU In unserem Herzen hast du einen Platz.
HELLINGER Schau runter zu ihm, mit Liebe. Leg auch die andere Hand auf seinen Kopf.
*zum toten Kind* Wie geht es dir jetzt?
ERSTES KIND† Gut, das ist sehr bewegend. Ich bin dankbar dafür.
HELLINGER *zum zweiten Kind* Wie geht es dir?
ZWEITES KIND Ich fühle mich wohl.
HELLINGER *zum dritten Kind* Wie ist es bei dir?
DRITTES KIND Schon besser, aber ich fühle mich eigenartig groß. Ich hätte mich gerne neben meinen toten Bruder gesetzt.
HELLINGER Setz dich daneben, auf die linke Seite.

*Er setzt sich neben den toten Bruder. Hellinger stellt den toten Bruder der Frau etwas weiter weg.*

**Bild 5**

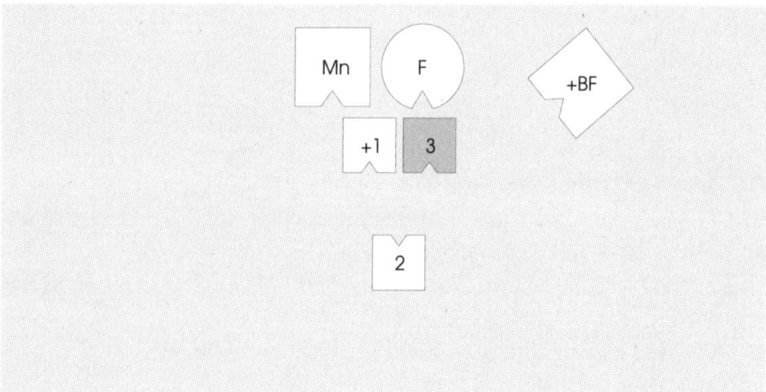


HELLINGER Wie ist das?
DRITTES KIND Das ist gut.
HELLINGER *zu Raphael, der im Außenkreis zuschaut* Willst du dich mal da hinsetzen?

*Der Junge setzt sich an seinen Platz in der Aufstellung, ganz dicht neben den toten Bruder.*

HELLINGER *zu Raphael* Sag ihm: »Du bist mein toter Bruder.«
RAPHAEL (DRITTES KIND) Du bist mein toter Bruder.
HELLINGER »Ich gebe dir die Ehre als meinem großen Bruder.«
RAPHAEL (DRITTES KIND) Ich gebe dir die Ehre als meinem großen Bruder.
HELLINGER »Schau freundlich auf mich.« *Hellinger lässt den toten Bruder den Arm um den Jungen legen.*
RAPHAEL (DRITTES KIND) Schau freundlich auf mich.
HELLINGER *zu Raphael* Wie geht es dir da?
RAPHAEL (DRITTES KIND) *mit lauter Stimme* Gut.
HELLINGER *zum toten Bruder* Wie geht es dir?
ERSTES KIND† Mir geht es auch gut.
*zu Raphael* Aber ich möchte, dass du lebst.

*Hellinger stellt jetzt die drei Geschwister der Reihenfolge nach den Eltern gegenüber. Auch den beobachtenden Zweitgeborenen nimmt er jetzt in die Aufstellung.*

**Bild 6**

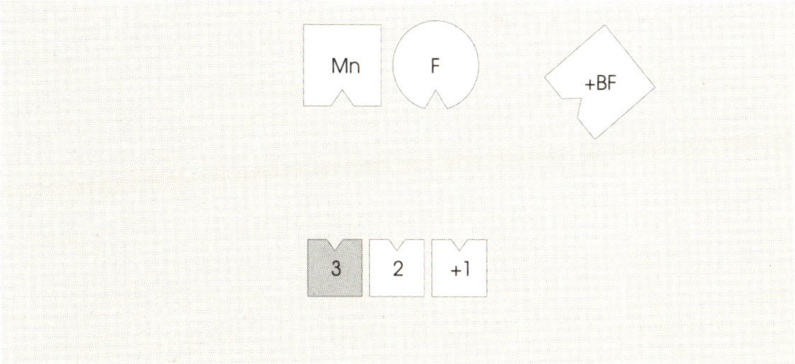


HELLINGER *während er die Geschwister aufstellt zu Raphael und seinem Bruder* Das ist wirklich ein großer Bruder. Das ist der Erste, den kennt ihr gar nicht.
*zum Zweitgeborenen* Du bist nämlich der Zweite, weißt du das?
*zu Raphael* Und du bist der Dritte.

*Beide Jungen nicken und stellen sich dicht neben den Stellvertreter des toten Bruders.*

HELLINGER *zum Mann* Wie geht es dir jetzt?
MANN Besser.
FRAU *sehr bewegt* Gut.
HELLINGER *zum Erstgeborenen* Wie geht es dir?
ERSTES KIND† Gut.
HELLINGER *zum Zweitgeborenen* Wie geht es dir?
ZWEITES KIND Gut. Es ist besser, wenn man einen großen Bruder hat, der einem was zeigt.
RAPHAEL (DRITTES KIND) Auch gut, noch ein größerer Bruder.
HELLINGER *zur Frau* Sag deinem toten Bruder: »Ich bin deine große Schwester.«
FRAU *sehr bewegt zu ihrem toten Bruder* Ich bin deine große Schwester.
HELLINGER »Ich nehme dich als meinen Bruder.«
FRAU Ich nehme dich als meinen Bruder.
HELLINGER »Ich gebe dir einen Platz in meinem Herzen.«
FRAU Ich gebe dir einen Platz in meinem Herzen.

*Hellinger lässt Bruder und Schwester einander umarmen.*

HELLINGER *nach einer Weile zur Frau* Sag ihm: »Schau freundlich auf meinen Mann und auf meine Kinder.«
FRAU Schau freundlich auf meinen Mann und auf meine Kinder.
HELLINGER Du musst ihn dabei anschauen.
FRAU Schau freundlich auf meinen Mann und auf meine Kinder.
BRUDER DER FRAU† *nickt lächelnd* In Ordnung, gerne.
HELLINGER *zum Mann* Wie geht es dir jetzt?
MANN Ganz gut, wenn ich meine Familie so sehe und meine Frau neben mir.
HELLINGER Lege den Arm um die Frau.
*zur Frau* Lege den Arm um den Mann.
*zu beiden* Schaut eure Kinder an, aber groß und von oben, als Eltern.

*zur Frau* Du musst dich aufrichten.
FRAU So schnell haben wir uns vergrößert.
HELLINGER Gut so?
FRAU Ja, toll.
MANN Der tote Junge wäre bestimmt schon so groß wie sie.
HELLINGER Der muss einen Grabstein bekommen, irgendwo einen Gedenkstein. Gebt ihm auch einen Namen. Und zählt die Kinder jetzt richtig. Gut, das war's dann.

HELLINGER *nachdem sich alle gesetzt haben zur Frau* Kinder brauchen große Eltern, weißt du das?
FRAU Ja, nur ist groß sein manchmal ganz schön schwierig.
HELLINGER Das sagen die kleinen Kinder. *Lachen.* Also, was wirst du jetzt machen?
FRAU Mächtig groß sein.
HELLINGER Ich habe dir einen Tipp gegeben, wie man das macht. Kannst du dich noch erinnern?
FRAU Nein.
HELLINGER Man richtet sich innerlich auf.
*zum Publikum* Seht ihr, sie hat es gleich gemacht. *Die Frau lacht.* Und man schaut etwas von oben herunter.
FRAU Okay.
HELLINGER Genau, jetzt hast du auf mich herabgeschaut.
*zum Publikum* Man könnte wohl vielen Kindern helfen, wenn man um diese Verstrickungen wüsste. Auch vielen Eltern könnte man helfen, wenn man um die Verstrickungen wüsste. Irgendwelche Fragen dazu?

DIE FESTHALTETHERAPEUTIN, DIE DIESE FAMILIE BEGLEITET Ich kenne ja die Familie und ich habe nach dem Namen gefragt, den sie damals für das tote Kind ausgesucht hatten. Sie haben mir gesagt, dass der Name Raphael vorgesehen war, und so heißt jetzt der Dritte.
HELLINGER Wenn ein lebendes Kind den Namen von einem toten bekommt, dann wird das tote noch einmal ausgeklammert.
*zu den Eltern* Das dritte Kind muss einen eigenen neuen Namen bekommen. Hat er einen zweiten Namen?
FRAU Nein, ganz bewusst nur den einen. Fragen Sie mich aber nicht, warum.

HELLINGER Er muss einen neuen Namen bekommen. Ihr müsst das durchsetzen, dass er einen neuen Namen bekommt. Ihr müsst erklären, wieso, und lasst das umändern in einen neuen Namen. Und ihr bestimmt ihn, ihr werdet das Kind nicht fragen.
FRAU Ist das machbar?
HELLINGER Das weiß ich nicht, aber ihr macht es so, dass es machbar wird.

*Die Frau hat sich mit einem Ruck aufgerichtet.*

HELLINGER Jetzt hat sie sich aufgerichtet. *Lachen.* So geht es. Das ist unwiderstehlich.
*zu der Therapeutin* Danke für die Frage, das war ein wichtiger Hinweis.

TEILNEHMERIN Wie ist das, wenn Kinder einen Namen aus der Familie bekommen, der nicht mit einem Schicksal behaftet ist?
HELLINGER Wenn Kinder den Namen von Vorfahren bekommen, von Großeltern zum Beispiel, ist es immer gut. Dann sind sie eingebunden. Während wenn sie so ausgefallene Namen bekommen, die niemand in der Familie hat, fühlen sie sich eher als Außenseiter, wie Fremde.
TEILNEHMER Wie wirkt sich das aus, wenn ein Mann den Namen seines im Krieg gefallenen Onkels trägt?
HELLINGER Das kommt ganz auf die Umstände an. Wenn er den Gefallenen vertreten muss, wirkt es sich für ihn schlimm aus. Ich bin mal einer Frau begegnet, die hatte die vier Namen von vier Tanten, die im Konzentrationslager umgekommen sind. Sie kam nur mit einem Arm, den anderen hatte sie bei einem Selbstmordversuch verloren. Das ist ganz schlimm. Wenn man einen Namen gibt, soll es einer sein von Großvater, Großmutter, Vater, Mutter, Onkel, Tanten usw. das sind in der Regel gute Namen. Nicht solche mit besonderem Schicksal. Wenn jemand den Namen bekommen hat von einem mit schlimmem Schicksal, dann stellt man das Kind dieser Person vor und sagt ihr, sie soll es segnen. Dann ist es gut. Das wäre auch für die Frau in meinem Beispiel die Lösung gewesen, indem sie sagt: »Liebe Tanten, schaut freundlich auf mich, in mir seid ihr da.« Dann wäre es aufgelöst. Wenn man das nicht weiß, dann lieber die Hände weg von solcher Namensgebung.

TEILNEHMERIN *am nächsten Tag* Ich habe mir Gedanken zu der Namensänderung von Raphael gemacht. Es beschäftigt mich die Frage, wie der Raphael, der ja mit seinem Namen eine gewisse Identität verbunden hat, reagieren wird, wenn er einen anderen Namen bekommt. Wie geht das Kind damit um? Ist das wirklich letztlich so sinnvoll?

MUTTER VON RAPHAEL Genau das habe ich mich heute Nacht auch gefragt.

HELLINGER Im Zusammenhang mit dieser Frage will ich noch etwas sagen über Dialektik und Phänomenologie. Das sind philosophische Begriffe. In unserer Kultur denken wir dialektisch, und dialektisch heißt, wir bleiben im Kopf. Phänomenologisch heißt, ich bleibe bei der Anschauung. Bei der Dialektik gehen die Erkenntnisschritte von der These, zum Beispiel als ich sagte, Raphael muss einen anderen Namen bekommen, zur Antithese, die sagt: Das ist doch gefährlich, der hat doch eine andere Identität. Mit der Antithese wird die These zunichte gemacht. Und zwar nur mit der Möglichkeit im Denken, ohne die Anschauung der Wirklichkeit. Wer gestern das Bild gesehen hat, wie der Junge neben dem toten Bruder saß und der Tote den Arm um ihn legte, der weiß ganz genau, dass der Junge einen anderen, eigenen Namen haben muss, damit er sich aus der Identifizierung lösen kann. Das ist nämlich eindeutig die Identität, die er jetzt hat, er ist identifiziert mit einem Toten. Jetzt muss er seine eigene Identität erst gewinnen, unter anderem durch einen eigenen Namen. Das ist jetzt Anschauung der Wirklichkeit. Was die Fragestellerin gebracht hat, ist ein Einwand. Ich kann auf alles, so gut es auch ist, einen Einwand erheben und mache damit das Wahrgenommene zunichte. Das ist sehr gefährlich. Diese Art der Dialektik gibt dem Einzelnen die Vorstellung von Freiheit und Macht ohne eigenes Risiko. Der Einwand dient immer dazu, etwas zunichte zu machen, er baut aber nicht auf. Wenn die Familie dem nachgehen würde, wäre sie im Handeln gelähmt. Sie müsste jetzt an den Einwand denken: Ach, vielleicht ist es nicht richtig, der hat ja schon seine Identität. Doch das passiert alles im Kopf, völlig losgelöst von der Erfahrung und der Wahrnehmung, die wir hier hatten. Das war jetzt eine grundsätzliche Bemerkung zur Art des Vorgehens. Konnte ich das verdeutlichen?

TEILNEHMERIN Ja.

HELLINGER Deshalb nenne ich diese Art der Psychotherapie phänomenologisch. Die geht nicht über die dialektische Art des gedanklichen Diskurses, sondern rein von der Anschauung und traut dem, was sich zeigt, nicht dem, was ich darüber denke.

Nach eineinhalb Jahren rief ich bei der Familie an, um zu fragen, wie es sich mit der Hyperaktivität verhält. Noch bevor mir die Mutter antworten konnte, hörte ich ihre mahnende Stimme: »Raphael, lass doch den Gameboy liegen und mach deine Hausaufgabe! Ich kann jetzt nicht bei dir sitzen, ich muss telefonieren.«

Weitere Fragen haben sich eigentlich erübrigt. Der Junge hat also seinen Namen behalten und er ist hyperaktiv geblieben. Ganz umsonst hat sich Bert Hellinger bemüht zu erklären, warum die Namensveränderung so wichtig ist. Diese Erläuterung wurde ja sogar zum wichtigsten Teil der Aufstellung. Solange derjenige den Namen dessen trägt, mit dem er sich identifiziert, kann er seine eigene Identität nicht gewinnen. Er muss das Schicksal des anderen tragen, seine Lebensweise nachahmen und seine Gefühle übernehmen. Durch die Identifikation mit dem anderen wird er daran gehindert, seine eigenen Gefühle zu leben und sich seinem eigenen Schicksal zu stellen. Er gehört sich nicht selbst, sondern noch dem anderen. Durch diese innerliche Zerrissenheit kann er sich nicht als einheitliches Ich erleben. Er kann nicht in sich ruhen und kommt auch nicht zur Ruhe. Er wird unruhig, in welcher Form und unter welcher Diagnose auch immer. Das Unheil betrifft aber auch denjenigen, durch den die Identifikation entstand. Solange für ihn jemand leben muss, ihn vertreten muss, seine Gefühle übernehmen und sein Schicksal tragen muss, wird sein Leben nicht voll gewürdigt. Er ist immer noch nicht ganz im System der Familie zugelassen. Dadurch, dass ein später geborenes Kind seinen Namen bekommt, wird das vor ihm tot geborene Kind nochmals ausgeklammert. Das Unheil dieser Ausklammerung wirkt sich in der Regel nicht nur auf einen, sondern auch auf weitere Nachkommen aus. Das höhere Gewissen, das über die Gerechtigkeit innerhalb einer Sippe wacht, erträgt es nicht, dass ein Familienmitglied ausgegrenzt wird. Der Nächste wird mit dem Ausgleich beauftragt. Er soll an den Halbvergessenen erinnern.

Worin äußert sich Raphaels Identifikation mit seinem tot geborenen Bruder? Dadurch, dass die Seele dieses Bruders den Leib verlassen musste, traut sich Raphaels Seele nicht, vollständig in den Leib einzutreten. Manche spirituell denkenden Fachleute sprechen dann von einer nicht ganz gelungenen Verleiblichung. Weil er seinen Körper nur zum Teil wahrnimmt, vermag er auch seine Bewegungen nicht unter Selbstkontrolle zu halten. Wie ein Baby folgt er momentanen Impulsen, jedes Autogeräusch und jeder Telefonanruf wird ihm zum Anlass, seine Konzentration auf das Spiel oder seine Hausaufgabe zu unterbrechen, vom Stuhl wegzuspringen und ziellos durch das Zimmer herumzulaufen. Sein mangelndes Ich-Bewusstsein äußert sich bei vielen Gelegenheiten, die ein Kind normalerweise zur Selbstbehauptung im Sinne von »ich genauso wie du«, »ich schaffe es schneller als du« oder »ich für dich« usw. anspornen. Raphael hat keinen Sinn für Wettspiele. Er legt keinen Wert darauf, genauso am Unterricht teilzunehmen wie auch seine Mitschüler. Er ist nicht in der Lage, für seine Mutter ein Geschenk zu basteln und dies bis zu ihrem Geburtstag geheim zu halten.

Die Hyperaktivität entsteht selbstverständlich nicht nur durch systemische Verstrickungen. Die Ursachen der Hyperaktivität sind mannigfaltig. Am häufigsten handelt es sich um eine ungenügende Formung des noch unreifen Bewegungssystems des Kleinkindes. Normalerweise geschieht eine solche Formung schon im Bauch der Mutter, später in ihrem Tragetuch, indem die noch ungezielten

Bewegungen des Babys wohltuend gehemmt und durch rhythmische Bewegungen der Mutter bzw. der Wiege oder Hängematte harmonisiert und koordiniert werden. Bei älteren Säuglingen erweist der mütterliche Schoß oder eine gut abgegrenzte Spielecke (zum Beispiel in einem Laufstall) einen guten Dienst zur Hemmung des überschüssigen, Stress verursachenden Bewegungsantriebes. Erfährt ein Kleinkind mangelhafte Unterstützung, seine Konzentration und Aufmerksamkeit zu entwickeln und Phasen der Aktivität und des Ruhens zu erleben, wird es durch ungeordnete Reizangebote überfordert. Diese Erfahrungen können sich in Form von zerebralen Dysfunktionen in sein junges, formbares Gehirn einprägen. Solche Dysfunktionen können aber auch schon vorgeburtlich angelegt sein. Maßgeblich tragen allerdings auch Angstzustände der Mutter bei, ihre Unruhe überträgt sich auf das Kind.

So gesehen hätte auch Raphaels älterer Bruder hyperaktiv werden können, denn seine Mutter litt in der zweiten Schwangerschaft unter panischen Ängsten, dass sich die Totgeburt wiederholen würde. Die Schwangerschaft war schwierig, der Gebärmuttermund musste zugenäht werden. Dennoch waren bei Thomas keine Anzeichen von Hyperaktivität feststellbar. Im Gegenteil, er war immer ein Kind mit geordneten Bewegungen. Er genoss es, auf dem Schoß der Mutter oder des Vaters sitzen zu bleiben. Außerdem ist er ein guter Geräteturner und Fußballspieler, ein guter Geiger und hat auch ein gutes Sitzfleisch in der Schule.

Nach dieser gelungenen Schwangerschaft waren die Ängste zu Beginn der nächsten Schwangerschaft mit Raphael weit geringer. Sie brachen erst mit dem fünften Monat aus, als eine Risikoschwangerschaft festgestellt wurde. In logischer Folge trat dann also das ein, was als Ursache für Hyperaktivität gesehen wird: die strenge Bettruhe, unter der das Kind keine andere rhythmische Stimulation von seiner Mutter bekam als ihre Atembewegungen, die Frühgeburt durch einen Kaiserschnitt und die darauf folgende Hospitalisierung des Kindes im Brutkasten, die die Bindung zwischen Mutter und Kind unterbrach. Bei bestimmten Dispositionen wären diese ungünstigen Umstände ausreichend für die Auslösung einer Hyperaktivität. Wie allgemein bekannt, gibt es aber viele Kinder, die im frühesten Kindesalter ein ähnliches Schicksal erleiden, dies jedoch nicht mit Hyperaktivität büßen müssen. Dazu kommt noch die Tatsache, dass dieses Kind eine erfahrene Mutter hatte, die offensichtlich genau wusste, welche Steuerung seines Antriebs das kleine Kind benötigte. Der sehr gut entwickelte Thomas war doch der beste Beweis dafür.

Welche andere Ursache ist hier noch am Werke? Warum haben die Eltern ausgerechnet für dieses Kind den Namen Raphael vorgesehen, den sie für das erste tot geborene Kind ausgesucht hatten? Mit einer ungeheuren Hartnäckigkeit bestanden sie darauf, unabhängig davon, ob ein Bub oder ein Mädchen auf die Welt kommen würde. Wäre es ein Mädchen gewesen, hätte es Raphaela geheißen.

*Wie aber geht es einer Seele, der ihre Geburt misslang und deren Körper so missachtet wurde, dass er nicht beerdigt wurde, ja nicht einmal ein symbolisches Denkmal bekam? Auch der vorgesehene Name wurde ihm verweigert, wohl nach dem Motto: »Du hast uns verlassen, also geh, geh mit allem Drum und Dran.« Die Seele weiß jedoch, dass die Verdrängung des Schmerzes aufgrund der Größe des Schmerzes geschieht. Sie spürt noch immer ihre Eltern, zu denen sie kommen wollte. Sie bleibt mit den Eltern verbunden, allerdings auf eine große Entfernung, durch das höhere geistige Kraftfeld, in das sie zurückkehrte. Dieses Kraftfeld sorgt dafür, dass diese Seele nicht vergessen wird, dass sie einmal von beiden Eltern wirklich beweint und mit allen Ehren, einschließlich ihres Namens, begraben wird. Diese hohe Gerechtigkeitsinstanz wird dafür umso mehr sorgen, als bereits in der vorherigen Generation ein Junge tot geboren wurde, den man auch halb vergessen hatte. Seine eigene Schwester erfuhr nicht einmal, wie viele Jahre nach ihrer Geburt es war und wo seine leiblichen Reste aufbewahrt wurden. Also kommt ein Kind zu den gleichen Eltern, es wird Raphael heißen und an den ursprünglichen Raphael und zugleich an seinen ähnlich betroffenen Onkel erinnern. Und er wird dies mit außerordentlicher Vehemenz tun. Er wird die Aufmerksamkeit der Eltern stets an sich fesseln. Weil er mit seiner Unruhe unausstehlich sein wird, werden die Eltern Fachberater aufsuchen müssen, und so kommen sie zur gegebenen Zeit zu einer Aufstellung des Familiensystems ...*

Bei der Aufstellung schien den Eltern alles klar zu sein. Alle Zusammenhänge kamen ihnen logisch vor. Beide Kinder freuten sich über die neu gewonnene Ordnung in der Geschwisterreihe. Raphael war sichtlich glücklich über seinen ältesten, ihm bis dahin unbekannten Bruder und über seine dritte Stelle in der Geschwisterreihe. Bis zur Vervollständigung seiner Familie wirkte er, als würde eine vom Winde verwehte Flamme aus seiner aufgerissenen Brust flackern, je nachdem, aus welcher Richtung der Wind kommt. Dann aber beruhigte sich sein inneres Feuer, es strahlte ein gleichmäßiges Licht aus, die Wunden seiner äußeren Hülle schienen verheilt zu sein. Seine Bewegungen wurden um einiges ruhiger, allerdings waren sie nach wie vor wenig zielgerichtet und sehr zackig. Bewegungsmuster, die er sich über die Jahre hinweg angewöhnt hatte. Ergotherapie und Psychomotorik waren angesagt, denn nicht alle Mängel sind auf der emotionalen Ebene heilbar.

In der Pause, die nach dieser Aufstellung folgte, wurde die Familie von vielen Seminarteilnehmern angesprochen. Alle staunten über die Klarheit, mit der die schicksalhaften Lücken aufgedeckt worden waren, und über die Logik des Erlösungsvorgehens. Besonders entzückt waren die Teilnehmer über das Verhalten von Raphael. Wie bewusst er mitmachte! Mit welch bewundernswerter inneren Sammlung er seine Stelle in der Familie wahrgenommen hatte! Wie bewusst er die Worte des Therapeuten nachgesprochen hatte! Kein sinnentleertes Nachplappern, jeder Lösungssatz grub sich Wort für Wort in seinen Kopf und in sein Herz ein. Ein eigenartiger Bursche, dieser Raphael.

Eigentlich dürften wir ihn gar nicht mehr Raphael nennen. Auf diesen Namen hat nur sein erstgeborener Bruder ein Anrecht. Er muss seinen eigenen, neuen Namen bekommen. Und bei diesem Gedanken tauchten die ersten Zweifel auf: »Das wird gar nicht leicht sein, mit den Behörden wegen der Namensänderung zu verhandeln. Die sind in solchen Sachen stur. Besonders, wenn diese Empfehlung von einem Psychotherapeuten kommt.« »Auch für das Kind würde es eine riesengroße Umstellung bedeuten. Er verstand sich doch bis heute als Raphael. Dieser Name war doch das erste Wort, welches er mit Druckbuchstaben schreiben lernte.«

Diese Zweifel wären wohl auch ohne die Mitwirkung der Teilnehmer entstanden. Sowohl der Mutter als auch dem Vater kam die Empfehlung von Bert Hellinger zwar logisch, aber zugleich auch ungeheuer vor. Alle Verwandten waren doch an den Namen gewöhnt. Wie sollten sie es den Großeltern und allen Tanten und Onkeln sowie dem Paten erklären, dass der Name des Erzengels für ihren Buben nicht mehr richtig war? Sollten sie vielleicht ein Rundschreiben verschicken? Würden sie nicht für verrückt und komisch erklärt werden? Würden ihre Verwandten und Freunde sie nicht für die Doofen halten, wenn sie ihnen sagten, dass sie erst nach Jahren begriffen hätten, dass dieser Name ihrem ersten Kind gehört? Manchen, ja sogar den meisten hatten sie von der Totgeburt gar nichts erzählt. Wie sollten sie es also anstellen? Auf alle Fälle müsste die Schule von der Namensveränderung Bescheid wissen. O je! Mit welcher Begründung sollten sie es tun? Sollten sie sagen, dass die Namensänderung ein Versuch sei, die Hyperaktivität zu heilen? Die Lehrerin würde sie bestimmt auslachen. Sie meinte sowieso, dass Raphaels Unruhe hauptsächlich auf ihre Erziehungsfehler zurückzuführen sei. »Da haben Sie sich wieder etwas Tolles ausgedacht«, würde sie sagen, »das wird genauso wenig helfen wie die Fußreflexzonenmassage, von der sie sich unlängst so viel versprochen haben.« Ähnlich würde auch der Kinderarzt reagieren: »Stimmen Sie endlich zu, dass ich Ihrem Raphael das bewährte Medikament Ritalin verschreibe und hören Sie endlich mit dem Hokuspokus auf.«

Die ganze Nacht beschäftigten diese Bedenken die Eltern. Jeder wälzte sich im Bett mit eigenen Zweifeln, berührte den anderen, der ja auch nicht schlafen konnte. »Was meinst du?« »Ah, ich weiß auch nicht ...« Immerhin waren aber zwei neue Sterne am Himmel aufgegangen. Die Erinnerung an den tot geborenen Bruder und an den tot geborenen Sohn rückte ins Bewusstsein. Als sie am nächsten Morgen aufwachten, war ihre Verunsicherung größer als zu Beginn des Seminars. Beim Frühstückstisch hampelte Raphael wie immer. Er schüttelte die Kaffeekanne, wackelte mit dem Stuhl, trat die Beine seines Bruders und verschmierte die Marmelade am Tellerrand.

»Raphael, bitte lass es, Raphael!«

Er hörte nicht.

Die Mama rief nochmals und nochmals »Raphael«. Er reagierte nicht.

»Willst du vielleicht anders heißen?«

Der Junge schaute die Mama sofort an, hörte für eine Weile mit seinem Unfug auf, sagte aber kein Wort. Er lächelte bloß.

»Möchtest du nicht mehr Raphael heißen? Gefällt dir dein Name nicht?«

Unverändert lächelte er. Aber er gab keine richtige Antwort. Auch der Papa fragte. Erfolglos. »Können wir sein Lächeln für bare Münze nehmen? Sicherlich nicht. Sein naives, ziemlich dummes Lächeln zeigt doch, dass er nicht versteht, worum es überhaupt geht.«

»Verstehst du überhaupt unsere Frage?«

Vom benachbarten Tisch hörte eine Seminarteilnehmerin dem Gespräch zu. Eine Kinderpsychiaterin. Sie erlaubte es sich, sich einzumischen: »Gestern bei der Aufstellung war ich überzeugt, dass das Problem sowohl der Vertreter von Raphael als auch Raphael selbst gut spürt. Aber wenn ich ihn jetzt so beobachte, dann kommt in mir der Verdacht hoch, dass sein Verhalten bei der Aufstellung durch die starke Faszination beeinflusst wurde, die von Bert Hellinger ausgeht.«

Ein anderer Nachbar widersprach. Es sei nicht der erste Fall, der so ähnlich aufgestellt wurde und mit der Änderung des Namens eine heilende Auswirkung hatte. Er kenne Bert bereits seit vielen Jahren. Das Kind spüre aufgrund seiner Naivität und seiner intellektuellen Unverdorbenheit die Wahrheit genauer als ein erwachsener Skeptiker. »Schaut doch dem Kind in seine Augen. In seinen Augen steht die Antwort: ›Liebe Mama, lieber Papa, fragt nicht mich. Ihr seid die Verantwortlichen. Ihr müsst das Richtige tun.‹« Die Antwort müsse man mit dem Herzen lesen und nicht mit dem kritischen Verstand.

»Was für eine Frechheit«, denken all die Skeptischen, der Vater und die Mutter und die Kinderpsychiaterin. Wie kann dieser Mensch mit seinem Mozartzöpfchen und seinen zwei Ohrringen sich anmaßen, uns bodenständige, erdgebundene Handwerker und eine Psychiaterin mit langjähriger Praxis belehren zu wollen, wie man mit den Herzen spüren soll?!

Unterwegs in den Seminarraum wurden die Eltern von einer sonst vernünftigen Teilnehmerin angesprochen, ob sie wirklich entschlossen sind, die Namensänderung vorzunehmen. »Wissen Sie, ich habe etwas Bedenken, ob sich Ihr Junge an einen anderen Namen gewöhnen kann. Immerhin gehört doch sein jetziger Name zu seiner Identität. Droht ihm nicht eine noch größere Verwirrung? Ich stelle die Frage ganz offen, wenn Sie sich selbst nicht trauen, diese Frage zu stellen. Sonst fand ich die Aufstellung Ihrer Familie ganz toll.«

Der Zweifel, den Raphaels Eltern hatten, nahm wie eine Schneelawine zu. Als dann zu Beginn des Seminartages die Frau ihre angekündigte Frage stellte, hörten sie sich Berts Antwort nur mit halber Aufmerksamkeit an. Voller Angst vor möglichen Realisierungsproblemen bauten sie zwischen sich und Bert Hellinger eine Wand auf. Ein Einwand sozusagen. O ja, er benannte ihre Einstellung ganz richtig. Sie blieben lieber auf ihrem Standpunkt stehen und nahmen das Risiko des nicht Wahrgenommenen in Kauf. Schlimmer als bisher könnte es mit Raphael gar nicht sein. Wenn sie aber seinen Namen zu ändern versuchten, würde sicherlich ein weit größeres Risiko drohen. Der große Meister hatte doch richtig erkannt, dass sich die Mutter so schwach wie ein Kleinkind fühlte und es für sie schwer war, sich groß zu fühlen. Wenn er stets neben ihr wäre, um sie zum innerlichen Aufrichten anzuleiten, so, wie er es bei der Aufstellung machte, könnte sie seinem Auftrag vielleicht folgen. Aber er würde nicht bei ihr bleiben, um sie und ihren Mann zu stützen. Also würde sie das große Risiko keinesfalls in Kauf nehmen.

Hellingers Sätze hingen aber wie eine schlechte Prophezeiung über den Eltern. »Der Einwand dient immer dazu, etwas zunichte zu machen, er baut aber nicht auf. Wenn die Familie dem nachgehen würde, wäre sie im Handeln gelähmt.«

Solche schlimmen Prophezeiungen kamen Raphaels Eltern bekannt vor. Unzählige Male hatten sie solche Geschichten in der Bibel und in den Märchenbüchern gelesen.

*Wie war es denn mit dem alttestamentarischen Lot und seiner Frau, als Gott entschied, die sündige Stadt Gomorrha zu vernichten, und er bereit war, nur dieses Ehepaar zu erretten? Auf der Flucht durfte sich keiner umdrehen, sonst würde er in eine Salzsäule verwandelt werden. Lot folgte einwandfrei. Sarah je-*

*doch hatte ihren Einwand. Warum sollte sie sich nicht umdrehen? Mit welchen Recht kann der Herr ihr verbieten, dorthin zu schauen, wohin sie will? Sie wurde zur Salzsäule. So hart und leblos wie eine Wand. Ein Einwand aus festem Salz.*

*Die Märchenhelden müssen die Aufgaben, die sie von den höheren Mächten erhalten, ohne jeglichen Einwand ausfüllen. Ohne Widerspruch müssen sie sich schlimmen Lebensrisiken stellen, schwere Prüfungen durchhalten, hohe Opfer bringen, lange Wartezeiten durchstehen, eine bestimmte Reihenfolge bei der Bewältigung der Aufgaben oder bestimmte Zahlen (wie drei Prüfungen, sechs Hemden, sieben Berge) einhalten, ohne nach dem Warum und Wieso zu fragen. Sonst gelingt die Erlösung nicht. Nur wenn du dich an die über dir waltenden Ordnungen mit deiner ganzen Kraft hingibst, geht dein Glück in Erfüllung.*

*Man denke nur an das Märchen von den sechs Schwänen. Wie war es doch gleich? Sechs Brüder werden von ihrer bösen Stiefmutter in Schwäne verhext. Nur ihre kleine Schwester kann sie erlösen, falls sie sechs Jahre lang weder spricht noch lacht und in der Zeit für ihre Brüder sechs Hemden aus Sternblumen zusammennäht. Ohne zu zögern, übernimmt sie den Auftrag. Sie sagt kein Wort, als sie von Jägern gefangen wird; um sich frei zu kaufen, gibt sie ihnen bis auf ihr Hemdlein alles, was sie hat. Sie hält auch all ihre Liebesworte zurück, als sie sich in einen jungen König verliebt. Und als ihr die böse Schwiegermutter zum dritten Mal ihr neugeborenes Kind wegnimmt, vor ihr versteckt und sie als Mörderin ihrer Kinder anklagt, bringt das tapfere Mädchen auch dann kein Wort zu ihrer Verteidigung heraus, als ihr Königsgemahl sie zu seinem großen Leid zum Tode auf dem Scheiterhaufen verurteilen muss. Treu ihrem Auftrag näht sie die Hemden für ihre Brüder, bis zu der Stunde, in der sie, auf dem Scheiterhaufen stehend, das letzte Hemdchen nähend, ihre herangeflogenen Brüder sieht und ihnen die Hemden überwerfen kann. Ihre Brüder, sie und ihre drei Kinder sind erlöst und sie darf endlich mit ihrem Königsgemahl glücklich leben.*

*In diesem Märchen ist eine merkwürdige Erkenntnis verschlüsselt. Weil trotz allen Fleißes das Schwesterchen es nicht schafft, am sechsten Hemd den zweiten Ärmel fertig zu nähen, bleibt der jüngste Bruder ohne seinen linken Arm und behält dafür einen Schwanenflügel auf dem Rücken. Obwohl der Auftrag nicht voll – allerdings schuldlos – erfüllt wurde, würdigt die hohe Zauberkraft die Mühe des Retters und spricht sie frei. Auch der jüngste Bruder wird entzaubert und darf wieder Mensch sein. All diese Erlösungsprozesse wären nicht zustande gekommen, wenn die Schwester an der Notwendigkeit ihres Auftrags gezweifelt hätte. Spätestens in dem Moment, als sie sich bei ihrem Gemahl nicht verteidigen und nicht um seine Hilfe bei der Suche nach ihren verschleppten Kindern bitten kann, würden viele Menschen ihren Einwand gegen die Fortsetzung des Schweigens als berechtigt anerkennen und ihn gutheißen. Sie aber riskiert, was für sie am kostbarsten ist: die Liebe ihres geliebten Mannes und das Leben ihrer drei geliebten Kinder.*

*Und denken wir an das Märchen von Frau Holle. Ob das arme Mädchen je zur goldenen Jungfrau geworden wäre, wenn es sich aus nachvollziehbaren vernünftigen Gründen gegen den Sprung in den Brunnen aufgebäumt hätte? Man riskiert doch nichts nur wegen einer hinuntergefallenen Spule!*

*Was wäre aus der schönen, aber egozentrischen Königstochter aus dem Märchen »Die weiße Schlange« geworden, wenn der Diener auf ihre Aufgaben verzichtet hätte, nachdem er die sich steigernden Ansprüche kritisch betrachtet hätte? Er hätte sich ganz vernünftig, sachlich sagen können: »Tja, dass ich von der weißen Schlange die Gabe bekam, die Sprache der Tiere zu verstehen, ist schon eine tolle Sache! Es ist auch gut, dass ich deshalb den Fischen, dem Ameisenkönig und den Rabenjungen in ihrer Not helfen konnte. Und es ist rührend, dass sie sich zur Gegenleistung bereit erklärten, wenn ich selber in Not bin. Mit einer Leichtigkeit hat es schon zweimal geklappt: einmal, als die Fische den Ring herausgefischt haben, den die Königstochter ins Meer hineingeworfen hatte. Auch beim zweiten Mal habe ich mir keine Mühe machen müssen, als mir die Königstochter befahl, die ins Gras verstreute Hirse in zehn Säcken aufzusammeln. Ohne dass ich selbst ein einziges Körnchen in meine Hand nehmen musste, haben es die Ameisen für mich tadellos vollbracht. Nun aber soll ich einen Apfel vom Baum des Lebens holen! Wo aber in dieser großen Welt steht dieser Baum? Kein Tier und kein Vogel melden sich bei mir, um mir zumindest die Windrichtung zu sagen.« Hier also hätte er sich ganz logisch sagen können: »Das ist eine reine Überforderung, ich weiß nicht einmal, wie lange der Weg dauert, wie ich den Baum erkennen soll, ob meine Kräfte ausreichen. Der Todesstrafe, die mir die stolze Königstochter androhte, bin ich mit der Erfüllung der zwei ersten Aufgaben sowieso schon entgangen. Es kann nicht schlimmer kommen, als es schon war. Ich suche den Baum nicht, sofern ich keinen fachkundigen Begleiter bekomme.« Viele Psychotherapeuten würden seine Entscheidung als Zeichen eines guten Realitätssinnes klassifizieren. – Was aber wäre die Folge seiner durchaus sachlich begründeten Einwände? Er wäre weiterhin ziellos durch die Welt gebummelt, mit dem Bild der wunderschönen Königstochter im Herzen, die er aber als Frau nicht gewinnen konnte. Vielleicht wäre er heiratsunfähig geworden. Jedoch auch der Königstochter wäre ein Unheil passiert. Denn ihre Chance, ihren Stolz zu verlieren und liebesfähig zu werden, bestand einzig und allein in dem verzauberten Apfel vom Ende der Welt, den ihr ein tapferer Diener bringt und den sie gemeinsam teilen und essen. Wenn er aus Gründen der kritischen Vernunft auf die Reise verzichtet hätte, wäre das schöne Ziel, welches die Grimms am Ende des Märchens formulieren, nie erreicht worden: »Da ward ihr Herz mit Liebe zu ihm erfüllt, und sie erreichten in ungestörtem Glück ein hohes Alter.«*

Unmittelbar nach der Familienaufstellung haben sich die anwesenden Festhaltetherapeuten entschlossen, der betroffenen Familie zwei festhaltetherapeutische Sitzungen anzubieten. Thema der ersten Sitzung hätte die gemeinsame Trauer der Eltern um die Totgeburt des ersten Kindes sein müssen. Diese Trauerverarbeitung wäre nämlich die Voraussetzung dafür, dass das erste Kind namens Raphael seinen Platz in den Herzen seiner Familienangehörigen bekommt und damit losgelassen werden kann. Wie die Erfahrung lehrt, sind erst dann die nachfolgenden Kinder frei von der systemischen Notwendigkeit, den ausgeklammerten Vorgänger vertreten zu müssen. Erst wenn das gestorbene Kind unter seinem Namen in Erinnerung bleibt, braucht keines von seinen nachfolgenden Geschwistern seinen Namen tragen. Dadurch wäre für den bisherigen Raphael der Weg zu seiner eigenen wahren Identität frei geworden. – In der zweiten Sitzung wäre es wichtig gewesen, die »neue« Schwangerschaft und die »neue« Geburt affektiv nachzuvollziehen. Der Junge hätte es nicht nur gebraucht, um unter seinem neuen Namen eine neue Identität zu bekommen, sondern auch, um die gestörte Bindung mit seiner Mutter emotional zu verarbeiten. Während ihn die Mutter an ihrem Bauch gehalten hätte, als wäre er noch in ihrem Leib, hätten die beiden die Gelegenheit gehabt, die Ängste der Risikoschwangerschaft, den Trennungsschmerz wegen des Kaiserschnitts sowie der nachfolgenden Hospitalisierung zuzulassen, aber auch die Freude über die neu entstandene Bindung. Wichtig wäre gewesen, ihn spüren und wissen zu lassen: »Du bist nun kein Raphael mehr. Raphael ist dein erstgeborener, verstorbener Bruder, der im Himmel ist. Wir schicken ihm einen lieben Gruß und bitten ihn, uns freundlich zuzuwinken. Schau mal, dort oben im Himmel ist er und du bist auf der Erde. Hier in meinen Armen bist du, neben uns sitzt dein Papa. Dein Bruder Raphael im Himmel schaut dich mit Liebe an und dankt dir, dass du dich so lange an ihn erinnert hast, jetzt aber will er es nicht mehr. Er freut sich, dass du seinen Namen Raphael gänzlich ihm lässt und dass du für dich selbst einen anderen Namen nimmst und dein eigenes Leben führst.«

Dieser therapeutische Plan ging nur zu einem geringen Teil auf. Der misslungene Versuch war schließlich Gegenstand einer intensiven Diskussion unter den Festhaltetherapeuten. Hätte die Festhaltetherapeutin, die sich dieser Familie annahm, rechtzeitig überprüfen können, wie sehr die Eltern die Ergebnisse der systemischen Aufstellung anzweifelten, so hätte sie die Eltern für kontraindiziert erklären und von dem therapeutischen Plan Abstand nehmen müssen.

Die Eltern aber hatten Angst, von ihren Zweifeln zu berichten. Sie wussten, dass die Therapeutin voll hinter Bert Hellingers Empfehlungen steht. Und sie wollten bei ihr nicht anecken, weil sie sich von der Festhaltetherapie die Heilung von Raphaels Hyperaktivität versprachen. Ursprünglich ging es ihnen wirklich nur um die Festhaltetherapie. Den Umweg über die systemische Aufstellung nahmen sie nur auf Drängen der Therapeutin (allerdings ungern) in Kauf. Im Gespräch vor der Einleitung der Festhaltetherapie hatten sie ihre Angst nicht erkennen lassen. Die Eltern erzählten, wie froh sie darüber waren, die beiden Totgeborenen – den Bruder der Frau und ihren Sohn – nicht mehr zu verdrängen, sondern ihnen bewusst ehrwürdige Stellen im System der Familie zu geben. Als die Therapeutin nachfragte, ob die Eltern schon wüssten, welchen neuen Namen sie Raphael geben würden, merkte sie eine kleine Unentschlossenheit. »Noch nicht. Oh, da kommt etwas auf uns zu! Mit der amtlichen Umbenennung kommen allerhand Schwierigkeiten auf uns zu.« Keinesfalls ließen die Eltern sich anmerken, dass sie mit der allergrößten Wahrscheinlichkeit den Schwierigkeiten ausweichen und der wichtigsten systemtherapeutischen Empfehlung nicht folgen würden.

Der Zweifel legte einen verheerenden Schatten über die emotionalen Prozesse. Das Festhalten gelang noch einigermaßen unter den Eheleuten. Die Tränen flossen wegen der Totgeburt des ersten Kindes, hauptsächlich über die Entwürdigung und die eigene Feigheit, die es der Mutter nicht ermöglichte, das tote Kind anzuschauen, und die den Vater zurückhielt, sich für eine menschenwürdige Bestattung einzusetzen. Die volle Versöhnung der Eltern wäre allerdings nur dann möglich gewesen, wenn sie sich für eine Wiedergutmachung entschieden hätten. Diese wäre selbstverständlich nur nach Hellingers Auffassung realisierbar gewesen. Eine solche sprachliche Entscheidung kam jedoch beim Ausklang der Sitzung nicht zustande. Die Eheleute umarmten sich lediglich ganz fest und im gegenseitigen liebevollen Verständnis und küssten sich die Tränen gegenseitig ab. Jedoch täuschte die beeindruckende Innigkeit dieser Eheliebe über ihre Reife hinweg. Der Therapeutin entging, dass sich hier Hänsel und Gretel, die sich im dunklen Walde verirrt haben, an den Händen halten. Logischerweise verlief die zweite therapeutische Sequenz mit Raphael für alle Beteiligten unbefriedigend. Die Seele des Kindes spürte bestens, dass sie sich nur unter den schon sichtbar gewordenen Bedingungen einverleiben konnte. Gegen die Mutter, die zur Erfüllung dieser Bedingungen nicht stark genug ist, konnte der Junge nur noch wütend schreien. Als er sie aus lauter Zorn beißen wollte, artete das Festhalten eher in einen Machtkampf aus. Stets wurde der Junge als Raphael angesprochen. Auf korrigierende Bemerkungen der Therapeutin reagierten die Eltern nicht. An eine Zurückführung in die Geburtszeit war natürlich keinesfalls zu denken. Die Therapeutin war bereits entschlossen, die Sitzung als misslungen abzubrechen, als der Junge ermüdete, wohl auch resignierte, auf Wunsch der Mutter ihr ein flüchtiges Küsschen auf die Nase klebte und scheinbar schlafend in ihren Armen ruhte. Keiner von den Eltern war von dem bereits Geschehenen begeistert. Sie würden sich nicht trauen, das Festhalten zu Hause zu wiederholen. Schon gar nicht, wenn der Vater nicht da wäre. Die Mutter würde es alleine nicht schaffen. Eine große Enttäuschung machte sich breit. Auch die letzte Hoffnung auf das Beheben der Hyperaktivität verlosch. »Bei so vielen anderen Familien hilft die Festhaltetherapie«, waren die Eltern überzeugt, »warum nicht bei uns? Warum sind wir schon wieder benachteiligt?« Für Erklärungen der Festhaltetherapeutin, die selbstverständlich denen von Bert Hellinger ähnelten, waren die Eltern taub.

»Wie geht es Ihnen?« fragte ich telefonisch nach eineinhalb Jahren. »Wie steht es mit der Hyperaktivität bei Ihrem Sohn?« »Wie kann es uns gehen? Raphael ist unruhig, wie er es immer war. Zusätzlich ist er nun auch hemmungslos aggressiv.«

Heimlich den tot geborenen Bruder und den tot geborenen Onkel liebend, wird die treue Seele des Kindes für die beiden so lange kämpfen, bis sie voll gewürdigt werden. Das ganze Leben lang, wenn es sein muss. Über den Tod hinaus, bis die Stafette einen der Nachfolger erreicht.

# Rettungsboot der Verlassenen

HELLINGER *zu den Eltern* Um was geht es bei euch?
FRAU Die beiden Kinder sind adoptiert. Der Kleine kam mit vierzehn Monaten zu uns. Er hat sehr viel Schlimmes erlebt und ist daher mit vielen Schwierigkeiten behaftet, die wir bisher nicht auflösen konnten.
HELLINGER Wieso habt ihr Kinder adoptiert?
FRAU Wir konnten keine eigenen Kinder bekommen. Ich habe vier Jahre im Kindergarten gearbeitet und Kinder sind mein Leben. Wir hätten gerne Kinder gehabt, und dann haben wir es eben so gemacht.
HELLINGER *zur Frau* Also du wolltest die Kinder haben?
FRAU Nein.
MANN Das wollten wir schon gemeinsam, das war abgesprochen.
HELLINGER Ihr wolltet es gleichermaßen?

*Beide nicken zustimmend, der Mann ist dabei aber deutlich zurückhaltender.*

HELLINGER *zum Publikum* Was ist euer Eindruck?

*Das Ehepaar und die Zuschauer lachen.*

HELLINGER Ich habe einmal eine Reise gemacht. Dabei war auch ein Ehepaar, und wenn der Mann seine Frau gesucht hat, hat er gerufen: Wo ist denn meine Regierung?
HELLINGER *zur Frau* Was ist mit den Eltern der Kinder?
FRAU Die Kinder sind keine Geschwister. Bei dem Größeren lebte die Mutter in einem Kinderheim und war, glaube ich, siebzehn, als er geboren wurde. Sie ist in das Heim gekommen, weil ihre Eltern sich getrennt haben und das Mädchen nicht haben wollten. Vom Vater des Kindes weiß ich nichts. Man vermutet, dass er ein Gleichaltriger aus dem Kinderheim war. Wir sind jetzt dabei, die Mutter zu suchen, um Kontakt herzustellen.
HELLINGER Wen müsstet ihr suchen?

FRAU Die Mutter. Der Junge ist jetzt zehn Jahre alt und will wahrscheinlich ...

HELLINGER *unterbricht und wiederholt seine Frage* Wen müsstet ihr suchen?

FRAU *lachend* Den Vater.

HELLINGER Klar, der Vater muss gesucht werden.

FRAU Das geht aber nur über die Mutter. Die Leute, die uns das Kind vermittelt haben, wissen nichts. Ich denke, wenn wir ihn suchen, geht es nur über die Mutter.

HELLINGER Das findet man ganz leicht in dem Kinderheim heraus, wenn man wollte. Meinst du nicht, dass es damals Gerede darüber gab?

FRAU Doch, ganz bestimmt.

HELLINGER Das Gerede macht man sich zunutze.

FRAU Obwohl ...

HELLINGER Jetzt kommt der Einwand.

FRAU Wir haben das mit dem Jungen ganz offen gehandhabt und haben ihm von der Mutter erzählt. Vor einem halben Jahr hat er mir gesagt, dass er die Mutter kennen lernen möchte. Ich habe gesagt: Gut, wir können das in die Wege leiten. Als wir dann wieder davon sprachen, sagte er mir: Aber bitte nicht zu nah, nur so, dass ich sie sehe, als würde sie auf der anderen Straßenseite vorbeigehen. Es muss ihm wohl auch bedrohlich gewesen sein.

HELLINGER Nein, das ist ganz richtig so. Die Mutter hat ja ihre Rechte verspielt. Die Frau, die ihr Kind zur Adoption weggibt, hat ihre Rechte verspielt, und das Kind weiß das. Er reagiert völlig richtig. Man kann ihn nicht zur Mutter führen in dem Sinn, als hätte sie noch Rechte oder Ansprüche. Doch Sie sehen, das ist ein großes Glück. Aber der Vater, der ist wahrscheinlich unschuldig, der wurde zu der Adoption ja offensichtlich nicht gefragt. Deswegen hat er auch nichts verspielt. Zum Vater könnte er jederzeit, so ist jedenfalls mein jetziges Bild. Dann haben die Kinder natürlich auch Großeltern, nicht nur Eltern. Die müsste man auch aufsuchen.

*Die beiden Kinder kommen herein und setzen sich zwischen die Adoptiveltern.*

HELLINGER Was ist bei dem zweiten Kind?

FRAU Er war lange Zeit ein Pflegekind. Er kam mit vierzehn Monaten zu uns in physisch und psychisch sehr schlechtem Zustand. Die Mutter ist vergangenes Jahr gestorben, und wir haben das Kind mit sieben Jahren adoptiert.

HELLINGER Was ist mit dem Vater des Kindes?

FRAU Der ist sehr oft straffällig geworden. Mehr weiß ich da nicht.

HELLINGER Was heißt straffällig geworden?

FRAU Ich weiß nur von den Behörden, dass er mehrfach einsitzen musste.

HELLINGER Wegen schwerer Verbrechen?

FRAU Das weiß ich nicht. Das ist über die Behörde sehr schwer herauszubekommen. Schon als ich beim Tod der Mutter nach Verwandten fragte, um wenigstens Fotos für das Kind zu bekommen, wurde das total abgeblockt.

HELLINGER Da brauchst du doch nicht die Behörden zu fragen. Du suchst zum Beispiel nach den Großeltern, Onkel und Tanten.

FRAU Über die Todesanzeige und mit Hilfe von Telefonbüchern habe ich einen Namen gefunden, wo ich jetzt die Fühler ausstrecken will, um etwas zu erfahren oder überhaupt Kontakt zu bekommen. Aber das ist wie in allen solchen Fällen gar nicht so einfach.

HELLINGER Manchmal macht das ein Anwaltsbüro sehr schnell. Ich will dir aber meinen Eindruck sagen. Mein Eindruck ist, dass ihr euch sehr um die Kinder kümmert.

FRAU Ich denke ...

HELLINGER *unterbricht* Darauf brauchst du mir gar nichts zu sagen. Ich sehe, dass ihr denen Gutes tut. Wir werden jetzt die Familie aufstellen, damit wir ein klareres Bild bekommen.

*zum Mann* Ich lasse dich anfangen.

Stelle jetzt auf: dich, deine Frau und die beiden Kinder.

*Bild 1a*

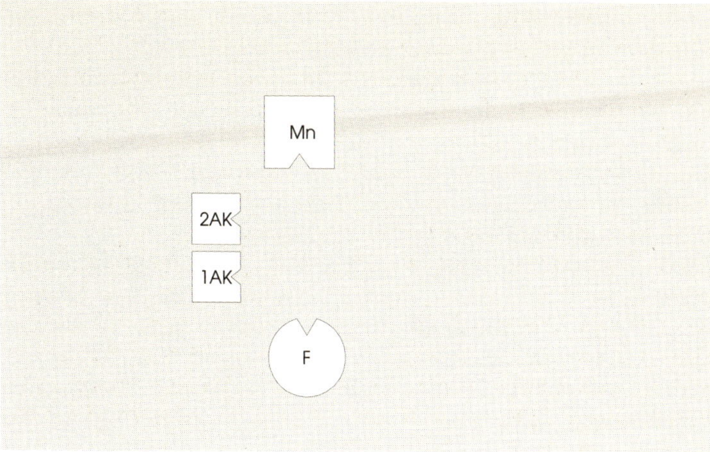


| | |
|---|---|
| Mn | Mann |
| F | Frau |
| 1 | Erstes adoptiertes Kind, Sohn, 10 Jahre |
| 2 | Zweites adoptiertes Kind, Sohn, 8 Jahre |

HELLINGER *zur Frau* Was würdest du verändern?

*Bild 1b*

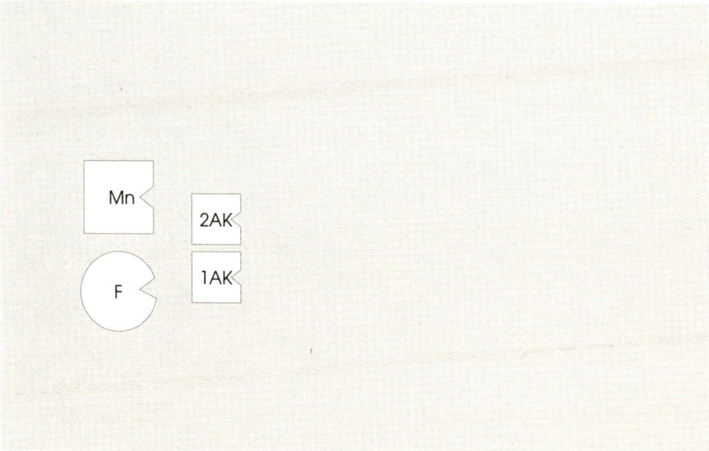

HELLINGER Das ist ja noch schlimmer.
*zu den Stellvertretern* Ihr sagt mir bitte, wie ihr euch in der ersten und der zweiten Aufstellung gefühlt habt.
STELLVERTRETER DES MANNES In der ersten Aufstellung war mir übel, ich hatte eine Spannung im Bauch und jetzt fühle ich mich ganz leer.
STELLVERTRETERIN DER FRAU In der ersten Aufstellung war es mir ganz schwer, und jetzt merke ich mit der Zeit, dass es mich nach unten zieht. Es ist schlechter als vorher.
ERSTES ADOPTIVKIND In der ersten Aufstellung fühlte ich mich verloren, aber das Verlorene hat uns verbunden *Er zeigt auf den Adoptivbruder. Dieser nickt zustimmend.* Jetzt fühle ich mich so vorgeschoben, das kann ich nicht lange ertragen.
ZWEITES ADOPTIVKIND In der ersten Aufstellung konnte ich jeden einzeln wahrnehmen, jetzt ist mir kalt, es kribbelt in den Fingern und es geht mir nicht gut.
HELLINGER *zu den Stellvertretern* Nehmt wieder die erste Position ein.

***Bild 1a***

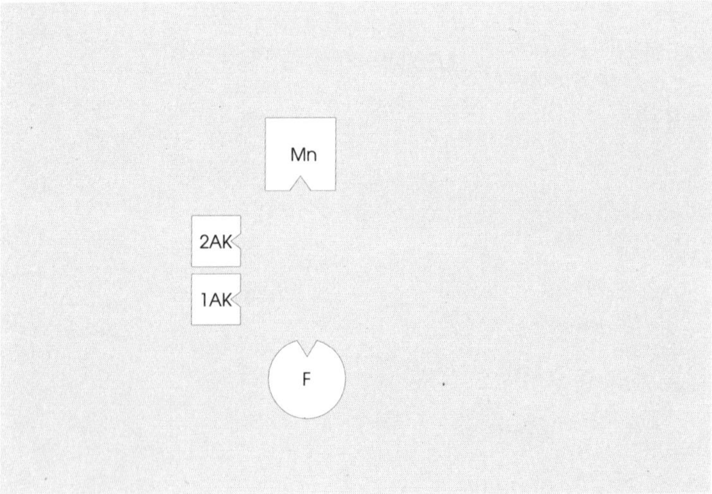


HELLINGER *zum Mann* Was ist in deiner Herkunftsfamilie passiert?

MANN Meine Mutter ist gestorben, als ich sieben Jahre alt war. Ich hatte noch zwei Schwestern, von denen ist die eine mit 37 Jahren gestorben.
HELLINGER Was ist mit deinem Vater?
MANN Im Haus lebte noch seine Schwester, meine Tante. Bei ihr und meinem Vater bin ich aufgewachsen.

*Hellinger nimmt eine Stellvertreterin für die Mutter des Mannes und stellt sie neben ihn.*

***Bild 2***

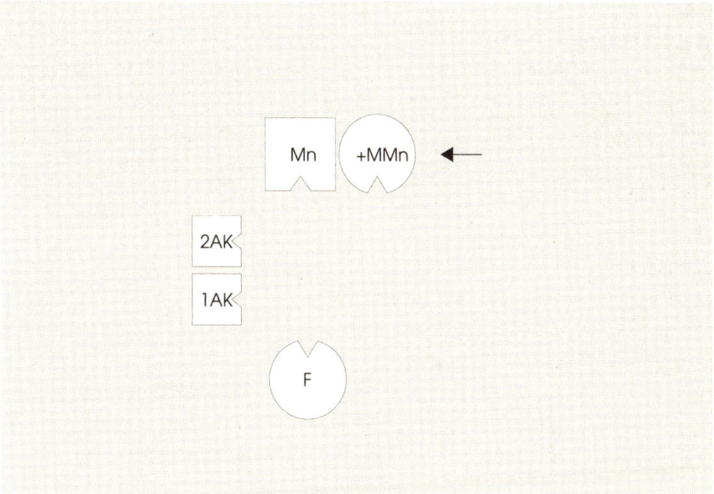


+MMn Mutter des Mannes, früh verstorben

HELLINGER *zum Stellvertreter des Mannes* Wie geht es dir jetzt?
STELLVERTRETER DES MANNES Ich bin ganz traurig. Ich habe keine Worte.
MUTTER DES MANNES† Ich freue mich über meinen Sohn.
HELLINGER *zum Mann* Mutter und Sohn sind unzertrennlich.
*zu den Stellvertretern des Mannes und seiner Mutter* Dreht euch um und geht einen Schritt vor.

*Bild 3*

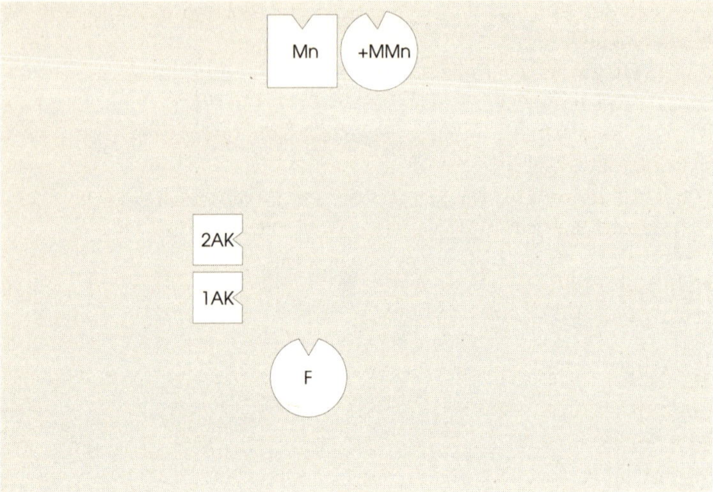


HELLINGER Wie ist das?

STELLVERTRETER DES MANNES Besser.

MUTTER DES MANNES† Ich fühle mich gut.

HELLINGER Der Mann ist durch seine Bindung an seine Mutter heiratsunfähig.

*zum Mann* Was sagst du dazu? Kannst du das auch spüren?

MANN Ich habe erst spät geheiratet. Ich habe meine Frau erst mit achtundzwanzig Jahren kennen gelernt und habe mit etwas über dreißig geheiratet.

HELLINGER *zur Frau* Was sagst du dazu?

FRAU Ja, ich glaube, es war ein schweres Schicksal für meinen Mann, zumal noch die ganzen Umstände, Landwirtschaft, Existenznot dazukamen. Das muss schon bedrängend gewesen sein.

HELLINGER *zur Stellvertreterin der Frau* Was ist bei dir jetzt, wenn er so dasteht?

STELLVERTRETERIN DER FRAU Keine Veränderung. Ich spüre eine Last auf den Schultern.

ERSTES ADOPTIVKIND Das Gefühl der Verlorenheit ist stärker geworden durch sein Weggehen, aber es ist nicht so dramatisch.

ZWEITES ADOPTIVKIND Ich kriege eine Ahnung, dass ich noch mehr hinter mir habe. Das ist angenehm, sonst bin ich gleichgültig. Die Kälte ist mehr geworden.
HELLINGER *zur Frau* Was ist in deiner Herkunftsfamilie?
FRAU Ich hatte einen zwei Jahre älteren Bruder, der mit sieben Tagen gestorben ist. Mir ist jetzt erst klar geworden, wie wenig darüber zu Hause gesprochen wurde. Ich hatte eine sehr starke Bindung an meine Mutter, die vor fünf Jahren gestorben ist.
HELLINGER Ich nehme deinen verstorbenen Bruder dazu.

*Hellinger wählt einen Stellvertreter für den verstorbenen Bruder der Frau und stellt ihn neben die Frau.*

***Bild 4***

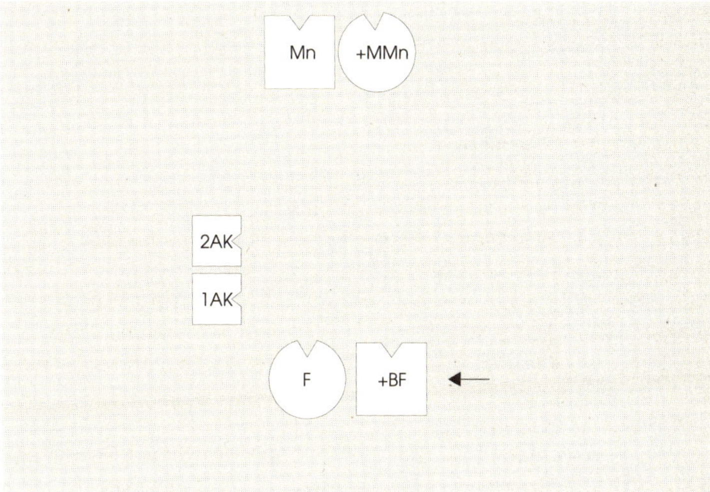


+BF Bruder der Frau, mit 7 Tagen gestorben

HELLINGER *zum Bruder der Frau* Wie geht es dir?
BRUDER DER FRAU† Ich fühle Wärme auf der linken Seite.
STELLVERTRETERIN DER FRAU Ich fühle immer noch den Zug nach unten. Den Bruder spüre ich nicht sehr.

*Hellinger stellt den Bruder weiter weg und lässt die Frau sich umdrehen und weggehen.*

***Bild 5***

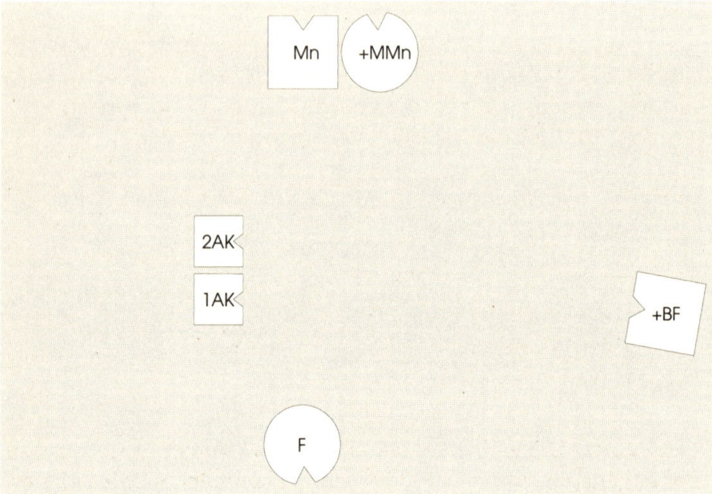


HELLINGER *zur Stellvertreterin der Frau* Wie geht es dir?
STELLVERTRETERIN DER FRAU Besser. Ich habe gemerkt, dass mir der Bruder fehlt, wenn er weggeht. Mir wurde ganz schwindelig. Ich will näher zu ihm.
HELLINGER Stell dich in seine Nähe. Probiere, wie weit du zu ihm hin willst.

*Die Frau probiert aus und stellt sich dicht vor den Bruder. Dieser hält sie an den Armen.*

*Bild 6*

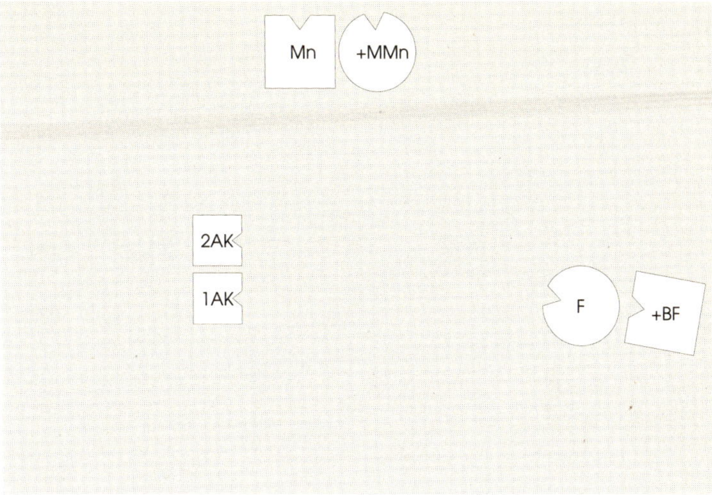


STELLVERTRETERIN DER FRAU Es ist immer noch schwer, aber angenehm, dass ich mich anlehnen kann. Ich werde ruhiger.
HELLINGER *zum ersten Kind* Wie geht es dir jetzt?
ERSTES ADOPTIVKIND Sie ist jetzt mehr für mich da als vorher.
ZWEITES ADOPTIVKIND Zuerst hatte ich etwas Angst, als sie wegging. Jetzt geht es mir gut, wenn ich sehe, dass da etwas ist, was zusammengehört.
HELLINGER Jetzt nehme ich die leiblichen Eltern dazu.

*Hellinger wählt Stellvertreter aus und stellt den beiden Kindern ihre Eltern jeweils in den Rücken.*

*Bild 7*

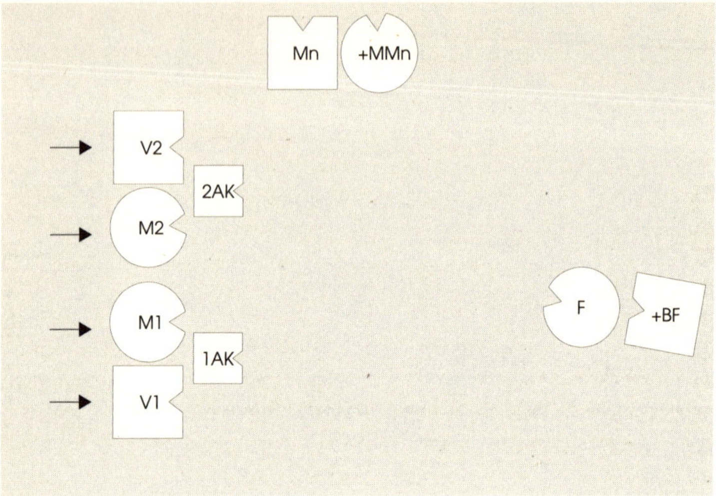


| | |
|---|---|
| V1 | Vater des ersten Kindes |
| M1 | Mutter des ersten Kindes |
| V2 | Vater des zweiten Kindes |
| M2 | Mutter des zweiten Kindes |

HELLINGER *zum zweiten Kind* Wie ist das?
ZWEITES ADOPTIVKIND Unheimlich, ich traue mich nicht. Unsicher.

*Hellinger stellt ihm die Eltern gegenüber.*

*Bild 8*

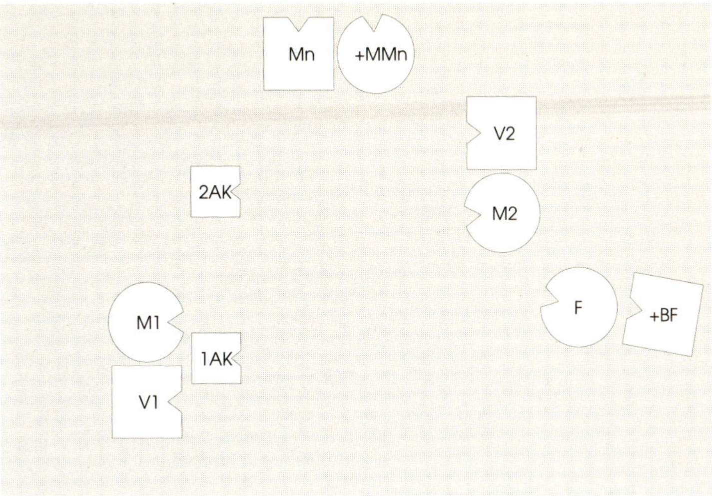


HELLINGER *zum zweiten Kind* Wie ist das?
ZWEITES ADOPTIVKIND Gut.
VATER DES ERSTEN KINDES Es stimmt einiges.
MUTTER DES ERSTEN KINDES Als ich hinter ihm stand, war es richtiger.

*Hellinger stellt die Mutter etwas näher.*

*Bild 9*

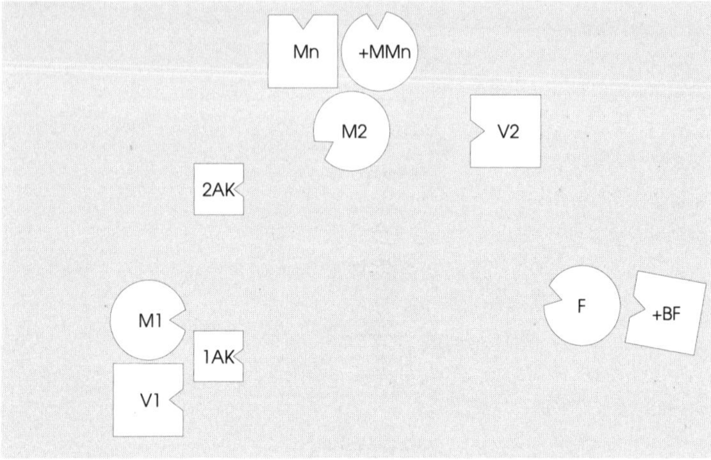


ZWEITES ADOPTIVKIND Das ist besser.
ERSTES ADOPTIVKIND Wenn ich mich bei den Eltern anlehnen müsste, würde ich fallen. Ich will sie sehen.

*Hellinger stellt ihm die Eltern in den Blick. Der Junge schaut sie an.*

*Bild 10*

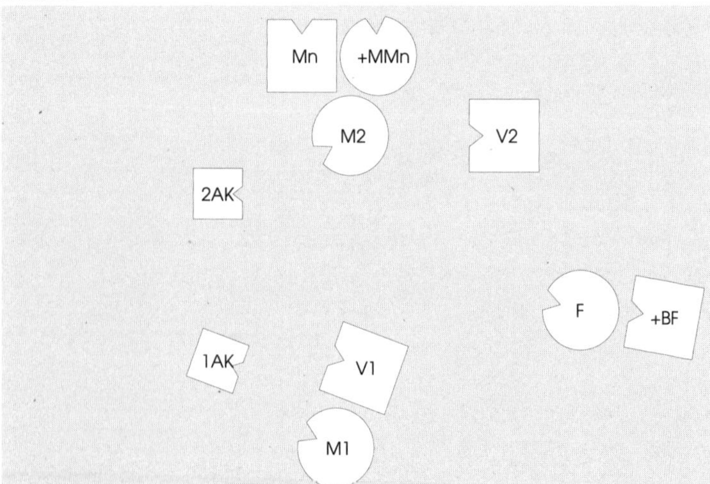

ERSTES ADOPTIVKIND Es ist schwer, es schnürt mir die Kehle zu, ich kann das nicht lange aushalten.

*Hellinger stellt ihn neben den Vater.*

***Bild 11***

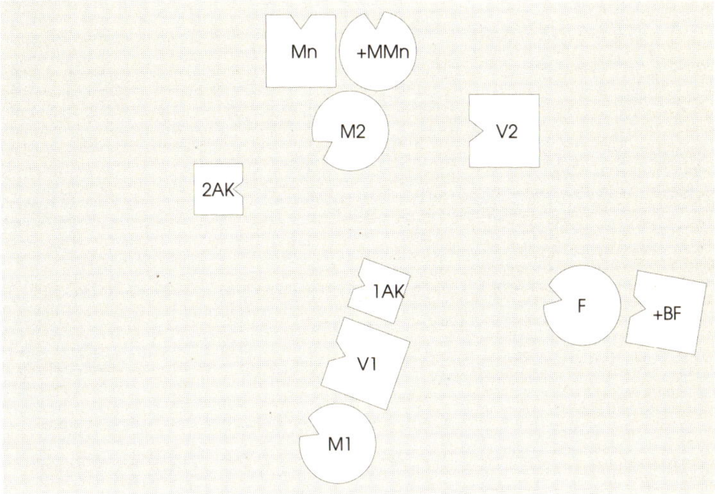


HELLINGER *zum ersten Kind* Wie ist es so?
ERSTES ADOPTIVKIND Sicherer.

*Hellinger lässt die Eltern die Positionen wechseln und stellt den Sohn links neben seinen Vater.*

**Bild 12**

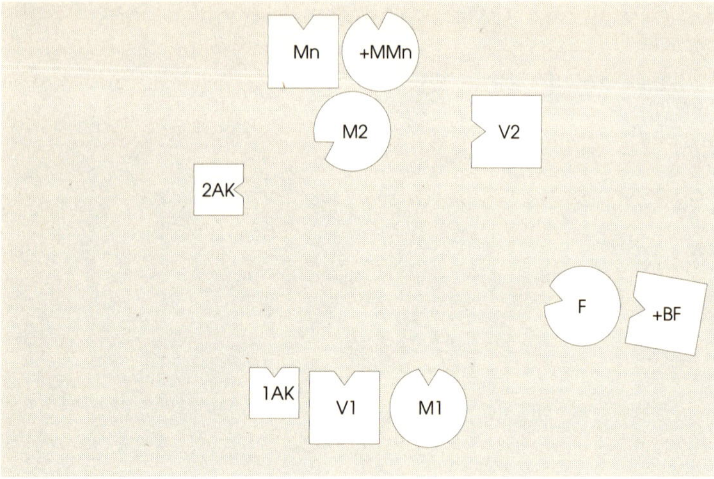


ERSTES ADOPTIVKIND Das ist gut, aber ich muss die Pflegemutter sehen.

*Hellinger rückt die Pflegemutter und ihren toten Bruder in sein Blickfeld. Der Vater legt den Arm um seinen Sohn.*

**Bild 13**

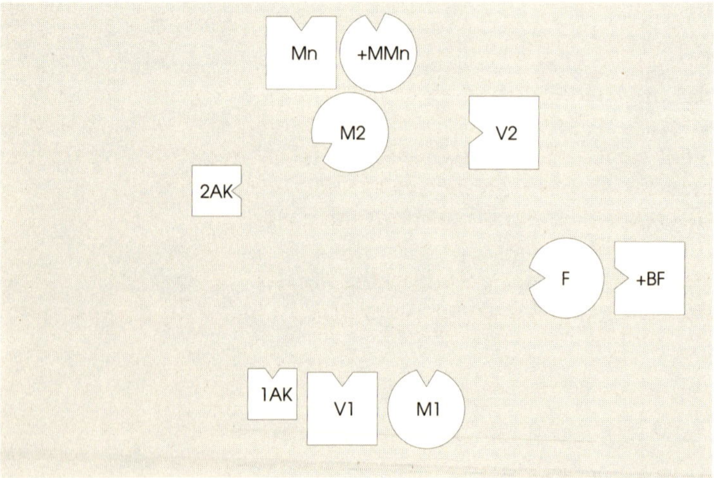

HELLINGER *zum ersten Kind* Wie ist das?
ERSTES ADOPTIVKIND Das ist gut. Ich spüre ihn und schaue auf die Pflegemutter.
HELLINGER *zur Frau* Die Pflegemutter ist unentbehrlich für ihn, das ist ganz klar. Die Sicherheit ist bei der Pflegemutter. Das gilt für beide Kinder.

*Hellinger stellt nun das System um.*

***Bild 14***

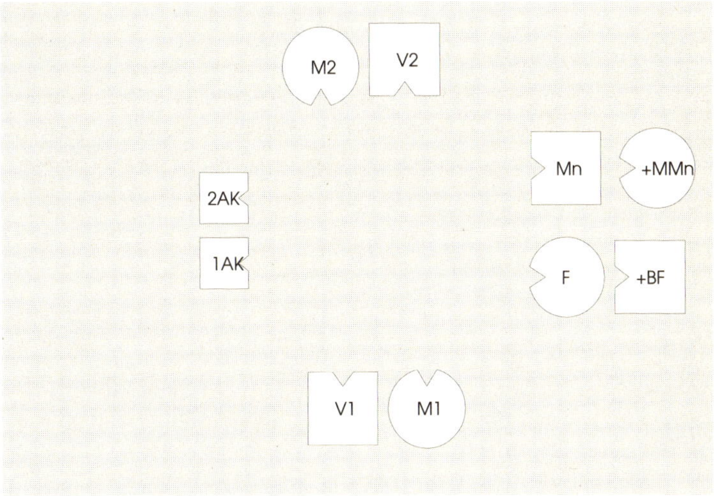


HELLINGER *zum Stellvertreter des Mannes* Wie geht es dir jetzt?
STELLVERTRETER DES MANNES Mir geht es hier viel besser. Je mehr hinter mir mit den Kindern geschehen ist, desto unruhiger bin ich geworden. Mir hat auch mein Vater gefehlt.
HELLINGER Den nehmen wir noch dazu.

*Hellinger wählt einen Stellvertreter für den Vater des Mannes und stellt ihn mit der Mutter hinter den Mann.*

*Bild 15*

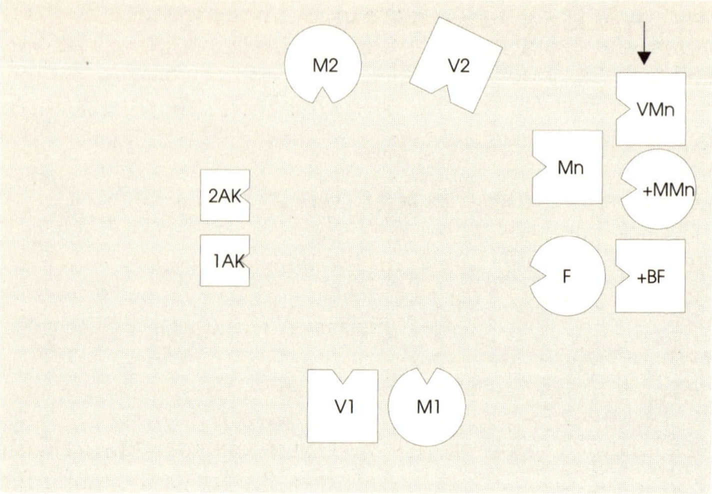


VMn Vater des Mannes

STELLVERTRETER DES MANNES Jetzt, wo ich auch den Vater im Rücken habe, ist es sehr gut.
STELLVERTRETERIN DER FRAU Es ist immer noch schwer. Das Beste ist, dass ich mich beim Bruder anlehnen kann. Dann ist alles gut.
HELLINGER *zur Frau* Wen vertritt das erste Adoptivkind?
FRAU Ich weiß es nicht.
HELLINGER Deinen toten Bruder. Macht das Sinn?
FRAU Ja.
HELLINGER Da muss Klarheit geschaffen werden, dass du unterscheidest.

*Hellinger lässt das Ehepaar und die Kinder sich auf ihren Platz stellen. Er befragt sie der Reihe nach.*

FRAU Mir geht es hier gut, ich schaue die Kinder liebevoll an.
MANN Mir geht es hier gut.
FRAU *bewegt* Ich finde es wichtig, dass die beiden die leiblichen Eltern nicht vergessen.

HELLINGER Ganz genau. Sagt jedem von ihnen: »Wir vertreten für dich deine Eltern und achten in dir deine Eltern.«
FRAU *zu jedem Kind einzeln* Wir vertreten für dich deine Eltern und achten in dir deine Eltern.
MANN *zu jedem Kind einzeln* Wir vertreten für dich deine Eltern und achten in dir deine Eltern.

*Die Adoptiveltern sind sehr bewegt, während sie das sagen.*

HELLINGER *zum ersten Adoptivkind* Wie geht es dir?
ERSTES ADOPTIVKIND Gut.
HELLINGER *zum zweiten Adoptivkind* Wie geht es dir?
ZWEITES ADOPTIVKIND Gut.
HELLINGER Gut, das war's dann.

DER STELLVERTRETER DES ZWEITEN KINDES Mir ist noch wichtig nachzutragen, dass der große Bruder ganz wichtig für mich war. Ich fühlte mich ihm die ganze Zeit tief verbunden.
HELLINGER Ja, der Kleine muss sich an den Großen anlehnen können. Die zwei sind eine Schicksalsgemeinschaft.

Rainer und Helga erschienen bei mir, weil das ältere Kind, Adam, unruhig war und in der Schule wegen seiner Konzentrationsstörungen auffiel. Ich konnte keine objektiven Ursachen für seine schulischen Misserfolge ermitteln. Bei Intelligenztests schnitt er überdurchschnittlich ab, auch litt er unter keiner Teilleistungsstörung. Es war auch kein Unwillen zu ermitteln, er gab sich wirklich Mühe, aber etwas hinderte ihn daran, in sich zu ruhen. Deswegen empfahl ich eine Aufstellung des Familiensystems. Was ich bei der Aufstellung sah, rief Bilder in mir hervor, die ich von Märchen kenne. So traue ich mich, die Geschichte dieser Adoptivfamilie in dieser märchenhaften Form zu schildern.

Es war einmal ein Mann namens Rainer, dem bekannten Robinson Crusoe sehr ähnlich, den nach dem Bruch seines Schiffes stürmische Wellen an den felsigen Strand einer kleinen Insel angespült hatten. Zunächst meinte er, so angeschlagen, wie er war, durstig und hungrig, könnte er nicht überleben. Wäre es nicht besser gewesen, mit den anderen zu ertrinken? Eine innere Stimme sagte aber zu ihm, er solle am Leben bleiben. So fing er an, sich auf sein Alleinsein auszurichten. Ohne Kameraden, ohne Geschwister, nur mit den Erinnerungen an die Menschen, die er früher geliebt hatte. Von ihnen hatte seine verstorbene Mutter den größten Platz in seinem Herzen. Dem damals siebenjährigen Jungen hatte man gesagt, dass seine kranke Mama von einem Todesengel weggenommen wurde. Der kleine Knabe nahm sich tapfer vor, dem Todesengel keine weitere Chance zu geben. Im Gegenteil, er würde für seine Mama gegen solch böse Machenschaften kämpfen, er stellte sich dem Leben und schaffte es alleine. Der Schiffbruch wurde ihm zur größten Testfrage: »Schaffst du es alleine oder gehst du doch unter?« Er entschloss sich eindeutig für das Überleben. Er baute sich ein Zuhause in einer warmen, von allen Seiten gut geschützten Höhle. Er fand genug Obst, fing genug Fische, lernte auch Kaninchen zu fangen und frisch gelegte Eier aus den Vogelnestern zu stehlen. Es machte ihm Freude, sich mit dem Bescheidenen zu begnügen. Die Sehnsucht nach Menschen war aber größer als seine Entschlossenheit zur Einsiedelei. Dennoch erschien kein Freitag auf der Insel. Was sollten aber auch zwei Männer auf einer einsamen Insel?

Das Schicksal meinte es gut und schenkte Rainer eine Frau. Diese Frau hatte ihren Bruder verloren, noch bevor sie selbst geboren wurde. Sie konnte nicht zur Ruhe kommen, bevor sie ihn nicht finden würde. Denn sie spürte im Tiefsten ihres Herzens, dass sie als Geschwister zusammengehörten. Auf der mühseligen Suche durch Sandwüste und Schneefelder, Wälder und Flüsse fiel sie ins Wasser, von den Ozeanwellen weit getrieben und auf den Strand der gleichen Insel angespült, die Rainer bewohnte.

Jeder von den beiden freute sich sehr, nach den langen Prüfungen endlich einen guten Menschen gefunden zu haben, mit ihm leben und sich in allen schwierigen Lagen auf ihn verlassen zu können. So suchte Rainer Helga einmal im Urwald und brachte sie auf seinem Rücken heim, als sie sich auf der Suche nach Waldfrüchten ihr Fußgelenk verstaucht hatte. Und als Rainer hohes Fieber bekam, pflegte ihn Helga Tag und Nacht, machte ihm Säfte aus Heilkräutern und wärmte ihn mit ihrem eigenen Körper. Dennoch ließ Rainer der Gedanke nicht in Ruhe, dass Helga leider nicht seine geliebte Mutter war. Er hielt diesen Gedanken aber geheim, um die gute Helga nicht zu verletzen. Jedoch auch sie verspürte etwas Ähnliches: Dieser Rainer, so tapfer und gütig er war, konnte ihr ihren Bruder nicht ersetzen. Sie fühlte sich schuldig, die Suche nach ihrem Bruder abgebrochen zu haben. Aber auch sie sagte ihrem Rainer nichts davon, um ihm nicht wehzutun. So lebten sie eng zusammen, leiblich wie Mann und Frau, sprachen über den Bau eines gemeinsamen Hauses, übers Fischefangen, über Gott und über Bücher, die sie früher gelesen hatten. Sie träumten zusammen davon, wie sie von irgendeinem Schiff gefunden und nach Europa gebracht würden. Ansonsten aber beherbergte jeder von den beiden in seinem Herzen eine kleine geheime Muschel, in der seine Trauer wie eine Perle angesiedelt war. Um glücklicher zu sein, wollten sie ein Kind zur Welt bringen. Und nicht nur eins. Mehrere. Einen Stamm auf dieser Insel gründen, die als neues Vaterland nach dem Namen des Vaters genannt wurde. Rainerland. Rainer dachte insgeheim, dass er auf diese Art und Weise endlich wieder eine Mutter gewonnen hätte. Wenn er sich in die Kinder hineinfühlen und Helga als Mutti betrachten würde, so nähme er sie auch für sich als Mutti wahr. Auch Helga erhoffte sich von ihrem gemeinsamen Kindersegen eine Ersatzlösung. Hätte sie einen Sohn oder mehrere Söhne, würde sie ihren einzigen verlorenen Bruder nicht vermissen.

Die beiden gaben sich viel Mühe, Eltern zu werden. Je länger dies aber ohne Wirkung blieb, empfanden sie mehr Mühe als Freude. Von Monat zu Monat wurde die Enttäuschung größer. Von Jahr zu Jahr sank die Hoffnung, bis sie den Nullpunkt erreicht hatte. An einem Tage stiegen sie zusammen auf den höchsten Aussichtspunkt der Insel, setzten sich nebeneinander, hielten sich an den Händen, schauten in die Ferne und sprachen über ihr Schicksal. Wie sie sich als Mann und Frau im heiratsfreudigen Alter getroffen hatten und ihnen dennoch der Kindersegen versagt geblieben war.

»Hat mein Leben überhaupt einen Sinn?«, fragte Helga. »Ich habe schon daran gedacht, mich von diesem Felsen in die Schlucht zu stürzen. Manchmal bin ich wirklich todunglücklich. Denn es ist etwas Unerfülltes in meinem Leben.« Von ihrem vor ihr verstorbenen Brüderlein erwähnte sie kein Wort. Sie hatte in den letzten Jahren sowieso nur an ihren möglichen Sohn gedacht.

»Meine liebe Helga«, antwortete daraufhin Rainer. »Auch ich bin sehr betrübt. Meine Mutter ging so leicht ins Jenseits und ich muss mich auf dieser Erde so plagen. Was heißt schon Erde? Ist diese felsige Insel die ganze Erde? Mit Kindern hätten wir sie schöner machen können. Ich habe mir so gewünscht, aus dir eine Mutti zu machen.«

»Das darf doch nicht umsonst gewesen sein, Rainer, was jeder von uns durchstehen musste und dass wir uns gefunden haben. Darin steckt ein Sinn. Eine Aufgabe für uns beide. Eigene Kinder sind es offenbar nicht. Dann sollten es fremde Kinder sein. Aber wo nehmen wir die Kinder her, wenn uns von der Welt der ganze Ozean trennt?«

»Du bringst mich auf einen neuen Gedanken, Helga. Das gibt es doch nicht, dass wir beide in diesem gesamten Ozean die einzigen Schiffbrüchigen sind. Dass es nur uns und niemand anderen gibt und dass die Wellen keinen anderen Notdürftigen zu unserem Rainerland herantreiben. Wir haben in letzter Zeit nur nach unserer Insel und nach uns selber geschaut, haben nur für uns selbst gesorgt und überhaupt nicht daran gedacht, dass es logischerweise noch einen nächsten Schiffbrüchigen geben könnte.« »Stimmt. Also tun wir es jetzt!«

Nach diesem Entschluss machten sie sich mit geballten Kräften ans Werk. Tag und Nacht unterhielten sie ein Feuer am Strand. Sie bauten ein Rettungsboot, flochten Seile und Netze. Bereits nach wenigen Tagen staunten sie über die Funde, die das Meer in die Netze brachte: tote Fische, Flaschenpost, morsche Überreste eines Mastes. Eines Morgens fanden sie einen Behälter, in dem ein kleines, nur wenige Tage altes Kind war. Es lebte kaum noch. Es war so durstig und so schwach, dass ihm keine Kraft mehr zum Schreien blieb. Helga wärmte es sofort an ihrem Herzen und Rainer eilte, um Ziegenmilch zu holen. Da war der nächste Schiffbrüchige: ein ausgesetztes Kind. Auch dem Mose ging es so. Sie gaben ihm den Namen Adam. Weil er ihr erstes Kind war, mit dem dieses Rainerland begann. Sie schloss ihn sehr ins Herz.

Einige Monate später bemerkten sie am Horizont ein kleines Dampfschiff. Je näher es kam, umso komischer wirkte es. An Bord funkelten viele bunte grelle Lichter, die sich wie in einer Diskothek karussellmäßig drehten, die Fensterchen der Kajüten waren hell beleuchtet und außerdem gab es da noch eine eigenartige schwarz-violett gestreifte Flagge. Ein Alptraum nach so langer Zeit der Abgeschiedenheit von der Zivilisation. Zweifellos handelte es sich um ein Piratenschiff oder um einen Drogenschmuggler oder gar um beides. Rainer und Helga schraken aber nicht zurück. Sie waren zu allem entschlossen und bereit, es zu tun. Wegen der Sandbank blieb das Dampfschiff etwa hundert Meter vom Strand entfernt und ankerte dort. Ein Mann gestikulierte wild von Bord aus. Mit seinem eigenen Boot paddelte ihm Rainer entgegen. Helga sah, wie der Mann ein Paketchen in Rainers Boot abseilte. Dann hob das Dampfschiff seinen Anker und Rainer paddelte auf Helga zu. »Ein Kind! Ein Kind! Die Männer setzen es aus.

Seine Mutter sei schwer krank und schaffe es mit ihm nicht. Das Kind sei zu wild. Sie könnten es an Bord nicht gebrauchen.« Als sie es auspackten, sahen sie, dass es wieder ein Junge war. Er war schon etwa eineinhalb Jahre alt. Aber er konnte noch keinen selbständigen Schritt machen. Er wackelte lediglich kniend von einer Seite zur anderen, so, wie er es wohl gewohnt war, sich von den Bewegungen des Schiffes wiegen zu lassen. Auch konnte er noch kein einziges Wort sprechen. Er schlug nur wild um sich und schrie heftig. »Welches Glück, wir haben jetzt den vierten Schiffbrüchigen, unser zweites Kind!« jubelten Rainer und Helga und gaben ihm den Namen Willibald.

Sie waren glücklich. Jeder von den vieren freute sich, dass er die anderen hatte. Bei Kälte kuschelten sie sich aneinander und wärmten sich, bei Hitze sprangen sie gemeinsam ins Meer, spielten mit Kokosnüssen Fußball und verzehrten anschließend die Kokosnüsse. Und sie hielten immer treu Wache für andere Schiffbrüchige. Sie sorgten dafür, dass die Netze stets ausgebreitet und die Feuerzeichen sichtbar waren. Und auf die Richtung Osten gewandte Felswand meißelten sie den Satz »Wir nehmen dich an« in drei Weltsprachen.

Eine kleine Selbsthilfegruppe. Erleuchtet durch das eigene Schicksal des Verlassenseins öffneten sie ihre Herzen für die anderen Verlassenen.

An dieser Stelle könnte man hinter dieses Märchen ein Happyend setzen. Das wäre aber zu billig.

In der Wirklichkeit strebt diese Geschichte nach Fortsetzung, eben weil sich die Herzen geöffnet haben. Das offene Herz ist nicht nur empfänglicher für die Freude, sondern auch für die Trauer. Es spürt, was es braucht und andere brauchen.

Obwohl das Familienleben scheinbar intakt war, sozial abgerundet und materiell gut gesichert, schlummerte bei jedem einzelnen ein unheimlicher Mangel. Es war der Schmerz der abgerissenen Bindung. Und weil dieser Schmerz schon in der Zeit entstand, wo ihn das Kind noch nicht logisch zuordnen und mit Worten beschreiben konnte, blieb er namenlos und konnte trotz des Vertrauens innerhalb der Schicksalsgemeinschaft nicht mitgeteilt werden.

Rainer konnte nicht zu rechter Lebensfreude finden. Oft grübelte er vor sich hin, ob es eine bestimmte Trauer war, die ihm den Lebensgeist absaugte, oder ob es der Mangel an Lebensgeist war, der ihn so traurig machte. Jedenfalls spürte er, dass Helga zwar eine gute Mutti war, aber keine Mutter für ihn.

Helga ging es ganz ähnlich. Das in ihrer Kindheit entstandene schwarze Loch war mit diesen beiden Buben nicht zu füllen. Immer wieder spürte sie in ihrem Herzen einen Drang, nach dem schwarzen Loch zu schauen, zu wissen, was eigentlich dahinter steckte und die ganze Zeit in ihrem Kopf herumspukte. Die Antwort rückte näher, wenn sie ihren erstadoptierten Sohn sah. O ja, so wäre auch ihr Bruder geworden, wenn ihm der Tod ausgewichen wäre.

Adam war erst drei Tage alt, als er von der Entbindungsklinik zu seinen Adoptiveltern kam. Obwohl er noch so winzig war, imponierte die Vehemenz, mit der er sich gegen jegliche Berührungen wehrte. Eine Umarmung wurde ihm zur Qual. Als er älter wurde, putzte er nach jedem flüchtigen Kuss seine Wange. War er seiner gestorbenen Mama noch treu? Seine Kinderärztin sagte es mit Witz, aber sie meinte es ernst: »Wenn Sie etwas für Ihre zukünftige Schwiegertochter und Ihre Enkelkinder tun möchten, dann befreien Sie Ihren Adam von seinen Berührungsängsten. Er wäre doch ansonsten nie frei für eine erotische Beziehung und Sexualität, nicht einmal fürs Kuscheln mit seinen Kindern.«

Am deutlichsten drückte der Jüngere seinen Kummer aus: Er kotete und nässte noch mit acht Jahren ein. Er war mit allen gut Freund, hatte aber keinen engen Freund und sprach Fremde mit distanzlosen Sprüchen an. In den Nächten zeigten sich affektive Ausbrüche, er sprang aus seinem Bettchen auf, rannte wild um den Esstisch herum und schrie, als wenn er gegen Monster kämpfte. Die Regelmäßigkeit dieser nächtlichen Anfälle war erstaunlich: immer zu einer bestimmten Stunde. Man hätte die Uhr danach stellen können. War er zu dieser Stunde ungewollt gezeugt worden? Oder unerwünscht geboren worden? Hatte ihn die Mutter zu dieser Stunde verlassen?

Sie waren zwar alle zusammengebracht, trotzdem aber fühlte sich jeder auf seine Weise einsam, ja verlassen. So kann doch keine gute Geschichte enden.

In den Märchen herrscht ein Gesetz: Wenn sich ein guter Mensch hilflos und ratlos fühlt, taucht eine Wunder bewirkende Gestalt auf: eine gute Fee, der Eisenhans, einer der drei Raben, der den Apfel von dem Baum des Lebens in den Schoß des Bedürftigen wirft. In unserem Fall: Bert Hellinger!

Er prüfte zunächst gewissenhaft, wie die Adoptiveltern zur Herkunft der angenommenen Kinder stand. Je nach Motivation hätte er möglicherweise auf die Aufstellung verzichtet. Dies hätte zugetroffen, wenn sich die Adoptiveltern rücksichtslos an die Stelle der leiblichen Eltern gedrängt und diese missachtet hätten und dem Kind seine Herkunft verschwiegen oder schlecht gemacht hätten. Die Weichen für eine gelingende Adoption stellt die Achtung zum Kind. Und das Kind ist ohne seine Herkunft nicht denkbar. Es ist also unbedingt wichtig, auch die Herkunft des adoptierten Kindes zu achten: das Land, aus dem es kommt, die Geschichte dieses Landes, die dortigen Traditionen, die Volkskunst, die Rhythmen, die Hautfarbe des Kindes, das schwere Schicksal seiner Eltern.

Helga und Rainer gaben für Bert Hellinger ein sehr gutes Bild. Sie hatten sich alle Mühe gegeben, um von den systemischen Wurzeln der Kinder möglichst viel zu erfahren. Sie taten es mit Achtung, auch gegenüber dem schweren Schicksal der leiblichen Eltern, und dabei mit einem Fingerspitzengefühl für die Belastbarkeit der Kinder, wenn es sich um die Begegnung mit den leiblichen Eltern handelte. »Mein Eindruck ist, dass Ihr euch sehr um die Kinder kümmert. Ich sehe, dass Ihr ihnen Gutes tut«, sagte er unmittelbar vor der Aufstellung. Das klang wie eine Eintrittskarte zur Aufstellung.

»Wir werden jetzt die Familie aufstellen, damit wir ein klareres Bild bekommen«, sagte Bert, und er tat es. Und es war, als wären aus der Tiefe des Meeresgrundes vier Muscheln nach oben gespült worden. In jeder Muschel glänzte in der Schönheit ihrer Vollkommenheit eine Perle. Und als jeder seine Perle in die Hand nahm, sahen sie in ihrer Spiegelung den Menschen, von dem sie sich verlassen fühlten:

Rainer sah seine Mutter, die ihm weggestorben ist, als er sieben Jahre alt war.

Helga sah ihren Bruder, der zwei Jahre vor ihr geboren worden, aber nach sieben Tagen gestorben war.

Adam fand gleich zwei Perlen in seiner Muschel: seine Mutter und seinen Vater, beide Heimkinder im pubertierenden Alter von siebzehn Jahren, die zwar reif zur Zeugung, nicht aber in der Lage waren, Verantwortung für ihr Kind zu übernehmen.

Willibald hatte in seiner Muschel auch zwei Perlen. In der größeren spiegelte sich das Gesicht seiner Mutter, die nach langer Krankheit gestorben war. In der zweiten sah er das Gesicht seines Vaters. Matt, schwer erkennbar. Eher eine Phantomzeichnung.

Erst als diese Menschen, die sich in den Perlen widerspiegelten, in das Lösungsbild eingeordnet werden konnten, rundete sich das ganze Bild dieser Schicksalsgemeinschaft ab. Nun drohte kein Piratenschiff und keine Tücke des Meeresgrundes mehr. Ab jetzt waren sie zum ersten Mal sinnvoll aufeinander bezogen.

Vom Kopf her begriffen es die Eltern gut. Rainer leuchtete ein, warum er nie ganz frei für andere Bindungen war, und Helga verstand nun, warum sie ihren Mann nie voll als Mann gewinnen, ihn aber auch nicht ganz als Mann betrachten konnte. Vom Verstand her wurde es klar. Auf der Strecke blieb aber immer noch der Schmerz. Je deutlicher die verwundete Stelle im Herzen wurde, umso mehr tat sie weh. Der Schmerz war auch deshalb so groß, weil er sich in all den Jahren angestaut hatte und nie mit Tränen abfließen konnte. Damals haben alle Verwandten ihre Kräfte eingesetzt, um den sensiblen Rainer von Trauer zu verschonen. So wurde ihm sogar die Beerdigung verheimlicht. Von der Mutter wurde möglichst nicht gesprochen, es sei denn, er fragte nach ihr. Er merkte jedoch, wie unangenehm seine Fragen wirkten, und liebte also seine Mutter nur heimlich. So heimlich, dass er es manchmal selbst nicht wusste. Der nicht gelebte Schmerz lässt sich gedanklich, mit Worten nicht bewältigen. Er muss das Herz durchdringen und der Dolch muss aus dem Herzen heraus.

Für die Entscheidung, dass Rainer bei der Aussöhnungstherapie mit seiner Mutter von Helga festgehalten werden sollte, hatte der Festhaltetherapeut besondere Gründe. Der Vorteil bestand nicht nur darin, dass sich Helga tiefer in die Lebensgeschichte ihres Mannes hineinfühlen konnte. Beide bekamen die Chance zu erkennen, welche Bedürfnisse und Nöte Rainer von seiner Mutter auf seine Ehefrau übertragen hatte. Rainer lag auf dem Rücken, umarmt von Helga, die seinen Kopf in ihrer Halskuhle hielt. Beide hatten die Augen geschlossen, um die Begegnung mit der Mutter unter visueller Vorstellung geschehen zu lassen. Im ersten Schritt wurde Rainer in das Alter von sieben Jahren zurückgeführt, um sich mit seiner sterbenden Mutter zu konfrontieren. »Mami, geh doch nicht weg von mir! Ich brauche dich! Ich bin noch so klein ... Wie kann ich ohne Mama leben? Und du gehst weg und hörst mich nicht ... Das Märchen von dem Todesengel stimmt gar nicht. Du, du. Du gehst weg und schaust mich überhaupt nicht an. Hinter meinem Rücken schleichst du dich weg von mir, ohne mir einen Kuss zu geben und ohne mir ein letztes Wort zu sagen ...« Die ganze Verzweiflung des verlassenen Kindes machte sich breit. Nicht nur Sehnsucht, sondern auch der Vorwurf äußerte sich. Helga hätte nie gedacht, dass dieser nie ausgesprochene Schmerz die ganze Zeit in Rainer steckte. Sie begriff auch, dass seine beleidigenden Reaktionen auf ihr gelegentliches kurzes Weggehen, ohne sich abzumelden, etwa, wenn sie zum Einkaufen oder zum Kaffeeklatsch ging, nicht Ausdruck seiner machohaften Ansprüche waren, sondern seine kindlichen Ängste vor dem Verlassenwerden von der Mama. Die Verzweiflung des machtlosen Kindes. Noch nie spürte sie so viel Verständnis, so viel Liebe für ihn. Im zweiten Schritt wurde Rainer durch den Festhaltetherapeuten zu seiner Mami in den Himmel geführt. Er fand sie auf einer goldenen Wolke, umgeben von wunderbaren Blumen. Schön und jung. So wie er sie noch in der Erinnerung sah. Er hörte sie zu ihm sprechen, wie todunglücklich sie war, dass sie weggehen musste. Nicht wegen ihrer Schmerzen und auch nicht wegen ihres so jung beendeten Lebens, sondern weil sie ihn, ihren geliebten, einzigen, noch so kleinen Sohn verlassen musste. Möge er begreifen, dass sie nicht den Mut hatte, sich von ihm zu verabschieden. »Ich weiß, meine liebste Mami«, sagte Rainer. »Auch mir ging es die ganze Zeit so, als hätte ich mich nicht von dir verabschiedet. Ich suchte dich überall, als wärest du nicht für immer gegangen. Aber jetzt weiß ich, du bist endgültig im Jenseits. Und ich muss und ich will noch auf der Erde bleiben. Bei meiner Frau Helga und bei meinen adoptierten Kindern. Schau mal, so töricht war ich, dass ich dich in Helga finden wollte. Ich wollte sie zur Mutti machen. O nein, du bist meine einzige Mutti und niemand wird dich vertreten. Denn jetzt habe ich dich wieder. Und Helga ist meine Frau und kein Ersatz für dich. Bitte, segne uns, damit es uns gut geht!«

Diese Aussöhnungstherapie wurde zugleich zur Ehetherapie. Beide begriffen, was sie sich wirklich bedeuten. Ohne jegliche direkte Konfrontation genossen sie ihre Umarmung. Nun war Helga nicht mehr nur eine eingeheiratete Schiffbrüchige. Sie wurde zur mitfühlenden Zeugin seiner Lebensgeschichte und sie wurde von seiner Mutti gesegnet. Der gleiche Atem verband sie. Ihre Herzen schlugen in einem Rhythmus.

Das Festhalten ihrer Adoptivsöhne verschob das Ehepaar auf zu Hause, erst sollte sich ein akuter Anlass ergeben. Die Konsultation mit dem Festhaltetherapeuten, ein eventuelles Nachholen der fachlichen Begleitung war gesichert. Der Anlass ergab sich alsbald. Mitten in einer Nacht wachte Willibald mit einem panischen Schrei auf, sprang aus seinem Bett und rannte wie ein Wilder um den Esstisch herum. Er reagierte auf keine Ansprache. Helga musste ihn schnappen, ihm wie sonst auch die Schnullerflasche in den Mund stecken und ihn so ins Bett bringen. Am Schnuller nuckelnd beruhigte er sich dann von selbst. Diesmal aber verzichtete Helga auf die Flasche. Sie legte sich seitlich auf ihn und hielt ihn fest, damit er keine Chance zu seinem Amoklauf bekam. Sie versuchte nicht, ihn zu beruhigen, im Gegenteil, sie regte ihn an, den ganzen Schreck hinauszuschreien. »Ich bin bei dir, schrei dich aus! Ich mache es für deine Mutter. Ich halte es aus. Schrei noch lauter, so laut du kannst.« Willibalds Versuche, um sich zu schlagen, scheiterten in Helgas Armen. Als er »lass mich, lass mich« schrie, hielt ihn Helga noch etwas fester und antwortete ganz entschieden: »Ich lasse dich nicht, Willibald, erst dann, wenn es dir gut geht.« Wie ein eruptierender Vulkan schoss aus Willibalds Kehle der Schreck und die Verzweiflung heraus. Wie lange es dauerte, bis er ruhig durchatmen konnte und gelassen und vertrauensvoll in Helgas Umarmung einschlief, konnte sie nicht abschätzen. Unter der Dramatik des Geschehens hatte sie jegliches Zeitgefühl verloren. Das war das erste Mal, dass er im Arme seiner Adoptivmutter einschlief. Die Erkenntnis, dass er erst jetzt eine tragfähige Bindung zu ihr gewann, als wäre sie wirklich seine Mama, berührte sie sehr und füllte ihr Herz. Angekuschelt an sie schlief er tief und ruhig bis in den Morgen. Und als er aufwachte, schmiegte er sich nochmals an sie und flüsterte: »Mama, meine Mama.« Seit dieser Nacht kotete er nicht mehr ein und auch das Einnässen hörte allmählich auf. Aufgrund der gewonnenen innigen Bindung und der daraus resultierenden Möglichkeit, zwischen dieser Bindung und Fremden zu unterscheiden, wurde seine Distanzlosigkeit geringer. Endgültig löste sie sich aber erst dann, als auch Rainer ihn einmal festgehalten hatte. Den Anlass dazu gab kein nächtlicher Schrecken, sondern Willibalds große Frustration, als er auf dem Spielplatz von mehreren älteren Kindern schmerzhaft gepiesackt wurde. Er kam mit geballter Wut nach Hause, mit Wut gegen sich selbst und gegen die ganze Welt, darunter auch gegen seinen Adoptivvater. Die Antwort darauf bekam er in seinem festhaltenden Arm: »Lade die Wut bei mir ab! Ich weiß, wie schlecht es dir geht. Mich aber haust du nicht, ich bin dein Beschützer. Diese Verantwortung habe ich für deinen leiblichen Vater übernommen. Schreien darfst du und ausschimpfen darfst du dich bei mir. Sei stark! Ich werde dir helfen, ein mutiger, guter Junge zu werden ...« Seither hatte Willibald auch zu seinem Adoptivvater die vertrauensvolle Bindung gewonnen.

So wurden die vier Schiffbrüchigen untereinander mit Liebesfäden verbunden und miteinander in einer zusammenhaltenden Familie verankert, in der jeder sein eigenes Ich frei entfalten konnte. Jeder weiß, dass er jederzeit mit seinem eigenen Schiffchen auf die offene See hinausfahren und neue Ufer suchen kann, dass er aber immer zurück in den geborgenen heimatlichen Hafen kommen kann.

# Literaturhinweise


Hellinger, Bert/ten Hövel, Gabriele: *Anerkennen, was ist. Gespräche über Verstrickung und Lösung*. München 1996. 7. Auflage 1998

Hellinger, Bert: *Familien-Stellen mit Kranken. Dokumentation eines Kurses für Kranke, begleitende Psychotherapeuten und Ärzte*. Heidelberg 1995. 2., erweiterte und überarbeitete Auflage 1997

Hellinger, Bert: *Finden, was wirkt. Therapeutische Briefe*. München 1993. *Erweiterte Neuauflage*. 8. Auflage 1997

Hellinger, Bert: *Haltet mich, daß ich am Leben bleibe. Lösungen für Adoptierte*. Heidelberg 1998

Hellinger, Bert: *In der Seele an die Liebe rühren. Familien-Stellen mit Eltern und Pflegeeltern von behinderten Kindern*. Heidelberg 1998

Hellinger, Bert: *Die Mitte fühlt sich leicht an. Vorträge und Geschichten*. München 1996. 4., erweiterte Auflage 1998

Hellinger, Bert: *Praxis des Familien-Stellens. Beiträge zu systemischen Lösungen nach Bert Hellinger*. Herausgegeben von Gunthard Weber. Heidelberg 1997

Hellinger, Bert: *Ordnungen der Liebe. Ein Kursbuch*. Heidelberg 1994. 4. Auflage 1997

Hellinger, Bert: *Schicksalsbindungen bei Krebs. Ein Kurs für Betroffene, ihre Angehörigen und Therapeuten*. Heidelberg 1997

Hellinger, Bert: *Touching Love. Bert Hellinger at Work with Family Systems. Documentation of a Three-Day-Course for Psychotherapists and their Clients*. Heidelberg 1997

Hellinger, Bert: *Verdichtetes. Sinnsprüche – Kleine Geschichten – Sätze der Kraft*. Heidelberg 1995. 3. Auflage 1997

Hellinger, Bert: *Wo Schicksal wirkt und Demut heilt. Ein Kurs für Kranke*. Heidelberg 1998

Hellinger, Bert: *Zweierlei Glück. Die systemische Psychotherapie Bert Hellingers*. Herausgegeben von Gunthard Weber. Heidelberg 1993. Überarbeitet. 9. Auflage 1997

Kübler-Ross, Elisabeth: *Der Tod als letztes Wachstumsstadium.* In: Grof, Stanislav: *Die Chance der Menschheit.* München 1988. S. 282 f.

Prekop, Jirina: *Hättest du mich festgehalten ... Grundlagen und Anwendung der Festhalte-Therapie.* München 1989. 5. Auflage 1995

Prekop, Jirina/Schweizer, Christel: *Kinder sind Gäste, die nach dem Weg fragen. Ein Elternbuch.* München 1990. 12. Auflage 1998

Prekop, Jirina: *Der kleine Tyrann. Welchen Halt brauchen Kinder?* München 1988. 18. Auflage 1997

Prekop, Jirina: *Schlaf Kindlein – verflixt noch mal! Ein Ratgeber für genervte Eltern.* München 1996. 5. Auflage 1998

Prekop, Jirina/Schweizer, Christel: *Unruhige Kinder. Ein Ratgeber für beunruhigte Eltern.* München 1993. 4. Auflage 1997

Schuchardt, Erika: *Warum gerade ich ...? Leben lernen in Krisen – Leiden und Glaube. Schritte mit Betroffenen und Begleitenden. Mit Bibliographie der über 1000 Lebensgeschichten seit 1900 bis zur Gegenwart – alphabetisch – gegliedert – annotiert.* Göttingen. 9. Auflage 1996

Schweizer, Christel/Prekop, Jirina: *Was unsere Kinder unruhig macht ... Ein Elternratgeber: Aufklärung über Ursachen der Hyperaktivität, Empfehlungen zur Förderung der normalen Entwicklung.* Stuttgart 1997

Thomas Schäfer

# Was die Seele krank macht und was sie heilt

Die psychotherapeutische Arbeit Bert Hellingers

Der Heilpraktiker und Bestsellerautor Thomas Schäfer bringt die Einsichten und Arbeitsweisen des Psychotherapeuten Bert Hellinger einem großen Leserkreis näher: Was sind die familiären Hintergründe schwerer Erkrankungen? Warum entwickeln sich manche Beziehungen von Mann und Frau, von Eltern und Kindern harmonisch, während andere scheitern?

Hellinger betrachtet die Familie als das zentrale soziale System und als Verursacher von viel Freud und Leid. Thomas Schäfer geht daher auf die von Hellinger entwickelte Technik des »Familienstellens« ein und zeigt, wie krankmachende Dynamiken erlöst werden und die ursprüngliche Liebe wieder fließen kann.

Knaur
MensSana

Thomas Schäfer

# Wenn der Körper Signale gibt

## Wege aus der Krankheit durch Systemische Aufstellungen

Wer krank wird, fragt sich häufig: »Warum? Warum gerade jetzt? Warum habe ausgerechnet ich diese Beschwerden?« Durch Systemische Aufstellungen nach Bert Hellinger kann der tiefere persönliche oder familiäre Hintergrund eines Leidens aufgezeigt werden. Symptome und Krankheiten sind oft als ein Hilferuf der Seele zu verstehen: Sie sind Signale des Körpers und geben uns die Chance, etwas, das bislang ausgeklammert wurde, in das eigene Leben mit Liebe hineinzunehmen.

Dieses Buch hilft Betroffenen, sich für das Zusammenspiel von Körper und Seele zu öffnen und ein übergeordnetes Verständnis davon zu entwickeln. Mit vielen Beispielen und Aufstellungsbeschreibungen.

Knaur
MensSana

Thomas Schäfer

# Wenn Liebe allein den Kindern nicht hilft

Heilende Wege
in Bert Hellingers Psychotherapie

Allergien, Albträume, Stottern, Schwierigkeiten in der Schule, Aggressivität, Angstzustände – mitunter werden Kinder zu »Problemkindern«, da hilft auch alle Liebe und Zuwendung nicht, die wir ihnen geben.

Der bekannte Psychotherapeut Thomas Schäfer beschreibt anschaulich und anhand vieler Beispiele, wie sich mit den Familienaufstellungen nach Bert Hellinger überraschende Heilungserfolge erzielen lassen.

Ein unentbehrlicher Ratgeber für Eltern und Erzieher, eine Fundgrube für Therapeuten und all jene, die an Familienaufstellungen interessiert sind.

Knaur
MensSana

Erich Ballinger

# Lerngymnastik für Kinder

Kinesiologische Übungen im Kindergarten- und Schulalter

Durch die gezielten Bewegungsübungen der »Edu-Kinestetik«, die in diesem Buch speziell für Kinder zwischen vier und vierzehn Jahren leicht verständlich und spielerisch dargestellt werden, lassen sich Lernschwierigkeiten beseitigen und ungenutzte Potenziale und Fähigkeiten entwickeln.

Kinesiologische Übungen wirken sich nachweislich positiv aus auf Gleichgewichtssinn, Lebensenergie, Lernverhalten, Wohlbefinden, Hören und Sehen, Sprechvermögen, Gedächtnis, abstraktes Denken und anderes mehr. Die Übungen werden gezielt eingesetzt gegen Legasthenie, Unruhe, Konzentrationsstörungen und Angst.

Knaur MensSana